Deutsch *aktiv* Neu

Ein Lehrwerk für Erwachsene

Lehrerhandreichungen 1A

Gerd Neuner, Theo Scherling, Reiner Schmidt und Heinz Wilms
Wolf Dieter Ortmann (Phonetik)

D1665717

LANGENSCHEIDT

BERLIN · MÜNCHEN · WIEN · ZÜRICH · NEW YORK

Zeichnungen und Umschlaggestaltung: Theo Scherling
Umschlagfoto: Presse- und Informationsamt der Bundesregierung, Bonn

| Druck: | 5. | 4. | 3. | 2. | 1. | Letzte Zahlen |
| Jahr: | 92 | 91 | 90 | 89 | 88 | maßgeblich |

Druck: Druckhaus Langenscheidt, Berlin
Printed in Germany · ISBN 3-468-49102-6

Inhaltsverzeichnis

Die Autoren bedanken sich bei Frau Gertraud Shachman, Berlin, für wertvolle Anregungen zur Unterrichtsgestaltung.

A Einführung

1. Allgemeiner Teil

a) Zielgruppe

Deutsch aktiv Neu ist ein Lehrwerk für *Erwachsene* ohne Vorkenntnisse im Deutschen und für den Unterricht in deutschsprachigen und anderen Ländern der „westlichen" Welt gedacht. Der Begriff „Erwachsener" wird in verschiedenen Ländern unterschiedlich definiert (21 Jahre und älter, 18 Jahre und älter, 16 Jahre und älter). Für die Begriffsbestimmung im Hinblick auf ein Fremdsprachenlehrwerk sind *didaktische* und *methodische* Gesichtspunkte entscheidend, wie z. B.:
- Bezug zur Erwachsenenwelt bei der Themenauswahl;
- Berücksichtigung kognitiver Lehr- und Lernverfahren (systematische Darstellung der Grammatik; Vergleich zwischen den Strukturen der Ausgangs- und Zielkultur).

Selbstverständlich kann es vorkommen, daß gelegentlich Themen angesprochen werden, die den altersbedingten Interessen- und Erfahrungsbereichen Ihrer Lerngruppe weniger angemessen sind. Dasselbe gilt für Unterschiede im kulturspezifischen Erfahrungsbereich. Wir gehen davon aus, daß der Entwicklung kultureller Erfahrungen immer wieder ähnliche Muster zugrunde liegen („Grunddaseinserfahrungen"), die über kommunikative Prozesse vermittelt werden. Das schließt nicht aus, daß manche Lerngruppen – insbesondere außerhalb des Bereichs der westlich-industrialisierten Staaten – mit bestimmten Themen „nichts anfangen" können bzw. sie als Verstoß gegen Tabus in ihrem eigenen Kulturkreis empfinden (Sachverhalte, „über die man nicht spricht"). Entscheiden Sie als Lehrende(r), ob Sie solche Themen behandeln wollen. Unser didaktisch-methodisches Konzept ist so flexibel, daß Sie diese Texte auslassen bzw. durch andere ersetzen können.

b) Übersicht über die Teile des Lehrwerks

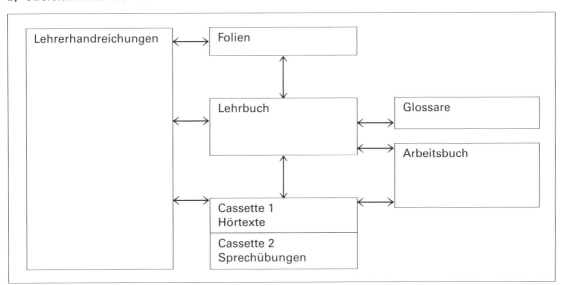

Das Lehrbuch

Es ist als selbsttragende Einheit konzipiert; das heißt, man kann damit für den Fall, daß keiner der anderen Lehrwerksteile zur Verfügung steht, einen vollwertigen Unterricht durchführen.

Das bedeutet:
- Integration des visuellen Elements (Bilder als Verstehenshilfen für neues Sprachmaterial in der Einführungsphase, zur Steuerung von Übungen, zur Veranschaulichung landeskundlicher Themen);

- Integration der Grammatik: In jedem Kapitel wird der Grammatikstoff systematisch dargestellt;
- Integration vielfältiger Übungen (Sehen/Lesen und Verstehen, partner- und medienbezogene Äußerung – „mit jemand" und „über etwas" reden –), systematische Grammatikübung;
- Interne Verweisungen durch Pfeile am Textrand: von Texten zur zugehörigen Grammatikdarstellung und von dort auf Grammatikübungen.

Das Arbeitsbuch

Es ergänzt die Übungsteile des Lehrbuchs in vielfältiger Weise (Schwerpunkte: schriftliches Nacharbeiten der neuen Lernstoffe, Hörverstehenstraining, sprachsystematische Übungen).

Bei der Aufgabenstellung wurde besonderer Wert darauf gelegt, daß der Lernende häufig *selbständig* arbeiten kann. Entsprechend gibt es zu allen gesteuerten Übungen einen Lösungsschlüssel.

Die *Kontrollaufgaben* fassen größere Lernabschnitte zusammen (Kapitel 1–4, 5–8). Sie dienen der Überprüfung des Lernfortschritts und sind so angelegt, daß sie dem Lernenden eine Selbstkontrolle ermöglichen, falls er Rückstände aufarbeiten muß (wenn er zum Beispiel Unterrichtsstunden versäumt hat).

Alle Abschnitte des Arbeitsbuchs, die in diesem Lehrerhandbuch genannt werden, sind durch das Kürzel AB gekennzeichnet: z. B. AB 1A3.

Ton- und Bildträger

Auf *Toncassetten* liegen Aufnahmen für intensives Hör- und Sprechtraining zu allen *Lehrbuch*-Abschnitten vor, die am Seitenrand mit Cassetten-Symbolen gekennzeichnet sind. Entsprechend enthalten die *Folien* diejenigen visuellen Elemente des *Lehrbuchs,* die für Text- und Übungsarbeit in projizierter Form besonders nützlich sind.

Die *Cassette 1 Hörtexte* enthält realistische Hörtexte/Hörspiele neben den mündlichen Texten, die im *Lehrbuch* abgedruckt sind, für das intensive Training des Hörverstehens. Sie ist durch zugehörige Auswertungsübungen zu den 📺 -Hörtexten auch mit dem *Arbeitsbuch* eng gekoppelt.

Die *Cassette 2 Sprechübungen* bietet 3-Phasenübungen zur Phonetik, zu grammatischen und dialogischen Strukturen.

Die *Folien* enthalten neben Bildern und Realien aus dem *Lehrbuch* zahlreiche zusätzliche farbige und schwarzweiße Bildanstöße für freiere und Transferübungen.

c) Fertigkeiten und Kenntnisse Hinführung zum „Zertifikat Deutsch als Fremdsprache"

Da das vorliegende Lehrwerk in drei Bänden zum „Zertifikat Deutsch als Fremdsprache" hinführt, liegen seiner didaktischen Konzeption u. a. die verschiedenen fertigkeits- und wissensbezogenen Lernziele und Lernziellisten zugrunde, die im Zusammenhang mit dem „Zertifikat Deutsch als Fremdsprache" erstellt und veröffentlicht worden sind.

Zur Frage der *Integration* der in diesen Listen getrennt beschriebenen Teillernziele und Feinlernziele vgl. Teil B: Grundsätzliches zur didaktischen Konzeption von *Deutsch aktiv Neu.* Darüber hinaus spielt im vorliegenden Lehrwerk der Lernzielbereich *Landeskunde* eine bedeutsame Rolle, der ebenfalls zu den Lernzielen eines zertifikatsbezogenen Sprachkurses gehört oder gehören sollte, auch wenn er in der Zertifikatsprüfung selbst nicht unmittelbar behandelt wird.

Die vier Teilfertigkeitsbereiche Hörverstehen, Sprechen, Leseverstehen und Schreiben sind Lerngegenstand in allen drei Bänden, wenngleich in Band 1A die Fertigkeiten Hörverstehen und Sprechen, in Band 1B und Band 1C Leseverstehen und Schreiben stärker betont und entwickelt werden.

Zugleich mit diesen Fertigkeiten wird der grammatisch richtige Gebrauch von Sprache erlernt. Um diesen Lernprozeß zu unterstützen und möglichst auch ökonomischer zu gestalten, als das bei rein imitativem Lernen möglich ist, werden in den B-Teilen des *Lehrbuchs* Angebote zu einer kognitiv ausgerichteten Grammatikarbeit auf induktiver Basis gemacht (vgl. hierzu die Kommentare zu den B-Teilen am Ende der einzelnen Kapitel).

Die zwei *Kontrollaufgaben*-Blöcke zu den *Arbeitsbuch*-Kapiteln 1–4 bzw. 5–8 dienen zum einen der zusätzlichen Überprüfung des Lernerfolgs und der Ermittlung von Lücken (jede Übung oder Aufgabe kann dem Lehrer die gleichen Informationen liefern), zum andern bereiten sie, was ihre Form betrifft, schon auf einige Aufgabenstellungen des schriftlichen Teils der Zertifikatsprüfung vor. In den Bänden 1B und 1C werden diese Kontrollaufgaben (Tests) einen zunehmend breiteren Raum einnehmen und formal wie inhaltlich den Untertests der Zertifikatsprüfung entsprechen.

d) Umfang und Einsatzort des Lehrwerks, Zeitaufwand

Das Lehrwerk *Deutsch aktiv Neu* führt in den Bänden 1A, 1B und 1C zum „Zertifikat Deutsch als Fremdsprache".

Die Teile 1 und 2 von *Deutsch aktiv 3* dienen Fortgeschrittenen bei der systematischen Erweiterung und Vertiefung ihrer Deutschkenntnisse (Mittelstufe/Oberstufe).

Mit dem vorliegenden Band 1A von *Deutsch aktiv Neu* soll etwa ein Drittel des Weges zum „Zertifikat Deutsch als Fremdsprache" bewältigt werden. Er ist auf ca. 100–120 Unterrichtseinheiten zu je 45 Minuten angelegt.

Band 1A sollte in 2 Volkshochschulsemestern mit insgesamt 60 Doppelstunden à 90 Minuten gut zu schaffen sein; ebenso in einem Unterrichtsjahr oder in 2 Semestern mit ca. 30 Arbeitswochen zu je 4 Unterrichtseinheiten an Goethe-Instituten im Ausland und ebenso in 4wöchigen Intensivkursen mit wöchentlich bis zu 30 Unterrichtseinheiten im Inland.

Bei voller Ausnutzung aller Materialien des *Lehrbuchs* und des *Arbeitsbuchs*, der *Cassetten* und *Folien* sowie der vielfältigen Vorschläge der *Lehrerhandreichungen* bietet dieser Band Stoff für annähernd 140 Unterrichtseinheiten.

Das Lehrwerk *Deutsch aktiv Neu* ist gedacht für Kurse der Volkshochschulen, der Goethe-Institute im In- und Ausland, für deutsche und andere Schulen im Ausland (Oberstufe/Sekundarstufe II), Colleges und Universitäten im Ausland, Erwachsenenbildungseinrichtungen aller Arten im In- und Ausland. Die in diesem Lehrwerk umfangreich repräsentierten landeskundlichen Materialien dürften besonders Lerner aus industrialisierten Ländern zur Mitarbeit motivieren, da sie vor allem international problemhaltige Themen anbieten, die sich am ergiebigsten sprachlich erarbeiten und inhaltlich diskutieren lassen, wenn die Lernenden zu den dargestellten Aspekten ihre eigenen Erfahrungen einbringen können.

e) Arbeitshinweise

1. Symbole und Abkürzungen, die in den „Lehrerhandreichungen" verwendet werden

LB	=	Lehrbuch
AB	=	Arbeitsbuch
LHR	=	Lehrerhandreichungen
F 1	=	Folie 1; im Text: F1
🖭	=	Cassette 1A/1 enthält wörtlich Texte/Übungen aus dem LB
🖭	=	Cassette 1A/1 enthält zusätzliche Hörmaterialien zum entsprechenden LB-Ausschnitt
GL	=	Glossar
Ü	=	Übung im Lehrbuch
ABÜ	=	Übung im Arbeitsbuch

2. Symbole und Konventionen, die auch im „Lehrbuch" verwendet werden

| ○ | = | Kennzeichnung von zwei Sprecherrollen im Dialog. |
| ● | | Auch beim Üben von Formalgrammatik werden Aufgaben auf diese Weise in Gesprächssituationen eingebettet. |

📼	=	Entsprechender LB-Teil ist wörtlich auf Cassette 1A/1.
📼	=	Zum entsprechenden LB-Teil sind zusätzliche Hörmaterialien auf Cassette 1A/1.
B3 〉	=	Verweis auf einen zugehörigen Abschnitt im B-Teil (= Grammatik-darstellung) desselben Kapitels.
Ü1–2 〉	=	Verweis von einem B-Teil (= Grammatikdarstellung) auf zugehörige Grammatikübungen

> *Handschriftliche Musterlösung (im LB blau)*
> *als Ersatz oder Ergänzung*
> *für Übungsanweisungen*

2. Zur Neubearbeitung von *Deutsch aktiv*

a) Warum eine Neubearbeitung?

1979 erschien der erste Band von *Deutsch aktiv.* Das Lehrwerk hat im Bereich Deutsch als Fremd-sprache (DaF) neue Maßstäbe gesetzt. Mit ihm begann eine neue Generation von Lehrwerken. 1986 lag die umfassende Neubearbeitung des ersten Bandes von *Deutsch aktiv* vor: *Deutsch aktiv Neu 1A*. Zwei Gründe waren für die Neube-arbeitung maßgeblich:

1. Der Erfolg von *Deutsch aktiv* wurde von einer Vielzahl von Anregungen engagierter Kollegin-nen und Kollegen aus dem In- und Ausland getra-gen und mit vielen Hinweisen und Kommentaren zur Verbesserung begleitet.

2. Die neuere fremdsprachendidaktische For-schung sieht beim Erlernen einer Fremdsprache die Verstehenstätigkeit als Ausgangspunkt des Lernprozesses, aus der sich das Äußerungsver-mögen entwickelt.

Bei der Neubearbeitung wurde versucht, diese konstruktiven Anregungen aus der Theorie und der Praxis des DaF-Unterrichts angemessen zu berücksichtigen.

b) Was hat sich an der Konzeption von *Deutsch aktiv* bewährt – was wurde in *Deutsch aktiv Neu* weiterentwickelt?

Didaktisches Konzept: offen, flexibel, lerner-orientiert

Dieses bewährte Konzept macht den Lehrer nicht zum Sklaven des Lehrbuchs, sondern ermuntert ihn, seinen Unterricht selbst kreativ zu gestalten. Von manchen Lehrern wurde die Flexibilität des didaktischen und methodischen Konzepts von *Deutsch aktiv* jedoch als „chaotisch" mißverstan-den. Manchem Lernenden erschien es mühselig, sich durch den Kapitelaufbau hindurchzufinden. Wer aber nicht selbständig mit- und nachlernen kann, ist zu sehr vom Lehrer als Arrangeur und Planer abhängig.

Kapitelaufbau

Wir haben deshalb in *Deutsch aktiv Neu* den *Kapi-telaufbau übersichtlicher* gestaltet:

A-Teile	B-Teile
Themen, Texte, Rollen, Situationen als Anlaß zu vielfältiger sprachlicher Aktivität.	Systematische Darstellung der in den A-Teilen auftretenden Grammatik mit visuellen und signalgrammatischen Hilfen.
Zwei Typen von A-Teilen: *Typ 1* Dialogische Einführung von Sprechhandlungen, Festlegung des Handlungsrahmens durch Bild und/oder einführenden Text. Dialogische Texte als Anstoß zu kreativem Umgang mit gesprochener Sprache (partnerbezogenes Sprechen). *Typ 2* Lese-, Hör-, Sehtexte als Anstoß zur Auseinandersetzung mit einem thematischen Aspekt, bei dem der Lernende Bezug zur eigenen Lebenserfahrung herstellen kann oder systematisch über eine landeskundliche Frage informiert wird. Entwicklung von Verstehensstrategien und von diskursiver Mitteilungsfähigkeit (Sprechen über etwas).	Syntaxdarstellung in Anlehnung an die Dependenz-Verb-Grammatik.
Übungen: Entwicklung von Übungssequenzen „vom Verstehen zur Äußerung"	Übungen: Einübung sprachlicher Formen und Strukturen

Im einzelnen bedeutet dies:
– Einführungs- und Übungsteile der einzelnen Kapitelabschnitte folgen unmittelbar aufeinander.
– In den A-Teilen wird – wo nötig – auf die zugehörige Grammatikdarstellung in den B-Teilen und von dort auf die entsprechenden Übungen verwiesen. Dieses Verweissystem erleichtert dem Lernenden die selbständige Orientierung, er kann dadurch versäumte Unterrichtsstunden problemloser nacharbeiten.
– Wo immer es möglich war, wurde das *Lehrbuch* so angelegt, daß auf der jeweils aufgeschlagenen Doppelseite eine Lerneinheit dargestellt wird, so daß der Lernende nicht durch anderen Lernstoff abgelenkt wird.
– Die *Lehrerhandreichungen* enthalten Hinweise zur Verschränkung von *Arbeitsbuch, Hörtext-Cassette* und *Folien* mit dem *Lehrbuch* im fortlaufenden Kommentar zu den einzelnen Kapiteln (S. 41 ff.).
– An vielen Stellen im *Lehrbuch* und im *Arbeitsbuch* finden sich nicht nur Zusatzlesetexte (in den *Lehrerhandreichungen* auch Zusatzdiktattexte), sondern auch zusätzliche Hörtexte.

Im Teil B3 der vorliegenden *Lehrerhandreichungen* (S. 31 ff.) finden Sie methodische Hinweise zur Arbeit mit diesen zusätzlichen Hörtexten.

Lernstoffverteilung

Von manchen Lehrern wurde eine zu steile und gelegentlich unstetige Lernstoffprogression von *Deutsch aktiv* (insbesondere im Bereich der Grammatik) bemängelt. Die Neubearbeitung versucht deshalb, eine gleichmäßigere Verteilung des Lernstoffs über die einzelnen Kapitel und Bände und insgesamt eine flachere Progression zu verwirklichen. Das bedeutet: Es bleibt mehr Zeit für die Erarbeitung elementarer Lerninhalte. Aus diesem Grund wurde auch eine Verteilung des Lernstoffs des ersten Bandes von *Deutsch aktiv* auf zwei schmalere Teilbände – 1A und 1B – der Neubearbeitung vorgenommen: *Deutsch aktiv Neu* führt also in drei Stufen – 1A, 1B und 1C – zum „Zertifikat Deutsch als Fremdsprache". Die A-Teile erschließen von Kapitel zu Kapitel zentrale Verständigungsbereiche (Notionen) und semantische Felder anhand unterschiedlichster landeskundlicher Themen und einer Vielzahl von

Textsorten, wobei der Anteil der Texte zur Schulung des Hör- und Leseverstehens erhöht wurde. Zum Thema Notionen/semantische Felder finden Sie im Abschnitt B1 dieser *Lehrerhandreichungen* (S. 12 ff.) detaillierte Ausführungen.

Grammatik

Die Dependenz-Verb-Grammatik als wesentliches Beschreibungsmodell für die Syntax wurde beibehalten. Übertrieben Formelhaftes in der Darstellung der Strukturen wurde weitgehend vermieden. Elemente der visuellen Grammatik und der Signalgrammatik wurden verstärkt, mehr Übungen zur Grammatik eingefügt. Zum Stichwort „Grammatik" finden Sie weitere Hinweise im Abschnitt B2 dieser *Lehrerhandreichungen* (S. 20 ff.).

Themen- und Inhaltsorientierung des Gesamtkonzepts

War *Deutsch aktiv* vorwiegend an einer Progression nach Sprechintentionen orientiert, so geht *Deutsch aktiv Neu* stärker von Verständigungsbereichen (Notionen) und semantischen Feldern aus, die über Gesprächssituationen, Lese-/Hörtexte und Übungen vielfältig variiert werden. Sprechtexte (Dialoge) sowie Lese-, Hör- und Sehtexte halten sich die Waage. Stärker berücksichtigt wird dabei das für den Unterricht wichtige „Sprechen zur Sache" (diskursives Sprechen), ohne daß das partnerbezogene Sprechen vernachlässigt wird. Entscheidend verstärkt wird die Entwicklung des Hör- und Leseverstehens.

Landeskunde

Die Neubearbeitung versucht, landeskundliche Themen systematischer und im Zusammenhang darzustellen. Im Mittelpunkt steht die Alltagskultur deutschsprachiger Länder, insbesondere der Bundesrepublik. Auch kulturgeschichtliche Aspekte werden berücksichtigt.
Der Rückbezug auf die Ausgangskultur der Lerner und der Vergleich fremder und eigener Lebenserfahrung wird angeregt. Die Neubearbeitung bemüht sich, Themen, die in anderen Ländern, Regionen und Kulturen Mißverständnisse erzeugen können, in ihrer „Anstößigkeit" abzumildern, ohne von der Überzeugung abzugehen, daß die Lernenden sich im Deutschunterricht auch mit Themen beschäftigen sollten, die – wenngleich im eigenen Kulturkreis „tabuisiert" – einen Teil des Alltagslebens der deutschen Zielkultur ausmachen.

Fremd erschien Lehrenden und Lernenden mancher Kulturkreise auch die in *Deutsch aktiv* oft gebrochene Perspektive auf unsere eigene Alltagswelt, die sich in ironischer, karikierender oder satirischer Darstellung – besonders in den Illustrationen, aber auch in manchen Texten – äußert. Bei aller Rücksichtnahme auf das „Sehen mit fremden Augen" wurde doch versucht, das, was *Deutsch aktiv* vor den meisten anderen DaF-Lehrwerken auszeichnet – den Spaß an der Sache, das augenzwinkernde Nicht-tierisch-Ernstnehmen des eigenen Alltags –, nicht aus dem Blick zu verlieren.

Visualisierung: Fotos, Zeichnungen, Graphiken

Das visuelle Element spielt in der didaktisch-methodischen Konzeption von *Deutsch aktiv Neu* im Anfangsunterricht eine wichtige Rolle als außersprachliches Mittel der Bedeutungsvermittlung. Manche Lehrende und Lernende haben bemängelt, daß wir in *Deutsch aktiv* bei der ironisch-karikierenden Darstellung deutschen Alltags die „zweite Ebene" (Ironie) zu sehr gegenüber der „ersten Ebene" (Realität) betont hätten, was – insbesondere in außereuropäischen Kulturen – zu Mißverständnissen geführt habe. Wir haben in der Neubearbeitung die satirische Perspektive nicht aufgegeben, jedoch überall dort, wo wir damit rechnen mußten, daß die manifeste Ebene des Alltags der deutschsprachigen Länder den Lernenden nicht vertraut ist, auch diese Ebene über Fotos darzustellen versucht (diese sind z. T. auf den *Folien* abgebildet).
Wo immer es sinnvoll erschien, wird also bei der Visualisierung „deutsche Realität" über Fotos (z. T. als Hintergrundfotos von Handlungssituationen, in die handelnde Personen hineingezeichnet sind) eingeführt und dann – falls sich das Thema als geeignet erwies – über Zeichnungen satirisch „interpretiert".
An vielen Stellen haben wir die Visualisierung der Grammatik weiterentwickelt und Signale für das assoziative oder kognitive Verstehen zeichnerisch bzw. über die Farbgebung eingesetzt. Auch viele Übungen wurden bildgesteuert angelegt.

Textorientierung

Die Beschäftigung mit Themen und Inhalten „aus Interesse an der Sache" (nicht, um ein verstecktes Grammatikpensum einzuführen) führt zu einer neuen Sicht der Bedeutung von Textarbeit im Lernprozeß. Der Lernende wird schon im Band 1A mit einer Vielzahl von Textsorten (Alltags- und Gebrauchstexten, aber auch literarischen Texten) vertraut gemacht. Den „Vorrang des Dialogs" haben wir dabei zugunsten einer realisticheren Vielfalt von Textsorten aufgegeben.

Übungen und Übungssequenzen

Die Orientierung an Lese-, Hör- und Sehtexten als Ausgangspunkt des Lernprozesses führt auch zu neuartigen Übungsformen und -sequenzen, die das in der *Übungstypologie zum kommunikativen Deutschunterricht** dargestellte Material erweitern. Dazu gehören insbesondere Anleitungen zur selbständigen Texterschließung, Informationsentnahme und -verarbeitung. Dadurch werden die Übungsmöglichkeiten vielfältiger, der Unterricht wird abwechslungsreicher und lebendiger.
Viele Aufgaben lassen sich in Partner- und Gruppenarbeit lösen, wobei die Arbeitsergebnisse nicht von vornherein „programmiert" sind.

Phonetik

Bei *Deutsch aktiv Neu 1A* enthalten *Lehrbuch* und *Cassette 1A/1* nur Übungen zur Intonation unter Verwendung der gewohnten Linien-Notation. Übungen zu Einzellauten und anderen Ausspracheproblemen finden sich in diesen *Lehrerhandreichungen* am Ende jedes Kapitels; die Wortbeispiele entsprechen jeweils der Wortschatzprogression bis zu diesem Kapitel einschließlich. Diese Übungen sind als Vorschläge und Zusatzangebote gedacht. Auf die Intonationsübungen und sonstige Ausspracheprobleme im Zusammenhang mit dem Lehrstoff wird im laufenden Kapitelkommentar eingegangen. Dies soll Lehrern und Lernern helfen, Phonetik nicht als isoliertes (vielleicht unangenehmes, nach Möglichkeit auszuklammerndes), sondern als ein alle Teile der gesprochenen Sprache durchdringendes Phänomen zu begreifen.

---

* Neuner / Krüger / Grewer: *Übungstypologie zum kommunikativen Deutschunterricht*, Berlin, München: Langenscheidt 1981

B Grundsätzliches zur didaktischen Konzeption von „Deutsch aktiv Neu"

1. Das Organisationsprinzip „Verständigungsbereiche" (Notionen)
Zur Progressionsgestaltung von Lehrwerken Deutsch als Fremdsprache am Beispiel von „Deutsch aktiv Neu" (Heinz Wilms)

Im Vorwort zur 3. Auflage des *Mainzer Gutachtens* (Barkowski, 1986, S. 8) verfolgt *H.-J. Krumm* die Entwicklung von Deutschlehrwerken über folgende Stationen:
„So läßt sich – grob vereinfacht – in den 60er Jahren eine Verbindungslinie vom linguistischen Strukturalismus und den Lerntheorien des Behaviorismus zu den audiolingualen Methoden und Lehrwerken (etwa Braun/Nieder/Schmöe) ziehen.
Sprechakttheorie und linguistische Pragmatik haben den kommunikativen Fremdsprachenunterricht und die auf ihn zielenden Lehrwerke (z. B. *Deutsch aktiv*) stark beeinflußt.
In der neueren Zweitsprachenerwerbsforschung dagegen spielen kognitive Lerntheorien eine zentrale Rolle; sie führen zur ‚Wiederentdeckung' der Grammatik und versuchen, kommunikative und kognitive Unterrichtsverfahren zu verbinden."
Deutsch aktiv ist in seiner alten Fassung der 2. Lehrwerksgeneration zuzuordnen. Der Neubearbeitung geht es nun gerade um die Verbindung kommunikativer und kognitiver (= Entdecken sprachlicher Formen, Funktionen, Regularitäten) Verfahren, um ein Zurücknehmen des dialogischen Ansatzes zugunsten von Textarbeit (besonders ausgedehnt in den Bänden 1B und 1C) und damit um eine Akzentverschiebung von der Äußerung zum Verstehen, „wobei die Verstehenstätigkeit des Individuums bei der Aufnahme, Verarbeitung und Umsetzung von sprachlichem ‚input' als Grundlage des Fremdsprachenlernens neu bewertet wird." (Neuner, S. 2)
Dieser Wandel einer Lehrbuchkonzeption bedarf der Erläuterung.
Es war in den frühen 70er Jahren, daß in curricularen Planungen und ersten Unterrichtsmaterialien das vielzitierte übergeordnete Lernziel der „kommunikativen Kompetenz" in den Mittelpunkt rückte, besonders eindrucksvoll propagiert von der *Bundesarbeitsgemeinschaft Englisch an Gesamtschulen*. Im Protokoll der 5. Arbeitstagung stellte *Chr. N. Candlin* fest: „Ein Ansatz von den Sprechakten her und den Funktionen, welche bestimmte Rollen implizieren, ist sinnvoller als ein Ansatz von den Strukturen her." (S. 46)

Ausgangspunkt für den Aufbau eines Lehrwerks war also nicht mehr die grammatische Progression, derzufolge etwa ein Satz wie „Ich möchte ein Bier" erst dann auftauchen durfte, wenn der Akkusativ „dran" war, sondern die Frage, mit welchen sprachlichen Mitteln eine bestimmte Sprechintention (hier: etwas bestellen) ausgedrückt werden kann. *Candlin* argumentiert weiter: „Es sind nicht völlig willkürliche Entscheidungen, denn wahrscheinlich existiert auch innerhalb der Sprechakte eine bestimmte Progression, aufgrund deren es sinnvoller sein mag, zunächst den Sprechakt des Fragens zu lehren und dann erst den Sprechakt des Drohens." (S. 45)
Auf der Ebene der Lehrplangestaltung und der Lehrwerksentwicklung mußte danach zuerst festgelegt werden, welche sprachlichen *Tätigkeiten* die Schüler in welcher Reihenfolge erlernen sollten. Erst dann konnte die Entscheidung für bestimmte Mittel (Lexik, Strukturen) fallen. Inhalte und Themen rückten mit nach vorne; alle weiteren Entscheidungen über Redemittel, Grammatikpensen, Übungsarrangements wurden nachgeordnet daraus abgeleitet. „Begreift man Sprache als Form sozialen Handelns, so wird deutlich, daß Sprachverwendung auch nur in sozialen Bezügen gelernt werden kann." – so das *Mannheimer Gutachten* (Bd. 2, S. 15).
Eben dieser Versuch, Kommunikation als Ereignis und Handlung zu begreifen und ausgehend von außerlinguistischen Faktoren (wie Sprechakt, Situation, Rollenverteilung) zu beschreiben, hat der Fremdsprachendidaktik entscheidende Anstöße gegeben, so daß wir einige Zeit lang glaubten, *das* Progressionsmodell gefunden zu haben, wenn wir der Leitidee folgten, daß Kommunikation nur durch Kommunizieren gelernt werden kann, Sprache durch Sprachhandeln, daß Rollen und Mitteilungsabsichten bei aller unvermeidlichen Simulation möglichst echt zu gestalten sind („Verständigungsanlässe").
Im Unterricht sollte also ein sprachliches Probehandeln für die erfolgreiche Bewältigung von Situationen außerhalb des Kursraumes versucht werden (Wie verhalte ich mich, was tue ich, was sage ich, wenn ich mich z. B. entschuldigen will?).
Dies mußte Konsequenzen für den Aufbau eines

Lehrwerks haben. Wenn kommunikative Funktionen als Entscheidungskriterien für die Progression vorrangig vor grammatischen Strukturen sind, dann ist auch Grammatik neu zu definieren im Sinne und in Abhängigkeit von Sprachfunktionen. Dann wird z. B. nicht mehr die Adjektivdeklination als Teilsystem um des Systems willen eingeführt und beschrieben, sondern danach gefragt, in welchem kommunikativen Zusammenhang das Adjektiv seine besondere Funktion hat (z. B. etwas näher beschreiben/qualifizieren). Der Aufbau eines Lehrbuchs bestand also in einer Stufung des Materials nach kommunikativen Notwendigkeiten; erst in zweiter Linie richtete er sich nach der grammatischen Komplexität der sprachlichen Mittel.

Dreh- und Angelpunkt aller Überlegungen zur Stufung des Materials in einem Grundstufenlehrwerk war darum im Fall *Deutsch aktiv* das folgende Modell einer Rollenanalyse:

Modell: Rollenanalyse

Lernziele:
Rollen aktiv beherrschen, d. h.:

Sprechabsichten realisieren/verbalisieren und verstehen/erkennen

Textsorten in Kommunikationssituationen beherrschen (rezeptiv und produktiv)

Sprechen (Verstehen, Schreiben, Lesen) als integralen *Bestandteil des Handelns* einsetzen

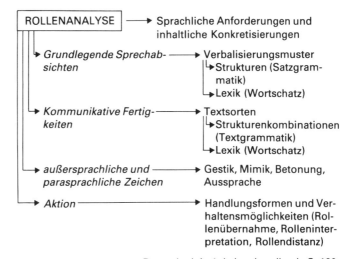

Deutsch aktiv 1, Lehrerhandbuch, S. 120

Es fehlte nach unserer Überzeugung schließlich nur noch an der Feinabstimmung zwischen Handlungsorientierung und Sprachsystem, einer plausiblen Verknüpfung von Sprechakten und Grammatik.

Inzwischen haben sich auf diesem Weg, der „von außen" an die Sprache heranführt, Schwierigkeiten ergeben.

Da ist zunächst einmal die offene, schwer abgrenzbare und systematisierbare Klasse der Sprechakte, in die auch die mit Abstand vollständigste Sprechakt-Übersicht in der *Kontaktschwelle Deutsch als Fremdsprache* keine „gültige" Ordnung bringen konnte (vgl. S. 28/29 und 51–56). Die Unsicherheit verstärkt sich in den Lehrwerken, die neben der Auswahl auch die Reihenfolge der Sprechakte verantworten und die Intentionen (Sprechakte) mit Inhalten verbinden müssen.

Bei jeder Entscheidung müssen sich die Autoren der Frage nach der vorgestellten Zielgruppe und möglicherweise dem Vorwurf einer subjektiv-zufälligen Auswahl stellen.

Vergleichen wir die Sprechaktauswahl, die von den drei folgenden Lehrwerken (Erscheinungsdatum 1979, 1981, 1983) für die Eingangslektion getroffen wurde, so ergibt sich die Übersicht auf Seite 14.

Alle drei Kataloge enthalten „grüßen/begrüßen", weil die Autoren davon ausgehen, daß ein Sprachkurs ganz konkret mit „Guten Tag" beginnen sollte. *Deutsch aktiv* und *Themen* entfalten regelrechte Begrüßungsarrangements und beziehen folgerichtig die gegenseitige Vorstellung, die Erkundigung nach dem Herkunftsort usw. mit ein. *Sprachkurs Deutsch* verfolgt hier schon eine andere Linie und sicherlich mit ebenso gutem Grund. Die Reihenfolge ist nahezu beliebig, solange man nicht eine bestimmte Adressatengruppe mit ihren sprachlichen Bedürfnissen im Auge hat. Die Versuche, Sprechakte abzugrenzen und zu benennen, gelingen unterschiedlich, und

Deutsch aktiv	Sprachkurs Deutsch	Themen
begrüßen	trinken	jemanden grüßen und darauf reagieren
Namen erfragen und nennen	bitten, danken	sich oder jemanden vorstellen
vorstellen	grüßen	Gespräch sichern durch Rückfrage
einladen	bestellen	Bitte um Wiederholung, Buchstabieren
Zahlen und Nummern nennen		nach dem Befinden fragen und darauf reagieren
		sich verabschieden
		jemanden identifizieren
		Telefonnummern/Herkunftsort erfragen

es dürfte schwerfallen, zwischen „Zahlen nennen" – „trinken" – „jemanden identifizieren" einen gemeinsamen „intentionalen Nenner" ausfindig zu machen.

„,Intention' ist ein stark handlungs- und ergebnisbezogener Begriff. Überall dort, wo der Handlungscharakter zurücktritt (und das ist in sehr vielen Kommunikationssituationen der Fall), wird er mehr oder weniger diffus, und man wird eher von Tendenzen als von eindeutigen Intentionen sprechen müssen." (Hannappel/Melenk, S. 33)

Wenn wir die Intentionen/Sprechakte „bitten" und „Bitte um Wiederholung, Buchstabieren" gegeneinanderhalten, so stellen wir fest, daß „bitten" als Kategorie zu weitmaschig und allgemein gefaßt ist und eine unübersehbare Menge möglicher und ganz unterschiedlicher Äußerungen umgreift: Ich kann um Feuer bitten, um Hilfe, um einen größeren Gefallen, in sehr differenzierter Form und mit ausführlicher Begründung um Verständnis für mein Verhalten usw. Auf der anderen Seite ist „Bitte um Wiederholung, Buchstabieren" nur eine beschreibende Wiedergabe der eigentlichen Äußerung („Wiederholen/Buchstabieren Sie bitte!"). Es fällt also nur eine Äußerungsmöglichkeit unter diesen Oberbegriff, der damit keiner mehr ist.

Ein Sprechakt muß so definiert sein, daß unter seiner Bezeichnung eine größere Anzahl von Äußerungen nach gemeinsamen Merkmalen zusammengefaßt werden kann. Er muß allgemein sein, aber gleichzeitig dadurch konkret, daß der Inhaltsbereich, auf den die sprachliche Äußerung zielen soll, mitbenannt wird. Also z.B.: „Nach dem gesundheitlichen Befinden fragen" als übergreifende Kategorie zu Äußerungen wie: „Na, gut geschlafen?" – „Was macht die Erkältung?" – „Warst du schon beim Arzt?" – „Du siehst erschöpft aus" – „Geht es dir nicht gut?" usw.

Daß es zwischen kommunikativer Funktion und sprachlicher Form (des Redemittels/Äußerungsmusters) keine unmittelbare Entsprechung gibt und daß in einem Lehrbuch natürlich auch grammatische Strukturen ihren Stellenwert haben, die jedem beliebigen Sprechakt zugeordnet werden können (z.B. Genus-, Pluralbildung der Substantive), also sprechaktneutral sind, braucht hier nur am Rande vermerkt zu werden.

Die drei zitierten Lehrwerke geben den Sprechakten für die Auswahl der sprachlichen Lernziele und ihrer hierarchischen Anordnung unterschiedliches Gewicht. Für die erste Ausgabe von Deutsch aktiv waren die Sprechakte zentral; für Sprachkurs Deutsch bleibt, der Auflistung im Inhaltsverzeichnis entsprechend, die Grammatik das primäre Gliederungskriterium; die Autoren von Themen, die sich in bedenkenswerter Weise mit der Kategorie „Sprechintention" auseinandergesetzt haben (Lehrerhandbuch, S. 8–10), entschieden sich für „elementare Lebensfunktionen", eine Art sozialer Domänen wie „Wohnen", „Arbeit", „Freizeit", „Gesundheit", „Politik" etc. als lektionsbestimmende Prinzipien, denen die Sprechintentionen als „mittleres didaktisches Planungskriterium" untergeordnet sind.

Aus der Tatsache, daß die Einführung von Sprechakten in Deutsch aktiv und Sprachkurs Deutsch den Bestand an zu vermittelnder Grammatik nicht nennenswert verändert hat, folgert B. Latour (S. 99): „Die Sprechintentionen scheinen in Abhängigkeit von der Grammatik ausgewählt, es sind nämlich genau die Sprechintentionen, die sich mit den vermittelten Strukturen realisieren lassen."

Und zum gleichen Punkt H. Barkowski (Kommunikative Grammatik, S. 114): „Es liegt die Vermutung nahe, daß auch Deutsch aktiv seine Sprechaktformulierungen erst im nachhinein den fertigen Texten ‚abgelauscht' hat ..." – was die Autoren entschieden bestreiten müssen, ohne damit zu verhehlen, daß sie sich beim ersten Anlauf von der jahrzehntelangen Steuerung durch die Grammatik noch nicht ganz befreien konnten, so daß sie sich mit einem dualen Organisationsschema von Kommunikation und Grammatik zufrieden geben mußten (von Barkowski als „Collage" und bisheriger Höhepunkt einer Lehrbuchkonzeption gewürdigt – S. 119).

Selbst wenn eine saubere Abgrenzung der einzelnen Sprechakte gelingen würde und ebenso eine plausible Zuordnung sprachlicher Strukturen, so bliebe doch der Zweifel, ob diese unzähligen kleinsten kommunikativen Einheiten als *ordnendes* Kriterium in einem Sprachprogramm dienen können; weiter bliebe die Frage, ob Sprechaktklassifikationen überhaupt produktiv genutzt werden können, ob sie nicht vielmehr ihrem Wesen nach analytische Kategorien sind, mit deren Hilfe der Sinn gemachter Äußerungen nachträglich entschlüsselt werden kann.

Auf jeden Fall erscheint es uns heute für ein Sprachvermittlungsmodell eher schwierig und umwegig, abstrakte Sprechakttitel (wie z.B.: „Vermutungen ausdrücken" oder „Vorwürfe machen", „beschuldigen") *an den Anfang zu stellen* und *dann erst* Inhalte, Situationen, Sprachmittel auszuwählen.

Wir müssen uns klarmachen, daß Intentionen/Sprechabsichten/Sprechakte wie „auf etwas aufmerksam machen", „Nichtwissen ausdrücken", „widersprechen" usw. *nie isoliert* versprachlicht werden, sondern erst im Zusammenhang mit Inhalten (Themenbereichen) konkret werden können. Es geht um Handlungen, Gegenstände, Personen, Umstände, über die, von denen, zu denen gesprochen werden kann, und die Sprechabsicht drückt dabei das kommunikative Verhältnis der sprechenden Personen zu diesen Inhalten, Verhältnissen, Gedanken, Beziehungen, Gegenständen, Personen aus.

Auch die Autoren der *Kontaktschwelle* (S. 37) heben deutlich hervor, daß wir uns bei jeder sprachlichen Handlung auf etwas beziehen, über etwas sprechen, das von der jeweiligen Situation und vom Themenbereich abhängig ist. Wenn man jetzt von bestimmten Themen oder – wie früher ausgiebig geschehen – von Situationen ausgehen wollte, so stünde man wiederum vor dem unlösbaren Problem der Auswahl und Anordnung. Die Zahl der Situationen und Themen ist unendlich.

Darum ist die Erkenntnis so wichtig, daß darunter, unter allen Sprechakten, Situationen, Themen, Äußerungen, quasi in einer tieferen Schicht

allgemeinere Konzepte liegen, die bei allen Einzelthemen eine Rolle spielen können, nämlich Begriffe wie „Existenz", „Raum", „Zeit", „Quantität", „Eigenschaften", „Relationen", die in der *Kontaktschwelle* als „allgemeine Begriffe" definiert sind und die wir, vor allem durch *D. A. Wilkins* (*Notional Syllabuses*. London 1976), als „Notionen" kennen.

Der Mensch verfügt über ein intuitives „Weltwissen", mit dessen Hilfe er eigene oder gehörte/gelesene Äußerungen nach Großkategorien wie „Zeit", „Raum", „Beziehung" usw. ordnet. Ein Satz wie „Ich muß jetzt weg" ist in verschiedenen dieser Grundkategorien verankert:

Wissen um Existenz	„Ich"	(jemand existiert)
Wissen um Relation	„muß"	(jemand handelt aufgrund eines übergeordneten Prinzips: Notwendigkeit, Zwang, Verpflichtung)
Wissen um Zeit	„jetzt"	(ein Zeitpunkt wird benannt)
Wissen um Raum	„weg"	(jemand hält sich irgendwo auf)

„Von jeder Äußerung läßt sich zunächst eine erste Schicht, die der notionalen Bedeutung, bestimmen. Sie bezieht sich auf die semantischen Grundkategorien Zeit, Raum und Menge, die sich auch bei Wilkins finden. Ihr entnehmen wir Aussagen über den Zeitpunkt oder die Dauer von Ereignissen, ob sie gegenwärtig oder zukünftig sind, oder ob keine zeitlichen Angaben gemacht werden; wir erhalten Angaben über Größe, Lage oder Bewegung und Richtung sowie Mengenangaben. Solche Aussagen werden verwirklicht durch bestimmte formale Strukturen in der Oberflächengrammatik." (Candlin 1978, S. 32/33) *Candlin* erwähnt in diesem Zusammenhang einen besonderen Lernvorteil eines Lehrgangs, der nach den Grundaussagen dieser Bedeutungsebene gegliedert ist: „Der Lernende würde syntaktisch verschiedene, aber inhaltlich zusammengehörende sprachliche Elemente unter diesen Kategorien gruppiert finden, während diese Elemente gegenwärtig im ganzen Lehrwerk verstreut sind" (S. 33). *W. Butzkamm* hat sehr einleuchtend darauf hingewiesen, daß das menschliche Gehirn gar nicht mitmachen würde, „fände der Wortschatz nicht auch immer wieder seinen Halt an den objektiven Gegebenheiten der Welt, die schon vor jeder Sprache für uns reichhaltig strukturiert ist." (S. 5)

Auf der Ebene einer fremdsprachendidaktischen Vereinfachung könnte die Begegnung mit der

15

Grundkategorie „Identität", „Qualität" und dem dazugehörigen Mitteilungsbereich folgendermaßen aussehen (wir wählen die erste Lehrbuchseite von *Deutsch aktiv Neu*): Die Teile einer Collage (Foto, Paß, Briefkopf, Telefonverzeichnis, Landkarte mit Geburtsort, Stadtplan mit Wohnung) setzen eine Person nach den äußerlichen Merkmalen ihrer (offiziellen) Identität zusammen. Die Daten wie Name, Alter, Geburtsort, Größe, Farbe der Augen, Beruf, Adresse usw. sind neutrale, auf keinen bestimmten Sprechakt festgelegte Aussageinhalte, die sich mit ganz unterschiedlich komplexen Sprachmitteln ausdrücken lassen *(Er heißt Geiges. Er wohnt in München. Er ist x Jahre alt. Er hat grüne Augen ... Oder: Bjarne Geiges, der Mann mit den grünen Augen, arbeitet als Designer in München.).* Aus diesem allgemeinen Mitteilungsbereich zur Grundkategorie „Identität" können jetzt die unterschiedlichsten Sprechakte bedient werden. Wir können uns etwa die Person selbst auf einer Party im Gespräch vorstellen:

Wie war noch Ihr Name?	*Geiges.*
Sie sind der Architekt?	*Nein, ich bin Fotograf.*
Ach ja, richtig! Wohnen Sie nicht in der Franz-Josef-Straße?	*Genau.*
Meine Tochter hat neulich ein Foto bei Ihnen machen lassen.	*Das kann nicht sein. Ich mache nur Landschaftsaufnahmen.*
Oh, Verzeihung, dann habe ich Sie verwechselt!	

Wir sehen an diesem beliebigen Beispiel, wie die Aussageinhalte des Mitteilungsbereichs teilweise und in bestimmter Richtung aktiviert werden, und zwar durch bestimmte Intentionen: jemanden ansprechen, nachfragen, sich vergewissern, an etwas erinnern, widersprechen, sich entschuldigen.
Elemente aus dem Mitteilungsbereich „Identität" werden in dieser Sprechaktsequenz gewissermaßen zum Spielball verschiedener Intentionen.
Das Zusammenspiel von Aussageinhalten der Mitteilungsbereiche und Intentionen sei noch an einem weiteren Beispiel verdeutlicht: Der Briefträger bittet Hausbewohner, ihm beim Ausfindigmachen einer Adresse behilflich zu sein. Denkbar wäre der folgende Dialog (Kapitel 8 A1, S. 108),

der mit einer *Entschuldigung* als Kontaktaufnahme und gleichzeitiger Bitte um Hilfe beginnt. Der Briefträger möchte die Zugehörigkeit von Brief und Empfänger klären. Ein Hausbewohner äußert Zweifel in bezug auf die Identität des Adressaten, hingegen Sicherheit und Wissen bezüglich der lokalen Adresse. Die Spekulationen über den möglichen Empfänger schwanken zwischen Zweifel, Vermutung, Glauben. Die Intentionen/Sprechakte beziehen sich auf einen Sachverhalt, zu dem unter bestimmten Aspekten – bestätigend, fragend, zweifelnd, einschätzend – Stellung genommen wird.

○ Entschuldigung!
   Für wen ist dieser Brief?
● Bram Kem?? – Hm!
   Heinrich-Heine-Str. 24, ja, das ist hier.
○ Aber der Name? Braun? Brank?
● Vielleicht Henschel oder Harre,
   die wohnen hier.
○ Aber der Vorname, Bran.....?
   Ich glaube, der ist nicht deutsch.
● Ah, vielleicht Petrovich!?
   Die wohnen hier unten.
   Ich glaube, er heißt Branco, Branco Petrovich.

Deutsch aktiv Neu 1A, Lehrbuch, S. 108

Sprechakte		Notionen
Kontaktaufnahme und Bitte um Hilfe;		
Informationen erfragen		Zugehörigkeit
Zweifel		Identität
Wissen		Ort, Lage
Zweifel		Identität
Vermutung		Identität
Wissen	ausdrücken	Ort, Lage
Zweifel		Identität
Glauben		Identität
Vermutung		Identität
Wissen		Ort, Lage
Glauben		Identität

Wir haben in der ersten Fassung von *Deutsch aktiv* die Lernenden unmittelbar in sogenannte *Verständigungsanlässe,* in zwingende Situationen, sich sprachlich auseinanderzusetzen, hineingezogen. „Diese Dialoge", so haben wir damals geschrieben, „gehen von Sprechabsichten aus, ...; sie sind ‚handlungsorientiert', d.h., sie vermitteln das spezifisch fremdsprachliche Instrumentarium (Wortschatz, Strukturen, Intonation, Mimik-Gestik) zum Handeln in bestimmten Rollen und Situationen." (*Lehrerhandbuch,* S. 11) Dies bedeutete vielfach eine sehr hohe Anforderung an die Lernenden, die sich von Dialog zu Dialog auf inhaltlich neue Zusammenhänge einstellen mußten, weil zuerst die Intentionen festgelegt waren, denen dann unterschiedliche Situationen und Themenbereiche zugeordnet wurden.

In *Deutsch aktiv Neu* wird versucht, zunächst ein *Sach- und Begriffsfeld* als Konzept einer organisierten Welt aufzubauen und sprachliche Ausdrucksmöglichkeiten als allgemeine und neutrale „Vielzweckmittel" einzuführen. Erst dann kommen Intentionen/Sprechakte ins Spiel. Der Sprachgebrauch wird also nicht von vornherein auf den Aspekt der Intention/des Sprechaktes eingeengt.

Die natürliche Folge dieser Erweiterung ist die Aufnahme anderer Textsorten in die Kapitel. Neben Dialogen, die auf direkte Beeinflussung der Gesprächspartner abzielen, stehen jetzt in weit größerer Zahl monologische, beschreibende, erzählende Texte, in denen einzelne Intentionen nicht so deutlich hervortreten.

Als Begriff für diese Sprecher- wie Hörer- und Leserorientierung verwenden wir „Verständigungsbereich" (der dasselbe meint wie „Mitteilungsbereich" bei Barkowski).

Alle Dialoge und Texte einer Lektion bewegen sich innerhalb der übergeordneten Verständigungsbereiche, die die sprachlichen Ausdrucksmöglichkeiten bündeln. So sind die ersten acht Kapitel im wesentlichen den Verständigungsbereichen zu den Grundkategorien „Identität" (von Personen und Sachen), „Quantität", „Qualität", „Zeit", „Raum", „Zugehörigkeit und Besitz" zugeordnet.

In der eingangs zitierten Übersicht der Lehrwerksgenerationen qualifiziert *H. J. Krumm* die 3. Etappe durch eine Wiederentdeckung der Grammatik und den Versuch, kommunikative und kognitive Unterrichtsverfahren zu kombinieren. (*Barkowski* et al., 1986)

„Sprachunterricht", so stellte schon das *Mannheimer Gutachten* fest, „wird also nicht dadurch ‚kognitiv', daß er zurückfällt in Formen eines grammatisierenden Unterrichts, sondern indem er den Lernenden eigene Einsichten in die Strukturen der Sprache finden läßt und ihm Strukturierungshilfen auf allen Ebenen der Sprachverwendung zur Verfügung stellt." (S. 15)

Genau diesem Anspruch kommt ein Lehrmaterial, das nach „Verständigungsbereichen" organisiert ist, in besonderer Weise entgegen. Es ist gerade die Eigenheit der großräumigen „Mitteilungs-" oder „Verständigungsbereiche", daß sie Anziehungskraft sowohl auf bestimmten Wortschatz wie auch auf bestimmte Strukturen ausüben. So werden z.B. am Ende des Kapitels, aus dem das oben zitierte Beispiel („Für wen ist dieser Brief?") stammt, diese sprachlichen Formen zusammengestellt:

Zugehörigkeit / Besitz

Dieser Koffer gehört **mir.**

Das ist der Koffer **von mir.**

Das ist **mein** Koffer.

Diese Tasche gehört **Peter.**

Das ist die Tasche **von Peter.**

Das ist **Peters** Tasche.

Das ist **seine** Tasche.

Deutsch aktiv Neu 1A, Lehrbuch, S. 120

Diese Strukturen sind normalerweise in Lehrwerken über mehrere Lektionen verstreut, sie gehören aber ihrer Ausdrucksfunktion nach zusammen! Und zu dieser Einsicht wollen wir dem Lerner verhelfen, denn: „Die Grundfrage hat in der Regel nicht zu lauten: ‚Wie können bestimmte grammatische Kategorien kommunikativ eingesetzt werden?', sondern: ‚Welche grammatischen Kategorien stehen zur Verfügung, wenn ein bestimmtes kommunikatives Ziel erreicht werden soll?" (*U. Engel,* 1982, S. 3)

Dies entspricht genau dem Neuansatz der Linguistik, der *vom Inhalt zum Ausdruck* führt. „Man fragt also in der Satzsemantik (...) nicht mehr nur danach, was z. B. der Genitiv alles bedeuten kann, sondern umgekehrt, z. B. auf welche verschiedenen Weisen ein ‚Possessiv'-Verhältnis ausgedrückt werden kann; dabei kommt man weit über den Genitiv hinaus zu einer Vielfalt syntaktischer Ausdrucksmöglichkeiten für ‚Possessiv'-Beziehungen." *(P. v. Polenz*, S. 51)

Ein gemeinsames (Lerner + Lehrer) Entdecken von Ausdrucksfunktionen der Sprache ist u. E. genauso „kommunikativ" und „handlungsorientiert" wie das Erproben sprachlicher Mittel und Möglichkeiten in – beispielsweise – einem Rollenspiel. Entscheidend ist, daß solche Lern- und Entschlüsselungsprozesse motiviert sind und den Interessen der Lerner entsprechen.

Januschek/Stölting tragen hilfreich zur Beschreibung handlungsorientierten Unterrichts bei, indem sie ihn abgrenzen von nicht-handlungsorientierten Formen. Dazu zählen sie traditionellen (grammatik-/lexik-/pattern-orientierten) Unterricht wie auch Unterricht, der lediglich rollen- und situationsangepaßtes Verhalten einübt und auf Sprachreflexion verzichtet. „Beide Arten des Unterrichts setzen fertige, ‚bloß noch' zu lernende Bedeutungen voraus." (S. 19)

Was steht dem in einem unterrichtlichen Sprachhandlungskonzept gegenüber?

Wir halten u. a. folgende Anforderungen für zentral und möchten ihrer Einlösung mit *Deutsch aktiv Neu* wiederum ein Stück näherrücken:

– Sprachliche Äußerungen (begleitet von Gestik und Mimik und Bewegung) sollen in Planspielen mit Partnern in möglichst offenen, montierbaren und diskutierbaren Situationen mit austauschbaren Dialogrollen ausprobiert werden. Solche Szenarien, möglichst von den Lernenden selbst ausgesucht und mitgestaltet, sollen anregen, mit neuem Sprachmaterial umzugehen und die kommunikative Funktion sprachlicher Formen auszuprobieren, ohne daß dadurch vertuscht werden soll, daß sich dieses spielerische Probehandeln von echtem Handeln im Leben unterscheidet. (vgl. *H. Weinrich*, S. 8)

– Über Bilder, Situationen, Texte (und ihre Tauglichkeit) sowie über Unterricht und Lernen, über die Systematisierbarkeit, Merkbarkeit und Anwendbarkeit von Regeln, Strukturen, Wendungen, Wörtern wird im Unterricht gesprochen.

– Zum Verlauf von Geschichten und offenen dialogischen Auseinandersetzungen sowie über Bilder werden Hypothesen aufgestellt und wird diskutiert.

– Die Muttersprache der Lerner wird – soweit möglich – zu Vergleichen herangezogen. „Nebenunterhaltungen" zwischen Schülern in ihrer Muttersprache über Unterrichtsinhalte gehören zum Unterrichtsgeschehen.

– Landeskundliche Alltagserfahrungen der Schüler im Herkunfts- und Zielland werden im Unterricht thematisiert.

– Die Auswahl von Themen und Stoffen folgt *J. Engelkamps* These, daß sprachliches Material dann besonders gut behalten wird, wenn es Bezug zur eigenen Person herstellt und dadurch tiefer verarbeitet werden kann (S. 265). Dazu gehören auch die Erfahrungen und Strategien der Schüler beim Erwerb der neuen Sprache.

– Der Hauptgegenstand des Unterrichts, die Sprache, die Unterrichtssprache, zum Teil Austauschmittel der Schüler untereinander und Lerngegenstand in einem ist, soll Beachtung und Wißbegier auf sich ziehen, zum Vergleichen und Nachdenken anregen. Wenn solche „Entschlüsselungs- und Denkhandlungen" für die Schüler einen persönlichen Sinn haben, zielgerichtete, motivierte Prozesse sind, dann können diese Operationen im eigenen Kopf mit Fug und Recht in unserem Sinne „handlungsorientiert" genannt werden.

– „Redelust" und „Neugier" (vgl. *Schwerdtfeger*, S. 11ff.) sind unverzichtbare Verhaltensweisen, die Interesse am Gegenstand und am gemeinsamen Lernen ebenso widerspiegeln wie Interesse an den Gruppenmitgliedern, zu denen auch der Lehrer gehört. Mit ihnen wird der risikofreudige Gebrauch der Fremdsprache herausgefordert, in dem Fehler als produktiv und zum Lernprozeß gehörig gewertet werden. „Langeweile" als Gegensatz zu Neugier hat *W. J. Revers* das „Erleben einer ziellosen Strebung" genannt und damit den Charakter unsäglich vieler vertaner Unterrichtsversuche beschrieben, in denen die Lerner kein für sie bedeutungsvolles Ziel erkennen können. „Sprechangst" als Gegenpol zu „Redelust" schließlich ist häufig das Resultat einer unreflektierten Korrektursucht des Lehrers, der das richtige Hinhören erst wieder lernen muß, und eines falschen Verständnisses von Unterricht und Schule bei Schülern wie Lehrern.

Literatur

Baldegger/Müller/Schneider. *Kontaktschwelle Deutsch als Fremdsprache,* (Hrsg.: Europarat, Straßburg 1980) (Langenscheidt) Berlin, München 1981

Barkowski, H.: (1982) *Kommunikative Grammatik und Deutschlernen mit ausländischen Arbeitern,* (Scriptor) Königstein/Ts.

Barkowski, H. et al.: (1986) *Deutsch für ausländische Arbeiter, Gutachten zu ausgewählten Lehrwerken,* (Verlag Manfred Werkmeister) Mainz

Bundesarbeitsgemeinschaft Englisch an Gesamtschulen. Protokoll der 5. Arbeitstagung, Reinhardswaldschule, Januar 1974

Butzkamm, W.: (1986) Geist und Sprache – mit einer Anmerkung über sprachlichen Sexismus. In: *Zielsprache Deutsch.* 4-1986, S. 4–11

Candlin, Chr. N.: (1978) Form, Funktion und Strategie. Zur Planung kommunikativer Fremdsprachencurricula. In: *Kommunikativer Englischunterricht* (Langenscheidt-Longman) München 1978

Deutsch aktiv 1, Lehrerhandbuch, (Langenscheidt) Berlin, München 1979

Deutsch aktiv Neu 1A, Lehrbuch, (Langenscheidt) Berlin, München 1986

Engel, U.: (1982) *Zur Verwendung kommunikativer Kategorien bei der Grammatikvermittlung im Fremdsprachenunterricht.* Gutachten für das Goethe-Institut, Manuskript

Engel, U. et al.: *Mannheimer Gutachten zu ausgewählten Lehrwerken Deutsch als Fremdsprache,* Bd. 2 (Julius Groos) Heidelberg 1979

Engelkamp, J.: (1983) Sprache und Emotion. In: Euler/Mandl (Hrsg.), *Emotionspsychologie.* München, S. 262–267

Hannappel/Melenk: (1979) *Alltagssprache.* (UTB 800) München

Januschek, F./Stölting, W.: (1982) Handlungsorientierung im Zweitspracherwerb von Arbeitsmigranten. In: *Osnabrücker Beiträge zur Sprachtheorie 22,* S. 6–26

Latour, B.: (1982) Grammatik in neueren Lehrwerken Deutsch als Fremdsprache: Auswahl, Präsentation, Progression. In: *Lehrwerkforschung – Lehrwerkkritik.* Werkheft Goethe-Institut München, Hrsg.: H.-J. Krumm

Neuner, G.: (1987) Textorientierte Arbeit im Unterricht Deutsch als Fremdsprache. In: *Zielsprache Deutsch* 3-1987, S. 2–8

v. Polenz, P.: (1985) *Deutsche Satzsemantik* (Walter de Gruyter) Berlin

Revers, W. J.: (1949) *Die Psychologie der Langeweile.* Meisenheim

Schwerdtfeger, I. C.: (1987) *Alltag und Fremdsprachenunterricht.* Hueber-Sonderdruck 5, München

Sprachkurs Deutsch 1 (Diesterweg) Frankfurt/a. M. 1981

Themen 1, Lehrwerk für Deutsch als Fremdsprache, (Hueber) München 1983

Themen 1, Lehrerhandbuch, (Hueber) München 1984

Weinrich, H.: (1979) Von der Langeweile des Sprachunterrichts. In: *Informationsdienst Spracharbeit* (Hg. Goethe-Institut, München) 2/79, S. 1–21.

2. Das Konzept einer Lerner-Grammatik (Reiner Schmidt)

a) Was verstehen wir unter einer Lerner-Grammatik?

Eine *Lerner-Grammatik* stellt die Eigentümlichkeiten (Regularitäten) einer Sprache nicht um ihrer selbst willen, sondern für *Sprachlern*zwecke dar. Ihr letztes Ziel ist es, sich selbst überflüssig zu machen; dieses Ziel ist dann erreicht, wenn Fremdsprachenlerner(innen) die Fremdsprache rezeptiv wie produktiv frei beherrschen, ohne die „Krücke" Grammatik.

Auf dem zum Teil mühsamen und langen Weg zu diesem Ziel ist für manche heranwachsende und erwachsene Lerner(innen) diese Krücke absolut unentbehrlich, für andere ein häufig (d. h. nicht immer) willkommenes Hilfsmittel, für wieder andere gelegentlich eher eine Behinderung, für wenige gänzlich überflüssig und unnütz.

Auf gar keinen Fall darf man die Grammatik einer Sprache mit der Sprache selbst verwechseln: Vielmehr ist jede Beschreibung einer Sprache nur ein (Teil-)*Modell* der Sprache, das nie mit dem Original (der Sprache selbst) identisch ist. Zudem gibt es viele verschiedene Modelle einer Sprache, die alle vorgeben oder danach streben, das Original möglichst „naturgetreu" abzubilden. Wie unterschiedlich, voneinander abweichend, ja sich z. T. widersprechend diese „Abbilder" sind, stellt man schnell und leicht fest, wenn man die Darstellung ein- und desselben sprachlichen („grammatischen") Sachverhalts in verschiedenen Grammatik-Büchern des Deutschen nachliest und miteinander vergleicht.

Daraus folgt zwangsläufig, daß auch das Erlernen eines Modells einer Sprache (wie es im Grammatik-Buch steht) nicht mit dem Erlernen der Sprache selbst verwechselt werden darf. Vielmehr kann und soll das Erkennen und Behalten von Formen, Strukturen und Funktionen sprachlicher Mittel dabei helfen und dazu beitragen, daß diese Formen und Strukturen besser verstanden, möglichst korrekt gebildet und kontextadäquat gebraucht werden.

Eine Darstellung sprachlicher Formen, Strukturen und Funktionen, die das Erlernen und Behalten (*Lernertätigkeiten* also) so gut wie nur irgend möglich provoziert, fördert, unterstützt, gewährleistet – eine solche Darstellung nennen wir Lerner-Grammatik.

Dieser Lerner-Grammatik kann und soll im Unterricht eine Grammatikarbeit entsprechen, die das Erkennen fördert, das Behalten erleichtert und das Anwenden übt.

b) Was unterscheidet eine Lerner-Grammatik von einer linguistischen Grammatik?

Das Eigentümliche einer Lerner-Grammatik wird besonders deutlich, wenn man sie mit den Konzepten linguistischer Grammatiken vergleicht.

Dabei zeigt sich, daß die Unterschiede der beiden Konzepte so grundlegend und so gravierend sind, daß man eine Grammatik zum Beispiel nicht einfach, wie man das früher versucht hat und auch zum Teil heute noch versucht, aus einer linguistischen Grammatik (etwa durch bloßes Weglassen bestimmter Elemente unter Beibehaltung der Darstellungsweise im übrigen) ableiten oder gewinnen kann.

Die wesentlichen Unterschiede der beiden Sprachbeschreibungs-Konzeptionen sind der folgenden Übersicht zu entnehmen:

Linguistische Grammatik	Lerner-Grammatik
Totalität (Ausnahmen von der „Regel" besonders wichtig)	*Auswahl*
Abstraktheit (der Beschreibung/Darstellung)	*Konkretheit/Anschaulichkeit* (der Abbildung/Darstellung)
Kürze (der Darstellung)	*Ausführlichkeit* (der Darstellung der als wichtig erkannten Elemente)
Keine lernpsychologischen Vorgaben/ Rücksichten	*Lernpsychologische Kategorien:* Verstehbarkeit Behaltbarkeit Anwendbarkeit

An einigen Beispielen sollen die genannten Unterschiede verdeutlicht werden.

Beispiel 1: Darstellung der Pluralbildung im Deutschen

Die *Duden*-Grammatik (Mannheim 1984, S. 238 ff.) beschreibt auf nicht weniger als zehn engbedruckten Seiten die Möglichkeiten der Pluralbildung im Deutschen.

Das Hauptinteresse gilt dabei den niedrig frequenten Ausnahmen von der allgemeinen Regel, die zum größten Teil unwichtig und überflüssig und darüber hinaus in ihrer Heterogenität und fehlenden Systematik auch unlernbar sind.

Weniger umfangreich ist *Erben* (Johannes Erben: *Deutsche Grammatik. Ein Leitfaden.* Frankfurt/Main 1968), er kommt mit *zwei* Seiten aus. Aber auch in der Darstellung von *Erben* sind viele andere Dinge offenbar wichtiger als die „normalen" Formen der Pluralbildung (vgl. hierzu zum Beispiel § 97).

Vergleichsweise knapp ist auch die Darstellung in der ansonsten sehr umfangreichen *Akademie-Grammatik* (Heidolph/Flämig/Motsch u.a.: *Grundzüge einer deutschen Grammatik.* Berlin (Ost): Akademie Verlag ²1984; auf nicht einmal einer Seite wird die gesamte Pluralbildung abgehandelt (§§ 77 und 78, S. 596−597):

Obwohl es also in allen drei Grammatiken um ein und dieselbe Sache geht (Pluralbildung der Substantive im Deutschen), fallen die einzelnen Darstellungen sowohl *quantitativ* als auch *qualitativ* ganz *unterschiedlich* aus. Zugleich sind sie Beispiele für das Bemühen um *Totalität* (besonders die *Duden*-Grammatik), *Kürze* (besonders die *Akademie*-Grammatik) und *Abstraktheit* (alle drei Grammatiken).

Dem Fremdsprachenlernen mit seinen zentralen Komponenten *Verstehen − Behalten − Anwenden* stellt diese Art der Darstellung unüberwindliche Hindernisse in den Weg: Das Verstehen (als Voraussetzung für das Behalten und Anwenden) wird durch Abstraktheit und (formelhafte) Kürze zumindest erschwert, wenn nicht gänzlich unmöglich gemacht. Das Behalten als (weitere) Voraussetzung des Anwendens wird darüber hinaus durch die Totalität (die Masse des Dargestellten, z.B. in der *Duden*-Grammatik) nahezu oder gänzlich unmöglich gemacht. Zum Anwenden des Gelernten kann es unter diesen Bedingungen erst gar nicht kommen, solange nämlich die beiden Grundvoraussetzungen Verstehen und Behalten nicht gewährleistet sind, zumal selbst bei Vorliegen dieser Voraussetzungen sich das Anwenden nicht von selbst ergibt, sondern zusätzlich und immer wieder aufs neue geübt werden muß.

Bei dieser für das DaF-Lernen deprimierenden Sachlage blieb den Lerner(inne)n bisher nichts anderes übrig, als bei jedem einzelnen Substantiv die entsprechende Pluralform gleich mitzulernen. Und das muß wohl auch weiterhin die grundlegende Strategie bleiben.

Darüber hinaus ist jedoch zu fragen, ob den Lerner(inne)n nicht doch Regularitäten „mittlerer Reichweite" in einer Weise vermittelt werden können, die das Verstehen erleichtert, das Behalten fördert und so die Basis für das Anwenden schafft. Die Kenntnis dieser Regularitäten soll die Lerner(innen) in bestimmten Situationen (z.B. wenn die richtige Pluralform nicht spontan verfügbar ist oder wenn Zeit zur Selbstkorrektur zur Verfügung steht) in die Lage versetzen, Fehler bei der Pluralbildung zu vermeiden oder zu korrigieren.

Wir setzen deshalb bei folgendem Hinweis der *Akademie*-Grammatik an: „Wenngleich eine eindeutige Zuordnung der Genera zu bestimmten Pluraltypen nicht vorliegt, lassen sich doch einige Relationen aufzeigen. Pluralformen des Typs *Hunde, Bäume* sind charakteristisch für starke Maskulina, *Kinder, Blätter* für Neutra und *Frauen* für Feminina" (§ 77, letzter Absatz). Wir begnügen uns jedoch nicht mit dem kurzen Hinweis auf die Beispiele, die das belegen. Vielmehr versuchen wir (in Kap. 4B von *Deutsch aktiv Neu*, Lehrbuch 1A, S. 57/58), diese Relationen in einer Weise aufzuzeigen und darzustellen, die verstehbar, behaltbar und anwendbar ist: Die jeweils auf dem „Plural-Computer" aufleuchtenden Merkmale der betreffenden Substantive legen die jeweilige Pluralbildung nahe. Danach gehören zu:

Typ 1	(-e)	vor allem einsilbige Substantive (besonders viele *maskuline*, viele *neutrale*, einige *feminine*), die *auf Konsonant enden*;
Typ 2a	(-n)	vorwiegend *feminine* Substantive, die *auf -e enden*;
Typ 2b	(-en)	ebenfalls vorwiegend *feminine* Substantive, die aber *auf Konsonant enden*;
Typ 3	(--)	vorwiegend *maskuline* und *neutrale* Substantive, die *auf -el, -en, -er enden*;
Typ 4	(-er)	vorwiegend *neutrale einsilbige* Substantive, die *auf Konsonant enden*;

Typ 5 (-s) viele *Fremdwörter* aus dem *Englischen* und *Französischen*.

Ein Problem besteht freilich weiterhin darin, daß es bei den genannten Merkmalen und Zuordnungen Überschneidungen zwischen den einzelnen Gruppen gibt und weitere „Ausnahmen" hinzukommen. Gleichwohl kann die so gebotene Information für viele Lerner(innen) hilfreich sein, zumal sie sich im Unterricht noch weiter „vereinfachen" (und vergröbern) lassen, etwa in Form der folgenden Übersicht:

Typ			Plural
1	mask. + Konsonant	→	-e
2a	fem. + -e	→	-n
2b	fem. + Konsonant	→	-en
3	-el, -en, -er	→	--
4	neutr. + Konsonant	→	-er
5	Fremdwort	→	-s

Beispiel 2: Struktur der Nebensätze im Deutschen

Als nächstes stellen wir Sprachbeschreibungen aus Grammatiken vor, die bereits im Hinblick auf das Erlernen des Deutschen als Fremdsprache konzipiert worden sind; aber trotz dieser Zielrichtung (bei der die lernpsychologische Komponente stärker zum Ausdruck kommen sollte) begegnen auch in diesen Darstellungen die genannten Merkmale linguistischer Grammatiken (Totalität, Abstraktheit, Kürze), die den lernpsychologischen Kategorien der Verstehbarkeit, Behaltbarkeit und Anwendbarkeit strikt zuwiderlaufen.

Das erste Beispiel stammt aus Schulz/Griesbach: *Grammatik der deutschen Sprache*. München [11]1972: Einer Darlegung der komplizierten Abhängigkeitsverhältnisse im vielfach gegliederten Satz schließt sich folgendes Satzbildbeispiel an:

Das folgende Satzbild verdeutlicht die verschiedenen Abhängigkeiten:

Vorfeld	Gliedsatz 1. Grades	Wenn du mir versprichst,
	2. Grades	*daß du mir das Geld wiedergibst,*
	3. Grades	*sobald dir dein Vater den Scheck geschickt hat,*

Satzfeld KANN ICH DIR DIE 100 MARK GEBEN,

Nachfeld	Gliedsatz 1. Grades	obwohl ich noch mindestens zwei Wochen warten muß,
	2. Grades	*bis ich mein nächstes Gehalt bekomme.*

Dieser Satz ergibt folgendes Satzbild:

$$Am - P^1 - s - od - Oa - P^2 - Am$$

$$V - s - od - P - Oa \qquad V - s - At - P - At$$

$$V - s - od - Oa - P - At \qquad V - s - Oa - P$$

$$V - od - S - Oa - P$$

Das zweite Beispiel ist entnommen aus Helbig/Buscha: *Deutsche Grammatik. Ein Handbuch für den Ausländerunterricht.* Leipzig 1975, S. 566: Einer kurzen Beschreibung der gewöhnlichen Form der Nebensätze folgt eine Übersicht über „Ausnahmen" bezüglich der Endstellung des finiten Verbs:

Folgende Nebensatzarten zeigen keine Endstellung des finiten Verbs:

1. Konzessivsatz ohne Konjunktion:

Spitzenstellung des finiten Verbs

> *Sei* die Arbeit auch schwer, sie muß geschafft werden.
> *Mag* er auch noch wenig Erfahrung haben, so weiß er doch sehr viel.

2. Konditionalsatz ohne Konjunktion:

Spitzenstellung des finiten Verbs

> *Kommt* er morgen, (so/dann) können wir alles besprechen.
> *Solltest* Du sie treffen, sage ihr bitte Bescheid.

3. Objektsatz ohne Konjunktion:

Die Wortstellung ist wie im Hauptsatz. Konjunktionslose Objektsätze stehen nach den Verben des Sagens, Denkens und Fühlens.

> Ich dachte, er *hätte* seine Prüfung abgelegt.
> Ich hoffe, er *hat* seine Arbeit abgeschlossen.

4. Irrealer Komparativsatz mit Konjunktion *als*:

Das finite Verb steht unmittelbar nach der Konjunktion *als*.

> Es schien so, als *schliefe* sie fest.

Mit den Beispielen sollen diese Beschreibungen grammatischer Erscheinungen nicht abgewertet werden. Es soll lediglich verdeutlicht werden, daß sie in der vorliegenden Form für Sprachlernzwecke (wenn überhaupt) nur bedingt zu gebrauchen sind.

Eine Darstellung der Grundstruktur der Nebensätze im Deutschen muß demgegenüber die folgenden zentralen Informationen möglichst konkret und möglichst anschaulich vermitteln:

1. Im Nebensatz steht (anders als im Hauptsatz) das Verb in der Regel am Ende.
2. Im Nebensatz steht (anders als im Hauptsatz) das Subjekt (die Nominativergänzung) in der Regel unmittelbar nach dem den Nebensatz einleitenden Wort.
3. Der Nebensatz wird in der Regel durch eine Konjunktion (oder ein Relativpronomen) eingeleitet.

Im Lehrbuch *Deutsch aktiv Neu 1B* (S. 20) sieht das folgendermaßen aus:

4.2 Nebensätze: Satzrahmen

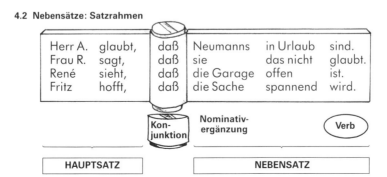

Über die *Bedeutung* (Semantik) der verschiedenen Nebensatzarten ist damit noch nichts gesagt. Sie ist (neben der Form der Nebensätze) das zweite zentrale Lernziel in diesem Bereich; es wird im Lehrbuch *Deutsch aktiv Neu 1B* ausführlich, anschaulich und konkret vermittelt.

Die bisherigen Beobachtungen und Ausführungen lassen sich etwa folgendermaßen zusammenfassen:

1. Die Darstellung grammatischer Formen, Strukturen und Funktionen in den verschiedenen Grammatiken des Deutschen weist zum Teil erhebliche Unterschiede auf.
2. Diese Unterschiede betreffen einerseits den Inhalt und den Umfang der Information, andererseits insbesondere die Art der Darstellung und Präsentation.
3. Diese Unterschiede zeigen sich bereits bei scheinbar so einfachen Sachverhalten wie der Pluralbildung und der Grundstruktur der Nebensätze im Deutschen. Bei schwierigeren grammatischen Themen und Fragen, zumal bei solchen Fragen, deren Beantwortung selbst heute noch unter Sprachwissenschaftlern umstritten ist, und allemal bei solchen, von denen die Sprachwissenschaft insgesamt noch viel zu wenig weiß, sind die genannten Unterschiede um so größer.
4. Unter den (lernpsychologischen) Gesichtspunkten der Verstehbarkeit, Behaltbarkeit und Anwendbarkeit des Verstandenen und Behaltenen im rezeptiven und produktiven Sprachgebrauch gewinnt die Frage nach der *Art der Darstellung* der grammatischen Formen, Strukturen und Funktionen eine entscheidende Bedeutung.
   Abstrakte (metasprachliche) Beschreibungen (das läßt sich auch im „Selbstversuch" nachvollziehen) errichten bereits Verstehensbarrieren und machen Sachverhalte schwer verständlich, die in ihrem Kern weit weniger schwierig sind. Demgegenüber scheinen konkrete Beispiele, die gut visualisiert sind und die für die Anwendung benötigte Teilabstrahierung ermöglichen, das Verstehen, Behalten und Anwenden zu fördern.

c) Was sind die wesentlichen Merkmale einer Lerner-Grammatik?

Dem Vergleich der Konzepte linguistischer Grammatiken auf der einen und einer Lerner-Grammatik auf der anderen Seite sind zum Teil bereits die wesentlichen Merkmale einer Lerner-Grammatik zu entnehmen.

Wir beschreiben und erläutern diese Merkmale im folgenden noch einmal kurz und diskutieren die Fragen, die sich jeweils ergeben, mit dem Ziel, zu konkreten Handlungsanweisungen für die Erstellung einer Lerner-Grammatik wie auch zu ersten Empfehlungen für die Grammatikarbeit im Unterricht zu kommen.

1. Ziel einer Lerner-Grammatik (wie auch der Grammatikarbeit im Unterricht) ist die Unterstützung und Förderung des Erlernens einer Fremdsprache.
   Jede Sprachbeschreibung im Lehrbuch wie auch jede Grammatikarbeit im Unterricht wird sich die Frage gefallen lassen müssen, ob und inwieweit sie diesem Ziel erkennbar dient oder nicht. Dient sie diesem Ziel nicht, ist sie nicht nur überflüssig, sondern darüber hinaus eine Zeitverschwendung und damit für den Lernprozeß ausgesprochen schädlich.
2. Eine Lerner-Grammatik muß aus der verwirrenden und zum Teil nicht systematisierbaren Fülle und Vielfalt der Aspekte auswählen.
   Allgemeine Kriterien dieser zu treffenden Auswahl sind:
   a) Gebrauchsüblichkeit und Gebrauchshäufigkeit der jeweiligen Formen, Strukturen und Funktionen und
   b) Reichweite der entsprechenden Regularität.
   Dabei ist zu beachten, daß in jedem Fall aufs neue entschieden werden muß, ob und wie viele „Ausnahmen" von der jeweiligen „Regel" von Anfang an mitzuliefern oder auch zunächst oder ganz zu vernachlässigen sind. Das Lernerinteresse und die Lernerbedürfnisse sind im Unterricht immer zu berücksichtigen und können dazu führen, daß in manchen Fällen weniger, in anderen mehr Informationen über das jeweilige sprachliche Teilsystem vermittelt werden.
3. Eine Lerner-Grammatik muß die Formen, Strukturen und Funktionen der (Fremd-)Sprache so konkret und anschaulich wie möglich und nur so abstrakt wie unbedingt nötig darstellen.
   Das läßt sich durch Beispielmaterial, in dem das „Original", die Sprache selbst, erscheint, sowie die Ausnutzung aller Möglichkeiten der Visualisierung erreichen. Dies darf jedoch nicht zu einer reinen „Beispiel-Grammatik" führen, da diese nicht dem Prinzip der Anwendbarkeit und Transferierbarkeit Rechnung trägt. Die

Darstellung sollte vielmehr so sein, daß sie den Lernenden über das Erkennen der allen Beispielen gemeinsamen „Regularität" eine Generalisierung erlaubt. Da diese Generalisierung immer eine gewisse Abstraktion von den jeweils konkreten Beispielen beinhaltet, muß darauf geachtet werden, daß (um Verstehbarkeit und Behaltbarkeit nicht zu gefährden) dieser Abstraktionsprozeß nicht weiter als unbedingt nötig führt. Dies läßt sich zum Beispiel dadurch erreichen, daß die generalisierbare Struktur gleichsam wie auf einem Röntgenschirm hinter den konkreten Beispielen in partiell abstrakter Form erscheint.

4. Eine Lerner-Grammatik darf nicht nach Kürze und schon gar nicht nach Formelhaftigkeit streben.

So genügt es beispielsweise nicht, in kürzester Form Endungen von Substantiven oder Verben im Überblick aufzulisten; vielmehr müssen diese Endungen (z. B. die Verbendungen) in ihrem Zusammenspiel mit den Verbstämmen immer wieder aufs neue konkret dargestellt und optisch hervorgehoben werden; so prägt sich das konkrete Beispiele und darüber hinaus und gleichzeitig die allgemeine Regularität ein.

5. Eine Lerner-Grammatik muß den lernpsychologischen Kategorien der Verstehbarkeit, Behaltbarkeit und Anwendbarkeit verpflichtet sein. Ihre Brauchbarkeit oder Unbrauchbarkeit ergibt sich anhand dieser drei zentralen Kategorien.

Für die Lernenden (auch und vor allem im Unterricht) muß der *Prozeß* der Entdeckung sprachlicher Formen, Strukturen und Funktionen immer wieder neu aufgerollt werden. Dabei ist der (induktive) Weg „nach vorn", vom „Modell-Original" (der konkreten Sprache) zum „Modell" (der „Regel") dem umgekehrten Weg (von der „Regel" zur konkreten Sprache) vorzuziehen, weil er

a) beim Modell-Original ansetzt und damit vom leichter Verstehbaren, weil Konkreten, zum schwerer Verstehbaren, weil (partiell) Abstrakten, führt, und weil er

b) die Selbständigkeit der Lernenden bei der Erkenntnisgewinnung herausfordert und so erfahrungsgemäß auch zu besserem Verstehen und leichterem Behalten führt.

Dieser induktive Weg hat den weiteren Vorteil, daß die Lernenden zunehmend in die Lage versetzt werden, selbst Regularitäten zu erschließen, auch wenn fehlerhafte Generalisierungen nie ganz auszuschließen sind.

d) Wie wird das Konzept einer Lerner-Grammatik im Lehrwerk *Deutsch aktiv Neu* realisiert?

1. Wie sind die B-Teile aufgebaut?

Wir haben versucht, das beschriebene Konzept einer Lerner-Grammatik in den *B-Teilen* jedes Kapitels zu realisieren. Diese B-Teile bestehen immer aus einem *darstellenden Teil* (B1, B2, …) und einem *Übungsteil* (Ü1, Ü2, …).

Basis und Ausgangspunkt der *darstellenden Teile* ist immer das Original Sprache. Formen, Strukturen und Funktionen sind bereits in den Texten der A-Teile jedes Kapitels enthalten und begegnen den Lernenden bereits hier im vollen „Kotext" (= Textumgebung) und „Kontext" (gesamter Rahmen, z. B. Situationskontext, sprachlicher Äußerungen). In den darstellenden B-Teilen werden diese Formen, Strukturen und Funktionen aufgegriffen und in ihrem systematischen Zusammenhang dargestellt.

Pfeile am Ende einzelner A-Teile weisen auf die B-Teile hin, in denen die entsprechenden Formen, Strukturen und Funktionen thematisiert werden. Häufig werden einige Textbeispiele aus den A-Teilen in den B-Teilen noch einmal aufgegriffen (wo nötig, auch mit dem visuell vermittelten Situationskontext in Form von Bildern); sie bilden gleichsam die „Induktionsbasis" des dann folgenden Weges vom konkreten Sprachmaterial zur erkennbaren Regularität. Auf diese Weise wird den Lernenden der Erkenntnisprozeß nachvollziehbar gemacht. Am Ende dieses Prozesses steht das jeweilige Paradigma (z. B. 8B1: Das Personalpronomen), die jeweilige Struktur (z. B. 2B5: Die Satzarten), die jeweilige Bedeutung und Funktion (z. B. 5B2: Das Verb und die Ergänzungen).

Pfeile bei den B-Teilen weisen auf die jeweils zugehörigen B-Übungen hin.

Bei der *Darstellung* haben wir alle denkbaren und verfügbaren *visuellen Mittel* einzusetzen versucht, die den Prozeß des Verstehens und Behaltens fördern. Diese Mittel reichen von der Verwendung unterschiedlicher Schriftgrößen (vgl. z. B. die mit Bedacht gewählte große Schrift, Fein- und Fettdruck) über räumliche Untereinander- und Zuordnung gleicher Phänomene (vgl. z. B. 2B2), über konsequent eingesetzte Farben und Symbole (vgl. z. B. blaues Oval für Verben, grüne Rechtecke für Nominativergänzungen/Subjekte, gelbe Rechtecke für die übrigen Ergänzungen, z. B. in 5B2) bis zu Bildern (vgl. z. B. den „Plural-Computer" in 4B1 oder die Bilder bei den Wechselpräpositionen in 7B4).

2. Wie halten wir es mit den „Regeln"?

An keiner Stelle liefern wir metasprachliche Regelformulierungen. Wenn Lernende nach solchen Formulierungen verlangen, spricht nichts dagegen, sie gemeinsam mit ihnen (zunächst in der Muttersprache, später vielleicht auch in der Fremdsprache Deutsch) zu formulieren und aufzuschreiben (oder sie ins Lehrbuch dazuzuschreiben), solange gewährleistet ist, daß diese Regelformulierungen *am Ende* des beschriebenen induktiven Erkenntnis- und Lernprozesses stehen und die Lernenden selbst erkannt und verstanden haben, was sie jetzt in Form einer „Regel" oder eines „Merksatzes" formulieren und u. U. auswendig lernen.

3. Wie halten wir es mit der „Terminologie"?

Wohl verwenden wir metasprachliche Begriffe (Sprache über Sprache, bei der die zu beschreibenden Objektbereiche sprachliche Phänomene selbst sind, z. B. das Wort *Verb* für die betreffende Klasse der Wörter). Denn Denken und Erkennen vollziehen sich notwendigerweise in Begriffen. Zudem benötigen wir diese Begriffe, wenn wir über Sprache und sprachliche Erscheinungen sprechen wollen. (Auch um über Dinge reden zu können, brauchen wir Begriffe wie zum Beispiel *Tisch, Stuhl* usw.)

Das Problem besteht nun freilich darin, daß es in der linguistischen Fachsprache nicht nur eine Vielzahl von Begriffen für dieselbe Sache gibt (z. B. Prädikatsnomen, Subsumptivergänzung, Einordnungsergänzung, Gleichsetzungsnominativ, … für das Satzglied *meine Freundin* in dem Satz *Sie ist meine Freundin*), sondern daß auch scheinbar die gleiche Sache bezeichnende Begriffe dies nur zum Teil tun (z. B. gehören zur Klasse der Prädikatsnomina im Kontext der lateinischen Grammatik auch Adjektive wie in dem Satz *Sie ist schön,* während andere Sprachbeschreibungen dies gesondert als Qualitativergänzung oder als Artergänzung klassifizieren und beschreiben).

Das Analyse- und Beschreibungsverfahren der lateinischen Grammatik versagt bei einer Vielzahl von für das Deutsche relevanten Erscheinungen und birgt zudem die Gefahr, sprachliche Erscheinungen des Deutschen durch die „lateinische Brille" zu sehen (z. B. das „Imperfekt", vgl. die Ausführungen zum Perfekt in Kap. 6, S. 121 ff.) und damit falsch abzubilden.

Eine allseits anerkannte einheitliche grammatische Terminologie ist weder für das Deutsche noch für eine andere moderne Fremdsprache in Sicht. Eine für alle modernen Sprachen gleichermaßen gültige einheitliche Terminologie ist aufgrund der Verschiedenheit und zum Teil Unvergleichbarkeit grammatischer Phänomene in zwei (oder mehr) verschiedenen Sprachen eine Utopie, wenngleich es Versuche gibt, die Terminologie wenigstens bezüglich der modernen westeuropäischen (Schul-)Fremdsprachen in den Teilen zu vereinheitlichen, wo das möglich und sinnvoll ist.

Was also tun? Eine ganz neue Terminologie erfinden? Die lateinische übernehmen? Die Terminologie irgendeiner deutschen linguistischen Grammatik (z. B. der Duden-Grammatik) übernehmen? Das sind alles keine Lösungen, zumal die Frage nach der Terminologie nicht losgelöst gestellt und betrachtet werden kann von dem Analyse- und Beschreibungsverfahren, dem die Lerner-Grammatik folgt. Wie so oft, hilft deshalb auch hier einzig und allein ein pragmatisches, an den konkreten Voraussetzungen und Bedürfnissen des Lernens orientiertes Verfahren, ein Verfahren, bei dem wir versucht haben, vor allem die beiden folgenden Überlegungen zusammenzuführen und miteinander zu verbinden:

1. Viele Lerner verfügen bereits über eine mehr oder weniger fragmentarische Terminologie mit aus der griechisch-lateinischen Tradition stammenden „internationalen" Begriffen (z. B. *Nomen, Akkusativ*).

2. Bestimmte, für die Lerner-Grammatik brauchbare Analyse- und Beschreibungsverfahren haben aufgrund der Tatsache, daß sie bestimmte Erscheinungen anders als die lateinische Grammatik, dem Deutschen aber allein adäquat erfassen und beschreiben, auch von der griechisch-lateinischen Tradition abweichende Begriffe entwickelt, die nicht nur andere Namen für dieselbe Sache sind, sondern Namen für andere Sachen.

Dieser Versuch führt z. B. dazu, daß wir „internationale" (im allgemeinen der griechisch-lateinischen Tradition entstammende) Begriffe da verwenden, wo sie den zu beschreibenden Sachverhalt des Deutschen adäquat wiedergeben und vermutlich einem relativ großen Teil der Lernenden nicht gänzlich unbekannt sind (z. B. *Verb, Substantiv, Nominativ*), und daß wir auf andere Begriffe (z. B. deutsche, wie etwa *Satzarten, Aussagesatz, Wortfrage, Satzfrage*) zurückgreifen, wo das nicht der Fall ist.

Wo wir uns bezüglich eines Teilsystems der Sprache an ein neueres Analyse- und Beschreibungsverfahren anlehnen, das bestimmte Erscheinungsformen des Deutschen adäquat und einleuchtend ermittelt und abbildet (z.B. die Dependenzgrammatik für die Teilsysteme Satzglieder und Syntax), übernehmen wir auch deren Terminologie, mag diese auf den ersten Blick auch noch so ungewöhnlich oder gar gekünstelt wirken. Täten wir das nicht, müßten wir eine neue erfinden, womit erst recht niemandem gedient wäre. Oder wir müßten nicht passende Begriffe (z.B. *Prädikatsnomen* statt *Einordnungsergänzung* und *Qualitativergänzung*) verwenden, was schlicht falsch wäre.

Grundsätzlich gilt und kann nicht oft genug wiederholt werden, daß grammatikalische Begriffe lediglich *Hilfsmittel* sind, auf gar keinen Fall Selbstzweck.

4. Wie setzen wir vorhandene Sprachbeschreibungen für unsere Zwecke ein?

Was für die metasprachlichen Begriffe gilt, gilt in ähnlicher Weise für die Fülle der Analyse- und Beschreibungsverfahren für Sprache. Auch hier gibt es viele unterschiedliche Verfahren, die auch zu zum Teil unterschiedlichen Ergebnissen (Beschreibungen, Modellen) führen. Wir nehmen die Informationen, die uns die verschiedenen linguistischen Grammatiken des Deutschen liefern, gerne kritisch auf, vergleichen sie untereinander wie auch mit den Informationen, die wir selbst als Beobachter unserer eigenen Muttersprache gewinnen können. Wir unterwerfen sie dann aber den weiter oben beschriebenen Kategorien und Kriterien einer Lerner-Grammatik, wählen entsprechend aus und stellen entsprechend dar.

Die so entstehende Lerner-Grammatik erhält dadurch ein eigenes unverwechselbares Aussehen, substantiell wie formal. Daß es dabei im Vergleich mit verschiedenen linguistischen Grammatiken zu Übereinstimmungen, Ähnlichkeiten, aber auch Abweichungen kommt, liegt in der Natur der Sache. So gibt es bezüglich der Konjugation und Deklination Übereinstimmungen/Ähnlichkeiten mit der traditionellen Grammatik, bezüglich der Satzgliedbeschreibung, Syntax und Wortstellung Übereinstimmungen/Ähnlichkeiten mit der Dependenzgrammatik.

5. Was sind die Inhalte der B-Teile?

Die Inhalte der Lerner-Grammatik in *Deutsch aktiv Neu* sind weit gefächert: Sie reichen von dem *Grundwort* als der kleinsten bedeutungstragenden Einheit über die *Satzglieder* (oder *Satzergänzungen* und *Angaben* in der Terminologie der Dependenzgrammatik) als die nächstgrößeren Sinneinheiten bis zum *Satz* als der größten bedeutungtragenden Sinneinheit (wie man lange Zeit annahm) und darüber hinaus bis zum *Text* als der „Super-Sinneinheit" (im Sinne der Textlinguistik). Damit enthält die Lerner-Grammatik in *Deutsch aktiv Neu* also die für das Erlernen des Deutschen als Fremdsprache grundlegenden Elemente *Wortgrammatik, Satzteilgrammatik, Satzgrammatik* und *Textgrammatik*.

e) Exkurs

Die Dependenz-Verb-Grammatik nach Engel und Schumacher als Ausgangsbasis im Bereich der Satzglied- und Satzgrammatik

Im Bereich von Satzglied und Satzbau gehen wir von dem Analyse- und Beschreibungsmodell der Dependenz-Verb-Grammatik im Sinne von Engel und Schumacher aus (vgl. Ulrich Engel/Helmut Schumacher: *Kleines Valenzlexikon deutscher Verben*, Tübingen [2]1978). Denn dieses Modell bietet gerade für das Erlernen des Deutschen als Fremdsprache eine ganze Reihe von Vorteilen, von denen wir hier nur die wichtigsten nennen:

1. Die Dependenz-Verb-Grammatik beschreibt in relativ einfacher Weise das *geregelte Miteinandervorkommen* bestimmter Satzglieder (des Verbs und seiner Ergänzungen) im Satz in Form von sogenannten Satzbauplänen, einen Bereich der Syntax also, der erfahrungsgemäß für DaF-Lernende sehr fehleranfällig ist.

   Die Lernenden erfahren also, welche Satzglieder sie realisieren müssen (obligatorische Ergänzungen des betreffenden Verbs) und/oder können (fakultative Ergänzungen des betreffenden Verbs), wenn sie sich bei der „Planung" ihrer Äußerung für die Verwendung eines bestimmten Verbs entschieden haben. Sie lernen also nicht nur die Bedeutung eines Verbs, sondern zugleich und darüber hinaus das syntaktische Umfeld, die Art und Weise, wie mit dem betreffenden Verb Sätze „konstruiert" werden, mit welchen Satzgliedern das Verb gemeinsam und zugleich vorkommt.

2. Die Dependenz-Verb-Grammatik bietet mit ihrer Auffassung *des Verbs als des strukturellen Zentrums* des Satzes eine gerade für das Deutsche charakteristische Eigenschaft des Verbs ab, nämlich im Satz die relativ festeste Position innezuhaben, um die sich die übrigen Satzglie-

der in unterschiedlicher Weise gruppieren und „drehen" können.

Mit der zusätzlichen Unterscheidung von Ergänzungen (Satzgliedern, deren Realisierung von dem jeweiligen Verb „gefordert" werden) und „freien" Angaben (die grundsätzlich bei jedem Verb zusätzlich stehen können), schafft sie die Voraussetzungen dafür, auch differenziertere und diffizilere Stellungsregularitäten im Satz erkennen und benennen zu können, die über die relativ einfachen und bekannten (z. B. Aussagesatz: Verb an 2. Stelle) hinausgehen.

3. Mit Hilfe der *Satzbaupläne* können die Lernenden

a) die (um weitere Informationen/Angaben erweiterbaren) Grundstrukturen von Sätzen bilden,

b) fehlerhafte Sätze selbst korrigieren und

c) beim Leseverstehen das Verb und seine Ergänzungen im Satz als erste Sinneinheiten aufsuchen und so die Grundstruktur von Sätzen ermitteln, wenn sie die betreffenden Sätze nicht spontan und unmittelbar verstehen.

Die folgende Übersicht enthält die *zehn Satzgliedarten (Ergänzungen),* wie sie von Engel und Schumacher (a.a.O.) für das Deutsche ermittelt, benannt und beschrieben worden sind. Die Beispiele entnehmen wir den entsprechenden B-Teilen von *Deutsch aktiv Neu 1A* und *1B.* Nicht unwichtig mag der Hinweis sein, daß die zwei zuletzt aufgeführten Ergänzungsarten relativ selten begegnen. Auf die farbige Wiedergabe der Übersichten, wie sie in den Lehrbüchern abgedruckt sind, muß aus technischen Gründen hier leider verzichtet werden.

Das Verb und die Ergänzungen

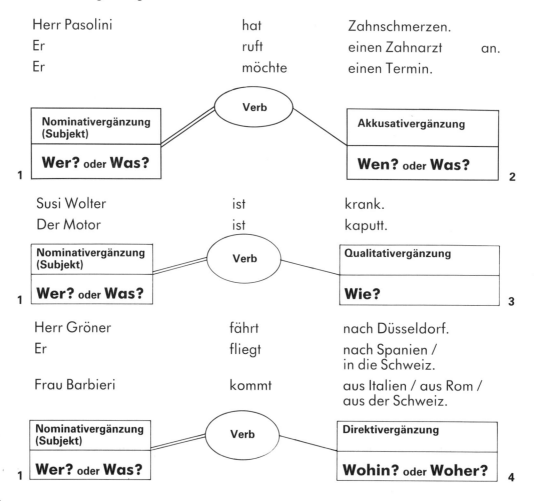

| Das | ist | ein Tageslichtprojektor. |
| Marlies Demont | ist | Studentin. |

Nominativergänzung (Subjekt)
1 **Wer?** oder **Was?**

Verb

Einordnungsergänzung
Wer? oder **Was?** 5

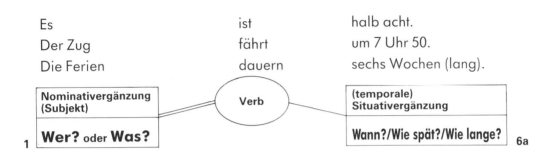

Es	ist	halb acht.
Der Zug	fährt	um 7 Uhr 50.
Die Ferien	dauern	sechs Wochen (lang).

Nominativergänzung (Subjekt)
1 **Wer?** oder **Was?**

Verb

(temporale) Situativergänzung
Wann?/Wie spät?/Wie lange? 6a

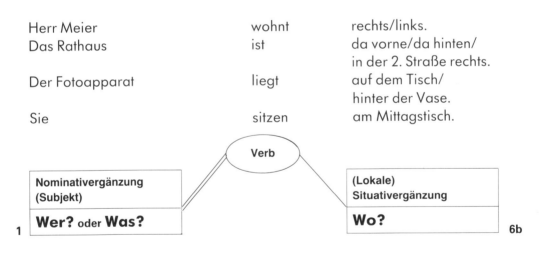

Herr Meier	wohnt	rechts/links.
Das Rathaus	ist	da vorne/da hinten/ in der 2. Straße rechts.
Der Fotoapparat	liegt	auf dem Tisch/ hinter der Vase.
Sie	sitzen	am Mittagstisch.

Verb

Nominativergänzung (Subjekt)
1 **Wer?** oder **Was?**

(Lokale) Situativergänzung
Wo? 6b

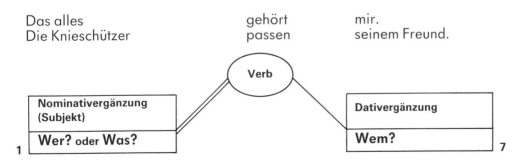

| Das alles | gehört | mir. |
| Die Knieschützer | passen | seinem Freund. |

Verb

Nominativergänzung (Subjekt)
1 **Wer?** oder **Was?**

Dativergänzung
Wem? 7

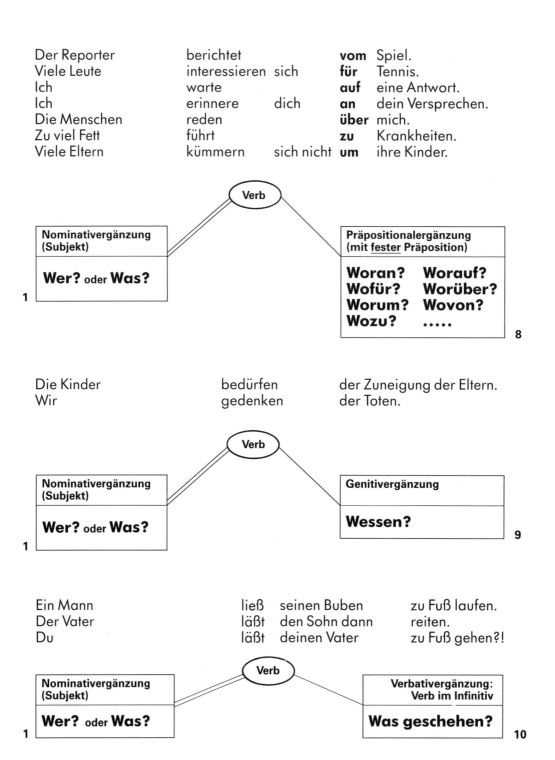

Der Reporter	berichtet		**vom**	Spiel.
Viele Leute	interessieren	sich	**für**	Tennis.
Ich	warte		**auf**	eine Antwort.
Ich	erinnere	dich	**an**	dein Versprechen.
Die Menschen	reden		**über**	mich.
Zu viel Fett	führt		**zu**	Krankheiten.
Viele Eltern	kümmern	sich nicht	**um**	ihre Kinder.

Verb

| **Nominativergänzung (Subjekt)** | **Präpositionalergänzung (mit fester Präposition)** |
| **Wer?** oder **Was?** | **Woran? Worauf? Wofür? Worüber? Worum? Wovon? Wozu? .....** |

1   8

| Die Kinder | bedürfen | der Zuneigung der Eltern. |
| Wir | gedenken | der Toten. |

Verb

| **Nominativergänzung (Subjekt)** | **Genitivergänzung** |
| **Wer?** oder **Was?** | **Wessen?** |

1   9

Ein Mann	ließ	seinen Buben	zu Fuß laufen.
Der Vater	läßt	den Sohn dann	reiten.
Du	läßt	deinen Vater	zu Fuß gehen?!

Verb

| **Nominativergänzung (Subjekt)** | **Verbativergänzung: Verb im Infinitiv** |
| **Wer?** oder **Was?** | **Was geschehen?** |

1   10

Weitere Informationen können Sie der fortlaufenden Kommentierung der B-Teile an entsprechender Stelle entnehmen (s. Abschnitt C, S. 40 ff.).

3. Zur Entwicklung des Hörverständnisses (Gerd Neuner)

a) Einführung

Man muß sich sehr lange Zeit in einem fremden Land aufgehalten haben, bis man *alles* in der Fremdsprache versteht. Hörverständnis ist der komplexeste fremdsprachliche Fertigkeitsbereich. Er ist auch derjenige Bereich, der bisher in der Fremdsprachendidaktik am wenigsten entwickelt worden ist und für den man im Unterricht am wenigsten Zeit aufgewandt hat.

Daß sich eine umfassende Didaktik und Methodik des Hörverstehens erst im Zusammenhang mit der kommunikativen Didaktik der letzten 10–15 Jahre entwickelt hat, hat damit zu tun, daß in ihrem Konzept fremdsprachliches *Verstehen* – insbesondere Hörverstehen – als Bestandteil (fremd-)sprachlicher Interaktion, als aktive geistige Tätigkeit des Interpretierens sprachlicher Zeichen und der Sinnbildung erforscht wird. Es hat aber auch damit zu tun, daß erst in den letzten 30 Jahren die technische Entwicklung der Medien eine breite Verwendung von Hörmaterialien im Unterricht zugelassen hat.

Die kommunikative Didaktik, die den Lernenden möglichst rasch an die Fremdsprachenverwendung im authentischen Kontext gewöhnen will, geht von der Vorstellung aus, daß der Lernende nicht nur mit „konstruierter" Sprache in Berührung kommen sollte, sondern daß er schon sehr früh an den Umgang mit authentischen Hörtexten gewöhnt werden sollte. Ziel ist dabei, mit den Schwierigkeiten, die authentische Hörtexte bereiten, umgehen zu lernen. Das bedeutet, daß der Lernende von Anfang an Strategien des globalen bzw. selektiven Hörverständnisses entwickeln sollte. Wenn dies gelingen soll, wenn man im Lernenden die Angst vor dem „schwierigen" Hörtext abbauen will, muß das Hörverstehenstraining ein fester Bestandteil des „Alltags" im Fremdsprachenunterricht werden. Um dieses Ziel bemühen wir uns in *Deutsch aktiv Neu* in ganz besonderer Weise.

b) Faktoren im Hörverstehensprozeß

Um auf die Schwierigkeiten fremdsprachlichen Hörverstehens einzugehen, muß man die Faktoren, die beim Hörverstehen eine Rolle spielen, genauer ansehen.

Beim Hören bringen wir – viel stärker noch als beim Lesen – individuelle Deutungsmuster ins Spiel. Hören Sie sich bitte die Geräuschfolge *Was hat Sherlock Holmes gesehen?* von der Cassette zu Kap. 6, Abschnitt 6, Ü16 an. Vergleicht man die Deutungsversuche unterschiedlicher Hörer, dann stellt man ein breites Spektrum von Wahrnehmungen fest. Das Spektrum ist erheblich breiter und phantasievoller als bei einem Lesetext. Woran liegt das? Wie bekommen Geräusche „Bedeutung"?

Man kann folgenden Ablauf der „Sinngebung" feststellen:

a) Wir nehmen zunächst unterschiedliche Geräusche wahr.
b) In einem Wiedererkennungsprozeß geben wir den Geräuschen einen „Namen" (*Das sind Schritte; das ist klirrendes Glas; jemand wirft Geldstücke auf einen Tisch;* usw.).
c) Wir verbinden die Folge der Geräusche zu einer „Handlung".
d) In diese – für jeden Hörer unterschiedlich verlaufende – Handlung werden bestimmte Geräusche deutend aufgenommen, die in die *individuelle Gesamthypothese* des Handlungsablaufes passen, andere werden weggelassen. Jeder Hörer macht sich also aus der Geräuschfolge *seine eigene Geschichte zurecht.*

Wenn wir etwas hören, versuchen wir also immer, einen Sinn zu erzeugen. Erfahrungen, die wir im Gedächtnis gespeichert haben, werden in Sekundenbruchteilen aktiviert und mit dem, was wir hören, verbunden, bis wir in diesem Suchprozeß plötzlich auf etwas stoßen, das uns eine Einordnung und Sinngebung ermöglicht.

Die im Deutschen gebräuchliche Formulierung: *Man macht sich „ein Bild" von etwas* verweist darauf, daß unser Gedächtnis visuell, d. h. in Bildvorstellungen arbeitet. Wenn wir die Geräuschfolge zu einer Handlung verbinden, entwickelt sich so etwas wie ein „innerer Interpretationsfilm", der auf einer inneren Bühne in unserem Kopf entsteht und mitläuft, wenn wir etwas hören oder lesen. Unsere Phantasie, die im Verstehensprozeß so lebhaft arbeitet, ist viel bunter und reicher als die Wirklichkeit der manifesten Textinformation, da wir in die „Inszenierung im Kopf" alles heranholen und einbeziehen können, was wir an Lebenserfahrung und Wissen aktivierbar gespeichert haben. Das ist immer mehr, als wir in einem Sachtext an „Welt" vorfinden! Weil jeder von uns im Verstehensprozeß sein eigenes, unverwechselbares Lebens-Erfahrungs-Phantasie-

Drama inszeniert, kommen zum selben Geräusch ganz unterschiedliche Deutungsmuster zustande. Jeder von uns „erinnert" an derselben Sache etwas anderes.

Ganz ähnlich ist es, wenn wir einen fremdsprachlichen Text hören, den wir nur zum Teil verstehen – was typisch für das Hören authentischer fremdsprachlicher Texte ist:

a) Aus einem „Meer von Lauten" tauchen Lautfolgen auf, die wir zu erkennen glauben (Einzelwörter; Satzfetzen; Wortstämme; Internationalismen; Wörter, die ähnlich wie Wörter aus der Muttersprache klingen, usw.).

b) Beim Interpretationsprozeß springen wir gleichsam „von Insel zu Insel" und versuchen, diesen Einzeleindrücken zunächst einen *Gesamtsinn* (erste Hypothese zum Globalverstehen des Gesamttextes) zu geben.

c) Jeder von uns erfaßt von der fremden Sprache unterschiedlich viel. Wir wenden aber alle die Strategie des „Heraushörens von Bedeutungskernen" an, d. h. wir konzentrieren uns zunächst auf das Erfassen und die Sicherung weniger, aber unserer Meinung nach bedeutungstragender „Kernaussagen" und versuchen, alles andere „dazwischen", was wir nicht sicher erfaßt haben, in den Gesamtsinn einzuordnen. Wenn es uns nicht rasch gelingt, eine Grundhypothese bezüglich des Gesamtsinns eines Hörtextes zu bilden, können wir auch die Einzelheiten, die wir erfassen, nicht „auf einen Nenner" bringen.

Hören Sie sich jetzt bitte den Mitschnitt einer Durchsage am Flughafen bzw. am Bahnhof (Kap. 5A3, Ü4 und 5) an.

Zunächst erscheint uns der Hörtext als „chaotisch". Wenn wir den Hörtext aber eingeordnet haben – das geschieht in diesem Fall aus dem Situationskontext, der durch die Geräuschkulisse und die Modulation der Stimme durch den Lautsprecher charakterisiert wird –, können wir recht schnell eine Grundhypothese des Gesamtsinns bilden: Es muß sich um eine Durchsage am Flughafen/am Bahnhof handeln. Wir aktivieren dann aus unserer Erfahrung zielsicher eine Erwartung, was die „Botschaft" der Durchsage sein könnte (Abflugzeiten/Ankunft bzw. Abfahrt eines Zuges; Flugsteig/Bahnsteig; Verlegung bzw. Verspätung). Mit anderen Worten: wir *wissen,* daß in dieser Situation und bei diesem Umfeld nur ganz bestimmte, eng eingegrenzte Inhalte zur Sprache kommen können.

Begründung:

a) Die Situation, in der gesprochen wird, ist eindeutig. (Geräuschumfeld; Modulation der Stimme durch den Lautsprecher).

b) Auch die Sprecherrollen sind ziemlich eindeutig festgelegt: Ein „Durchsager" spricht uns als „Reisende" an.

c) Auch die Funktion der Rede, der Zweck der Mitteilung, ist wenig mißverständlich: Uns als Reisenden wird etwas mitgeteilt, was mit unserem Aufenthalt in der Abflughalle bzw. am Bahnsteig zu tun hat (Ankunft; Abfahrt/Abflug; Verlegung usw.).

d) Auch der Kanal ist eindeutig festgelegt, auf dem uns die Botschaft vermittelt wird: der Lautsprecher.

e) Alle diese Faktoren legen die Wahl der sprachlichen Mittel, des Registers, fest. Dies geht bis in Einzelheiten: Wir erwarten z. B. irgendwo im Text Zahlen (Flugnummer; Abfahrtszeiten; Zeitdauer usw.), die uns ggf. etwas angehen.

f) Aus unserer richtigen Einschätzung der genannten Faktoren ergibt sich eine klare Erwartung bezüglich des Inhalts der „Botschaft".

Die an diesem Beispiel gewonnenen Kriterien a)–f) kennzeichnen den „authentischen" Hörtext. Sie geben uns auch Hinweise, wo wir ansetzen können, wenn wir Verstehenshilfen zu Hörtexten entwickeln wollen und wo wir Verstehensstrategien beim Hören fremdsprachlicher Texte entwickeln können.

Gerade im zuletzt genannten Bereich – bei der Entwicklung von Verstehensstrategien – sind die Unterschiede zwischen dem Hörereignis und dem Leseereignis besonders markant. Deshalb lohnt es sich, auf die Unterschiede näher einzugehen.

Hören	Lesen
die Sprache	
spontan/„fehlerhaft"/ provisorisch;	überlegt und durchgeformt/definitiv;
	Logik des inneren Aufbaus;
einfache Sätze (Parataxe);	komplexerer Satzbau (Hypotaxen);
partnerbezogen (Gestik/Mimik als Bedeutungsträger);	wenig partnerbezogen;
situationsbezogen; konkret in der Wortwahl; etc.	situationsunabhängig; abstrakter in der Wortwahl; etc.

Hören	Lesen
Strukturierungshilfen	
Pause zwischen Wörtern	Die Leerstellen zwischen den Wörtern
am Satzende	Satzzeichen
bei neuem Gedankenabschnitt	Absätze im Text
Geräusche, die die Sprache begleiten	Visualisierung
Modulation der Stimme (Kanal)	Layout
Betonung (Wort) und Intonation (Satz)	visuelle Hervorhebung (Schriftgröße, -type)
Das Hörereignis	*Das Leseereignis*
Entscheidend ist die Bedeutung des *Zeitfaktors* („Aufscheinen" und „Vergehen" von Information);	Zeit spielt im Leseprozeß eine weniger bedeutsame Rolle;
Die Information ist jeweils nur punktuell „da";	Die ständige Präsenz der gesamten Information in *räumlicher* Anordnung;
Interpretieren eingegangener Information und Speichern neu eingehender Information geschieht gleichzeitig; der „innere" Film als „Leuchtspur", auf der Information festgehalten wird;	Deutung als Auffüllen eines „Textpuzzles" (*Flächen*konzept von Information);
Sequenzcharakter der Information; größerer subjektiver Deutungsspielraum	weitere Information kann in den Deutungsprozeß „von außen" herangezogen werden

Auswertung

Da im Hörverstehensvorgang das Speichern neuer Information und das „Erinnern", d.h. die Einordnung und Deutung aufgenommener Information gleichzeitig verläuft – beides können wir im Leseprozeß zeitlich voneinander trennen –, ist das „Dekodieren" authentischer fremdsprachlicher Hörtexte erheblich schwieriger als das Verstehen geschriebener Texte. Beim Leseprozeß können wir auch das Erfassen von Sinneinheiten – Wort, Satz, Abschnitt, Text – besser strukturieren und auseinanderhalten, als dies mit den Ebenen, die den Verstehensprozeß strukturieren – Phon/Phonem, Lautverband (durch Pausen markiert)/Betonung, Intonation (Satzmelodie), Ton

(Register) – möglich ist. Beim Lesetext können Kontextmerkmale (Layout; visuelle Hilfen durch Photos und Bilder; etc.) den Verstehensprozeß unterstützen, beim Hörvorgang wirken sie sich auf das Verstehen von Details der Sprache oft störend aus („Neben"geräusche).

c) Überlegungen zu einer Übungstypologie im Hörverstehensbereich

1. Zur Schulung des Hörverstehens an authentischen Texten

1.1 Hilfen zur *Vorentlastung* des Hörtextes:
 1. Einführung in das Thema und den Kontext
 – Bilder, Skizzen, Graphische Darstellungen (visuelle Hilfen)
 – Aktivierung des Vorwissens (advance organizers)
 – Besprechung in der Muttersprache/Fremdsprache des Themas und des Kontextes (Wer? Wo? Worüber? Wozu? ...) und der Besonderheiten des Hörtextes (z.B. Dialekt)
 2. Vorgabe der Schlüsselwörter (= „roter Faden" durch den Text)
 3. Erstellen und Vorspielen einer sprachlich vereinfachten Version des Hörtextes
 4. Gemeinsames Erlesen der Transkription des Hörtextes
 5. Vorentlastung durch Lesen einer inhaltlichen Zusammenfassung

1.2 Hilfen in der *Hörphase* selbst:
 1. Mitlesen (nur wenn der Text besprochen wurde) des Hörtextes
 2. Mitlesen der Schlüsselwörter („roter Faden") oder des inhaltlichen Ablaufs
 3. Stellung gezielter Aufgaben:
 – Globalverstehen: Wer? Wo? Worüber? Wie viele Personen? (Notizen machen)
 – Selektives Verstehen: Nur ein bestimmter Aspekt soll verstanden werden
 – Detailverstehen: alle Einzelheiten (mehrfaches Anhören!)

2. Überprüfen des Hörverständnisses
 Global: 1. Zuordnungsübung (Was gehört zusammen?)
 2. Erstellung der richtigen Reihenfolge (z.B. Bilder) nach Hörtext
 3. In einen vorgegebenen Raster Notizen eintragen
 4. Tabellarische Übersicht erstellen

Selektiv: 1. Richtig-falsch-Aufgabe
2. Multiple-choice-Aufgabe
3. Komplexere Zuordnungsübung
Detail: – alle zu Global- und Selektivver-
ständnis genannten Aufgaben –

*3. Übungen zur Entwicklung von Verstehens-
strategien an Hörtexten auf den einzelnen Inter-
pretationsebenen*

3.1 Laut und Lautbedeutung
Einübung des diskriminierenden Hörens (*mi-
nimal pairs* – z.B. lange – kurze Laute: Bett –
Beet; stimmhafte – stimmlose Laute: Blatt –
platt etc.) – Phonemtraining.
– insbesondere auf Interferenzen im Pho-
nembereich achten!
Lautverband: Wortanfang (glottal stop!) und
Verschleifung von Wörtern über das Wortende hinaus hören
Betonung:
– Heraushören der Stammsilbe in mehrsilbigen Wörtern (Haupt-Nebenton)
– Prinzip der „Betonung auf der Stammsilbe"
– Betonung in zusammengesetzten Wörtern
und in Wortverbänden heraushören

3.2 Intonation
Hören und Deuten der verschiedenen Intonationsmuster des Deutschen (was sie bedeuten); Konzentration auf die „Intonationsgip-
fel" im Satz – Betonung und Intonation haben
für das Hörverstehen ähnliche Bedeutung wie
die Großschreibung/Markierung durch Hervorhebung im Drucktext – Mitnotieren der
„betonten Wörter" (= Notizenerstellung)
– insbesondere auf Interferenzen im Bereich
von Betonung und Intonation achten, da sie
bedeutungstragend sind!

3.3 „Ton"/Register des Hörtextes
Stimmlage (getragen – aufgeregt – sachlich –
cool – …)
Wortwahl und Satzbau
Intonation und Pausen- bzw. Periodenbildung

3.4 Kontext:
Geräusche; Raumwirkung als Indikatoren für
Themen/Situationen
Gestik und Mimik im partnerbezogenen Ge-
spräch

**d) Das Konzept abgestufter Übungsformen zur
Entwicklung des Hörverständnisses in
*Deutsch aktiv Neu, 1A***

Stufe 1
Text im Lehrbuch – identischer Text auf der Hör-
cassette

Beispiele: Intonationsübungen wie 2A1 Ü1;
Texte wie 3A7; Vorlesen einer Lesegeschichte:
8A6/7.

Unterrichtsverfahren
Intonations- und Artikulationsübungen: Die Cassette anhören und die Vorgaben nachsprechen;
der Drucktext mit den Intonationskurven dient
insbesondere als Lernhilfe für solche Lernende,
die nur dann richtig lernen, wenn sie „etwas vor
Augen haben". Da man den gedruckten Text „in
Ruhe", d.h. ohne den Zwang des zeitlichen Ablaufs, wie er für Hörtexte charakteristisch ist, studieren kann, kann man ihn sowohl zur Vorbereitung (Probleme bewußt machen), noch besser
aber zur Nachbereitung (bewußtes „Nachvollziehen" einer Sache, die man hörend-sprechend
geübt hat) verwenden.
Lektionstexte, die als Dialoge verfaßt sind: Da mit
dialogisierten Texten die primären Fertigkeiten
(Hören – Sprechen) entwickelt werden sollten,
sollte prinzipiell die didaktische Folge, wie sie für
die audiolinguale Präsentation eines Textes charakteristisch ist – Hören – Sprechen – Lesen –
beachtet werden. Dialoge, die im Druck- und Hör-
bild identisch sind, zuerst zu lesen, führt schnell
zu Unaufmerksamkeit beim Hören: die „Sache"
ist den Lernenden schon bekannt.
Auf jeden Fall sollten aber vor dem Hören eines
Dialogs die zum Hörtext entwickelten Verstehenshilfen – z.B. ein Situationsbild; das einfüh-
rende Gespräch usw. – vorab erarbeitet werden.
Dasselbe gilt für Lesegeschichten, die auf der
Cassette in identischer Form als Hörtexte angeboten werden. Bei diesen Texten könnte man sich
auch ganz auf das Erlesen (mit vorgängigem Einsatz der Verstehenshilfen) konzentrieren. Das Anhören der Cassette hätte dann nur noch die Funktion, aufzunehmen, wie eine Geschichte klingt,
wenn sie von einem geschulten Sprecher gelesen
wird.

Variante: Text im Lehrbuch in Sprechblasen an-
geordnet – identischer Text auf der Cassette.
Beispiel: Text 3A6. Verfahren wie bei Stufe 1:
Lektionstext

Stufe 2

Text im Lehrbuch in Sprechblasen „verwürfelt" – identischer Text auf Cassette

Beispiel: Text 1.2.

Unterrichtsverfahren: Hier empfiehlt es sich – nach Klärung des Situationsrahmens und der Redekonstellation (über das Gesamtsituationsbild auf Folie 1, obere Hälfte) –, zu jedem „Kurzgespräch" den dazugehörenden Ausschnitt aus der Gesamtsituation bildlich dazuzuschalten (vgl. F1, unterer Teil) oder – falls die Folien nicht zur Hand sind – im Situationsbild S. 8/9 im Lehrbuch die jeweilige Personengruppe zu suchen und nachzulesen, was gesprochen wird (Identifikation von Hördialog und Situationsausschnitt).

Auch hier sollte das Training des Hörverstehens vor dem Lesen stehen (Lesen als bewußter Nachvollzug des Gehörten).

Stufe 3

Bild/Bilderfolge – Lesetext im Lehrbuch – etwas freier gestalteter Hörtext auf der Cassette.

Beispiel: Text 4A6. Hier empfiehlt sich die Folge Besprechung des Bildes/der Bilderfolge – Lesen des Textes – Anhören des Textes von der Cassette. Dabei achten die Lernenden auf Variationen von Lese- und Hörtext, indem sie z. B. bei geöffneten Büchern den Text mitlesen und die Stellen anstreichen, an denen Abweichungen im Hörtext erkennbar sind. Diese Stellen werden dann noch einmal genauer angehört.

Variante: Identischer Hör- und Lesetext, anschließend freiere Variationen

Beispiel: 5A6 Ü10. Ziel dieser Übungsfolge ist es, in einer grundsätzlich verstandenen Gesprächssituation (Schlüsselwörter werden notiert) sprachliche Variationen desselben Gesprächsablaufs zu verstehen.

Falls man diese Übung intensiv auswerten will, kann man die sprachlichen Varianten derselben Sprechintention bei mehrmaligem Hören notieren.

Stufe 4

Situationsbild mit Lesetext – Weiterführung des Textes als „verwürfelter Dialog" – freie Gestaltung des Gesprächs auf der Cassette.

Beispiel: Text 3A9. Der Weg führt hier von der Besprechung der Bilderfolge über das gemeinsame Erlesen des Textes (Klärung der Situation und des Handlungsrahmens) zum Anhören des freien Gesprächs auf der Cassette. Die jeweils beigefügte Übung ermöglicht eine systematische Auswer-

tung des Hörteils (Einordnung der Information; Notieren von Stichwörtern usw.).

Stufe 5

Situationsbild – zusammenfassender Text – Mitschnitt eines authentischen Hörtextes

Beispiel: Text 5A3. Authentische Hörtexte – insbesondere wenn sie von der situationstypischen Geräuschkulisse begleitet sind – sind ohne Vorbereitung nicht ohne weiteres im Anfangsunterricht verwendbar.

Eine intensive Vorentlastung – über die Besprechung des Situationsbildes und den zusammenfassenden Text – ist deshalb nötig.

Variante: Authentische Lesetextsorte – zum Kontext gehörender authentischer Hörtext

Beispiel: 6A2 Ü6

Der Hörtext wird hier durch die Erarbeitung der Warenangebote im Supermarkt (Sonderangebotsseite) und die Fragen zum Text vorbereitet.

Stufe 6

Hörtext als zusätzlicher „Ausstiegstext", der im Lehrbuch nur allgemein (ähnliche Situation, ähnliche Handlung usw.) vorbereitet wird.

Beispiele: 6A1 Ü5; 6A7 Ü18; 5A5.

Hier handelt es sich um „Transfer-Hörtexte", die sich frei an „Anstöße" im Lehrbuch anlehnen. Es hängt von der Einschätzung des Lernstands der Klasse ab, ob man sie ohne zusätzliche Vorbereitung einsetzen will oder ob man selbst zusätzliche Verstehenshilfen und -kontrollen erstellen will (vgl. Abschnitt c im vorliegenden Beitrag, S. 33f.).

Im allgemeinen sollten die Lernenden in der Lage sein, die wesentlichen Informationen aus solchen Zusatztexten ohne weitere Hilfen zu erfassen. Anzumerken ist, daß solche Zusatztexte *nicht* auf Detailverständnis ausgerichtet sind!

Stufe 7

Bilderfolge im Lehrbuch – Geräuschfolge auf der Cassette – Umsetzung in einer Geschichte (mündlich oder schriftlich).

Hier sind zwei verschiedene Arten der Durchnahme denkbar:

a) Besprechung der Bildergeschichte, Diskussion und Festlegung des Handlungsablaufs. Das Anhören der Cassette bestätigt dann das, was man festgelegt hat (oder es stiftet Verwirrung – und Diskussion! –, wenn Geräusche und Eigendeutung der Bilder nicht zusammenstimmen!).

b) Reizvoller ist es jedoch, mit etwas geübten Klassen zuerst die Geräuschfolge anzuhören und zu besprechen, was man wahrgenommen hat und welche Vorstellungen man bezüglich des Sinns/Handlungsablaufs entwickelt hat. Dies führt im allgemeinen zu sehr angeregten Diskussionen, bei denen die Cassette immer wieder angehört werden muß. Die Besprechung der Bilderfolge bestätigt – oder korrigiert – dann die Hypothesen, die sich aufgrund des Anhörens entwickelt haben.

Stufe 8
Variationen desselben – literarischen – Textes mit unterschiedlichem „Ton" (Stimmung/Ausdruck). *Beispiel:* Gedicht 6A8.

Beim Anhören von zwei Varianten desselben Textes soll deutlich werden, wie die unterschiedliche Art zu lesen dem Text eine jeweils neue und spezifische „Bedeutung" geben (verhalten – aggressiv usw.). Zu diskutieren wäre hierbei, wie die verschiedenen Arten des Lesens auf die Lernenden wirken (sicher nicht einheitlich, was zu Gesprächen Anlaß gibt!).

Selbstverständlich ist diese Auflistung der Abstufungen des Schwierigkeitsgrades und der methodischen Verfahren nicht vollständig. Mit etwas Phantasie lassen sich die einzelnen Stufen immer neu variieren. Dazu sollte die skizzierte „Übungstypologie" (S. 33f.) Hinweise und Anregungen geben.

4. Zur Phonetik (Wolf Dieter Ortmann)

Deutsch aktiv enthielt, in den Lehrbuchkapiteln wie im Lehrerhandbuch, mehr „bewußtgemachte" Phonetik als andere Lehrwerke. Natürlich kann die Aussprache weder die Progression bestimmen noch bruchlos neben dem auf anderen Kriterien beruhenden Kursaufbau herlaufen. Lernprobleme in der Aussprache sind − mehr noch als bei anderen Elementen des Sprachsystems je nach Ausgangssprache verschieden − von Anfang an gegenwärtig. Schon in der „einfachen" Lexik der ersten Kapitel können große Ausspracheschwierigkeiten stecken. Da ein „phonetischer Vorkurs" nicht in Frage kam, wurde in *Deutsch* aktiv der Weg gewählt, einzelne Ausspracheprobleme aus dem laufenden Stoffangebot herauszugreifen und dafür Übungen anzubieten. Es gab dabei nicht nur die üblichen Einzellaut-Übungen mit Wortbeispielen, sondern auch solche zum Akzent, zur Intonation, zu „satzphonetischen" Erscheinungen und zur „Morpho-Phonetik".

In *Deutsch aktiv Neu* blieben im Lehrbuch und auf der Toncassette nur Intonationsübungen. Übungen zu Einzellauten u.a. finden sich (siehe die folgende Übersicht) als Zusatzangebot im Anschluß an die Kapitelkommentare in den Lehrerhandreichungen; die Wort- und Satzbeispiele entsprechen jeweils der Wortschatzprogression bzw. dem sonstigen eingeführten Stoff bis zu diesem Kapitel einschließlich, wobei die B-Teile − falls sie zusätzlichen Wortschatz enthalten − in der Regel ausgespart werden. Im laufenden Kapitelkommentar wird nicht nur auf die Intonationsübungen, sondern auch auf sonstige Ausspracheprobleme im Zusammenhang mit dem gerade aktuellen Lernstoff eingegangen. Damit wird mehr noch als früher deutlich gemacht, daß Phonetik nicht von anderen sprachlichen Phänomenen getrennt werden kann. Das Ziel „richtige, idiomatische Aussprache und Intonation" mag nie ganz erreichbar sein, darf aber nicht dem Zufall überlassen bleiben. Dem Lehrer müssen gewisse Grundtatsachen bekannt sein, damit er − über die Korrektur im Einzelfall hinaus − den Lerner zu bewußtem Hören und Artikulieren, vor allem zur Eigenkorrekturfähigkeit hinführen kann.

Bei den zusätzlich angebotenen Übungen in den Lehrerhandreichungen handelt es sich in der Regel um Sammlungen von Beispielwörtern aus dem Lehrbuchwortschatz, die nach Stellung des zu übenden Lautes im Wort und/oder seiner Lautnachbarschaft angeordnet sind. Achtung! Nicht alle Beispielwörter kommen in natürlicher Sprache isoliert vor, viele treten nur mit „Mitspielern" auf (z.B. die Artikel bei Substantiven, flektierte Verbformen mit Pronomen zusammen usw.). Andere Beispielwörter sind meist unbetont und würden, wenn isoliert gesprochen, falschen Vollakzent erhalten (z.B. Artikel, das Personalpronomen *es*). Die Isolierbarkeit von Wörtern läßt sich leicht so feststellen: Gibt es eine Frage, auf die mit diesem Wort allein − als „Ein-Wort-Äußerung" − geantwortet werden kann? Schon bei den meisten Substantiven zeigt es sich, daß sie nicht ohne Artikel ausgesprochen werden können, es sei denn, die Frage stammt aus der Unterrichtssphäre *(Wie heißt englisch house auf deutsch? − Haus.)* Aus all dem folgt, daß der Lehrer minimale Strukturen finden sollte, um das Beispiel in einem sprachgerechten Kontext und damit richtig betont und intoniert zu üben.

Dem Lehrer wird in den Lehrerhandreichungen die IPA-Umschrift zugemutet, die ohnehin in allen modernen zweisprachigen Wörterbüchern verwendet wird. Sie braucht nur bei Bedarf − etwa, wenn die Lerner solche Wörterbücher benutzen − besprochen zu werden. Fachterminologie ist nicht ganz zu vermeiden, wird jedoch beim ersten Auftreten in den Lehrerhandreichungen erklärt. Auf Beschreibungen der Artikulationsvorgänge wurde meist, auf Abbildungen ganz verzichtet.

In der Auswahl und Darbietung des Stoffes mag manches neu und ungewohnt sein. Neben den eher vertrauten Einzellaut-Problemen stehen Hinweise und Übungen zur Intonation von Äußerungen oder Sätzen, zum Wortakzent, zu satzphonetischen Erscheinungen, zu Ausspracheproblemen im Zusammenhang mit der Formalgrammatik (Morpho-Phonetik). Im Zusammenhang mit den Einzellautproblemen dürfte die Hervorhebung der Konsonantenverbindungen als für sich schwierige und zu übende Erscheinung ziemlich neu sein.

Der Lehrer muß natürlich Aussprachefehler korrigieren, sobald sie auftreten. Dennoch sollte übertrieben häufiges und wiederholtes Korrigieren ebenso wie die Isolierung von Aussprachefehlern vermieden werden. Wirklich behoben ist ein Aussprachefehler erst dann, wenn er im ursprünglichen Kontext (in bestimmter Akzentstellung, Intonation, Lautnachbarschaft) nicht mehr auftritt. Wenn beispielsweise der Diphthong [ao] in der

Präposition *aus* im Satz *Ich komme aus Berlin* (also in nicht akzentuierter Stellung) falsch ausgesprochen wurde, sollte *aus Berlin* (variiert mit anderen Städtenamen) der minimale Übungskontext sein, weil *aus* sonst isoliert und unter Hauptakzent ausgesprochen würde.

Wortbeispiele in Reihen, z. B. Zahlen, sind auf den Cassetten stets fallend intoniert (⟍ ⟍ ⟍), nie aufzählend (⟋ ⟋ ⟍) wie in den meisten anderen Lehrwerken. Die fallende Intonation ist bei der Nennung isolierter Beispiele die natürliche. So sollte auch der Lehrer verfahren, wenn er Beispiel-Wortreihen vorspricht.

Im übrigen sind die Tonaufnahmen, ob Dialoge, gelesene Texte oder Übungen zu den verschiedensten Themen, stets auch Material zum Üben von Hördiskrimination und Artikulation. Wo sich in einem Text oder in einer Grammatikübung Aussprachestoff häuft, wird in den Lehrerhandreichungen darauf aufmerksam gemacht. Die Sprecher der Tonaufnahmen folgen – mit leichten regionalen Variationen, die nur dem Kenner auffallen – der Standardaussprachenorm der Medien (Rundfunk, Fernsehen) und der Bühnen (was ja längst nicht mehr Bühnen-Hochlautung nach *Siebs* bedeutet). Charakteristisch für diese Normstufe sind z. B. die Vokalisierung von [r] zu [ɐ] bei *-er* und nach Langvokalen sowie die Synkopierung von [ə] in *-en* mit entsprechenden Assimilationen.

Assimilationen an Kompositionsfugen

(Die Kapitelnummern in Klammern zeigen, wann das Beispielwort zuerst aufgetreten ist.)

[-p + K-] *Schublade* (6); *Staubsauger* (7)
[-f + K-] *Rufnummer* (2)
[-t + K-] *mitnehmen* (6); *Hauptbahnhof* (3); *Fundbüro* (6); *Handbesen* (7); *Bratwurst* (3); *fortsetzen* (4); *Tonbandgerät* (3)
[-s + K-] *Bundesrepublik* (1); *Hausrat* (3); *ausräumen* (6); *Ausländer* (2); *Tageslichtprojektor* (3); *Ausland* (7); *Tennislehrer* (8); *Lebensmittel* (2); *Bundesbahn* (5); *Ausweis* (3); *Kurswagen* (5); *Auswahl* (6); *Aussage* (2); *ansehen* (S/Sp.); *dasselbe* (7); *Lebensgeschichte* (4); *Packungsgröße* (4)
[-ʃ + K-] *Deutschland* (1); *Frischmilch* (6); *Gulaschsuppe* (3)
[-k + K-] *Parkwächter* (3); *wegwerfen* (4)

[-ç + K-] *Sprechblase* (5); *Milchgeschäft* (4)
[-x + K-] *Nachmittag* (6)

Schon in der Übung *Satzphonetik: Wortübergänge* zu Kap. 1 (S. 52) wird – für den besonderen Fall des Aufeinandertreffens von auslautendem [s] mit anlautenden stimmhaften Konsonanten – gezeigt, daß im Deutschen die „progressive Assimilation" wirkt, d. h. daß der „linke" Konsonant stimmlos bleibt und den „rechten" stimmlos macht. In vielen Sprachen ist es gerade umgekehrt, so daß Fehler der folgenden Art entstehen: [ruːvnumɐ] statt [ruːfnumɐ]. Inzwischen sind genügend zusammengesetzte Wörter im Lehrbuch-Wortschatz aufgetreten, um dieses Problem noch einmal mit Erweiterung von Berührungstypen und Beispielmaterial aufzugreifen.

Die Schwierigkeit der deutschen Laute

Tabellarische Übersicht über Lerner mit den Ausgangssprachen Spanisch (E), Griechisch (GR), Italienisch (I), Portugiesisch (P), Türkisch (TR), Serbokroatisch (YU), Englisch (GB), Französisch (F), Russisch (SU), Finnisch (SF), Arabisch (AR), Japanisch (J) auf S. 39.

Die Zahlen der Tabelle geben in Prozentwerten die Übereinstimmung an, mit der der befragte Lehrer für Deutsch als Fremdsprache aus ihrer Erfahrung mit Lernern der betreffenden Ausgangssprache diesen Laut als schwierig bezeichnet haben.

Die Werte stammen aus einer Fragebogenaktion zu Lernschwierigkeiten in der deutschen Aussprache, die von 1970 an mehrere Jahre lang vom Projekt Phonothek in der Arbeitsstelle für wissenschaftliche Didaktik des Goethe-Instituts veranstaltet und 1976 veröffentlicht wurde. Die Zahl der jeweils ausgewerteten Fragebogen ist in Klammern unter der Sprachbezeichnung angegeben.

Aus dieser Übersicht kann natürlich nur andeutungsweise klar werden, wo die Hauptschwierigkeiten von zwölf wichtigen Ausgangssprachen ausländischer Kursteilnehmer in der Bundesrepublik liegen. Immerhin kann sie dazu dienen, die Relevanz der einzelnen Übungen im vorhinein abzuschätzen und den Einsatz je nach Gruppenzusammensetzung zu planen. Nicht erfaßt sind prosodische (auf Akzent, Intonation, Satzphonetik bezogene) Lernschwierigkeiten.

Laut	E (48)	GR (11)	I (28)	P (27)	TR (17)	YU (17)	GB (177)	F (50)	SU (34)	SF (35)	AR (22)	J (8)
[i:]	50	40	10	60	40	20	20	20	20	30	20	10
[ɪ]	40	10	10	30	10	40	10	20	20	10	—	—
[y:]	100	80	50	70	50	100	80	20	50	40	70	100
[ʏ]	40	70	40	70	10	90	80	20	40	10	50	80
[e:]	80	90	50	50	80	50	50	30	50	10	40	60
[ɛ]	20	10	20	10	20	10	10	10	10	—	—	—
[ɛ:]	70	60	20	30	70	60	50	40	40	40	40	10
[ø:]	80	100	60	80	50	90	70	20	50	80	70	80
[œ]	70	50	50	70	—	90	60	20	40	—	50	80
[ə]	50	50	20	20	40	50	10	20	40	60	40	60
[ɐ]	50	50	50	30	40	60	30	40	60	70	40	40
[a]	20	30	10	40	20	—	80	10	10	—	30	—
[ɑ:]	60	60	10	60	50	20	20	20	30	10	10	—
[ɔ]	30	—	20	20	10	—	30	10	20	—	50	10
[o:]	70	60	60	40	40	50	50	40	40	80	10	30
[ʊ]	30	—	10	30	10	20	10	20	30	10	20	30
[u:]	50	40	10	60	40	30	30	20	20	20	10	60
[ae]	20	10	10	10	10	50	10	20	30	20	—	10
[ao]	10	20	10	—	20	50	20	40	40	30	10	40
[ɔø]	20	20	30	20	10	60	20	30	50	30	80	—
[r]	30	10	20	40	20	10	80	30	60	40	20	90
[l]	—	—	—	—	—	10	30	—	30	30	10	80
[m]	—	—	—	10	—	—	—	—	10	30	10	10
[n]	—	—	—	—	—	—	—	—	10	30	—	10
[ŋ]	60	50	50	80	50	80	20	60	70	10	10	50
[p]	40	30	20	40	—	80	—	30	20	80	60	10
[b]	50	10	10	—	—	10	—	—	20	80	—	10
[f]	10	10	40	10	20	—	10	20	10	50	—	50
[v]	50	—	—	10	10	—	20	20	10	10	10	60
[t]	40	20	30	40	10	80	10	30	20	70	—	10
[d]	10	—	10	—	10	10	—	—	10	50	—	10
[s]	10	—	—	—	10	—	—	—	10	10	—	—
[z]	60	30	30	30	30	10	30	20	10	80	—	40
[ʃ]	40	70	10	10	—	—	10	—	—	70	10	80
[k]	40	20	10	50	—	40	10	30	10	70	—	—
[g]	10	—	—	—	10	10	—	—	10	50	—	—
[ç]	60	70	80	80	50	80	80	70	50	50	70	80
[x]	20	40	40	60	20	60	70	50	30	50	10	80
[j]	30	10	20	30	10	—	10	10	10	—	—	30
[h]	70	70	80	60	—	50	—	80	50	10	10	40
[ʔ]	40	20	20	30	10	40	30	30	40	50	10	10

C Methodische Hinweise zu den einzelnen Kapiteln

Im folgenden werden Kapitel 1 und 2 durchgehend und ausführlich, „Schritt für Schritt" und in der Zusammenschau aller Lehrwerkteile *(Lehrbuch, Arbeitsbuch, Folien* und *Cassette 1A/1)* methodisch kommentiert.

Die Kommentare zu den Kapiteln 3–8 sind kürzer gefaßt.

Bitte beachten Sie von Anfang an, daß diese methodischen Hinweise *Vorschläge* und *Anregungen* für Ihren Unterricht sind – mehr nicht! Sie skizzieren jeweils eine Möglichkeit der Unterrichtsgestaltung mit dem vorliegenden Lehrmaterial. Wir wissen, daß Sie als Lehrerin/Lehrer auf die Vorkenntnisse, das Lerntempo, die Interessen usw. Ihrer Kursteilnehmer eingehen müssen. Daher haben wir versucht, das Unterrichtsmaterial so anzulegen, daß Ergänzungen möglich sind, und wir versuchen in den Lehrerhandreichungen immer wieder, Varianten des methodischen Vorgehens aufzuzeigen.

Die Überschriften zu den einzelnen Abschnitten der A-Teile eines jeden Kapitels geben das an, was besonders gelernt, besprochen und geübt werden soll (kommunikative Aufgabenstellungen) – meist in der Form eines Redemittels.

Kapitel 1

Das Einstiegskapitel 1 ist etwas anders angelegt als die folgenden Kapitel; es hat „Anwärmfunktion" für die Kursteilnehmer: Sie sollen in möglichst aufgelockerter Form *miteinander auf deutsch ins Gespräch kommen.* Wir haben uns deshalb bemüht, die Gesprächssituationen im Buch (Kontaktaufnahme/Selbstvorstellung/Deutschkurs) so anzulegen, daß sie rasch *in die Klasse selbst* hineinführen, so daß man das Buch beiseite legen kann. Die Sprache, die man zur Bewältigung dieser Gesprächssituationen braucht, ist stark formelhaft. Sie sollte deshalb so oft durchgespielt werden, bis die Kursteilnehmer diese Formeln mühelos beherrschen (*Guten Tag .../Mein Name ist .../ Ich heiße ...* usw.). Aus diesem Grund haben wir zu diesem Kapitel auch *keinen separaten B-Teil mit Grammatikdarstellungen und Grammatikübungen* geliefert. Da Kapitel 1 und 2 sowohl in den Verständigungsbereichen und Intentionen als auch in der Grammatik eine Einheit bilden, beginnt die systematische Grammatikarbeit im Lehrbuch erst mit Kapitel 2.

Falls Sie aber auf jeden Fall schon von Anfang an mit Ihrem Kurs die Grammatik besprechen wollen, finden Sie alle nötigen Darstellungen und Hinweise im Abschnitt 2B (S. 21 ff.). Sie müßten dann allerdings die Beispiele, mit denen Sie arbeiten wollen, ausschließlich aus Kapitel 1 entnehmen.

Übersicht	Lehr-buch	Arbeits-buch	Folien	Cassette 1A/1
1.1 *Wer ist das?*	S. 7			
1.2 *Guten Tag, ich heiße Bauer / Das ist Frau Barbieri aus Italien*	S. 8/9 Ü1–4	S. 5 Ü1	F1	1.2
1.3 *Wie schreibt man das? Buchstabieren Sie bitte!*	S. 10 Ü5/6	S. 6 Ü2–4	F2	1.3 Ü6
1.4 *Herr Dupont kommt aus Frankreich (Der Deutschkurs)*	S. 12/13 Ü7–10	S. 7 Ü5	F2	

Wer ist das?

Wir stellen hier als Einstieg in das übergreifende Thema des ersten Kapitels – persönliche Identifikation/Kontaktaufnahme – einen „Deutschen" mit Hilfe einer Collage aus den Textsorten vor, die einen Menschen sozusagen „amtlich dokumentieren":
○ das Paßfoto (Gesicht)
○ der Personalausweis (Name, Alter, Herkunft, Körpermerkmale)
○ der Briefkopf und der Eintrag im Telefonbuch (Beruf, Anschrift, Telefonnummer)
○ die Landkarte und der Stadtplan (Lage des Geburtsorts, des Wohnorts und der Wohnung)

In der Bundesrepublik muß jeder Bürger einen festen Wohnsitz haben, an dem er polizeilich gemeldet ist. Er muß außerdem stets einen Identitätsausweis (Paß oder Personalausweis) mit sich führen.

Besprechung der Collage: Gemeinsam die Informationen suchen (in der Muttersprache oder Verdeutlichung über Gestik und Mimik).

Lehrer:	Lerner:
○ *Das ist ein „Deutscher".*	
○ *Wer ist das?*	● Name aus Personalausweis/Briefkopf/
○ *Wie heißt er?*	Telefonbuch ersichtlich
○ *Wo wohnt er?*	● vgl. Briefkopf/Telefonbuch: München;
○ *Seine Adresse?*	nicht mit dem Geburtsort (Remscheid)
○ *Woher kommt er?*	verwechseln, der im Personalausweis
○ *Aus welcher Stadt?*	vermerkt ist.
○ *Seine Telefonnummer?*	● vgl. Telefonbuch/Briefkopf
○ *Wo liegt München?/Remscheid?* usw.	● vgl. Landkarte

Gegebenenfalls als Hausaufgabe: Lerner stellen sich selbst in einer ähnlichen Collage dar. Diese kann dann zur Selbstvorstellung im Kurs verwendet werden; Kursteilnehmer stellen Fragen dazu.

1.2　　　***Guten Tag, ich heiße Bauer / Das ist Frau Barbieri aus Italien***

Das *Lehrbuch* ist – wo immer das möglich war – so angelegt, daß die beiden Seiten, die gerade aufgeschlagen sind, eine Lerneinheit bilden. So auch die Seiten 8 und 9.

Wir führen mit dieser Doppelseite die *Sprechabsichten* und *Themen* ein, die auch in den Katalogen des „Zertifikats Deutsch als Fremdsprache" an erster Stelle rangieren (Sprechintentionen, die dort genannt werden: *Jemanden ansprechen und darauf reagieren; jemanden vorstellen/sich vorstellen und darauf reagieren; jemanden grüßen und auf einen Gruß reagieren* usw.; Themen: *Name, Adresse, … Nationalität, Sprache* usw.).

Begrüßungsrituale vollziehen sich in jedem Kulturkreis anders. Man unterscheidet zwischen formeller und informeller Begrüßung. In den deutschsprachigen Ländern ist es üblich, daß man sich bei der Begrüßung die Hand schüttelt (Frauen geben zuerst die Hand; Männer warten einer Frau gegenüber ab, ob sie ihnen die Hand gibt). *Formelle Begrüßung:* Händeschütteln, *Sie*-Anrede (Männer werden Frauen vorgestellt; Frauen werden zuerst begrüßt). *Informelle Begrüßung:* Händeschütteln oder Zuwinken. Gute Bekannte sprechen sich mit *du* an.
Das Duzen hat sich in den letzten Jahren unter Studenten und im Freizeitbereich grundsätzlich durchgesetzt, auch wenn man sich zum erstenmal begegnet. Im Geschäftsleben dagegen siezt man sich häufiger.
Unter jungen Leuten, insbesondere Studenten, kann man auch beobachten, daß man sich umarmt bzw. auf die Wangen küßt.

Schritt 1　　Der Lehrer bereitet auf die Begrüßungsformen in verschiedenen Tonlagen (Registern) vor. Die Wahl der sprachlichen Mittel bei der Begrüßung richtet sich nach dem Bekanntheitsgrad der Gesprächspartner.
Der Lehrer spricht seine Schüler direkt an, begrüßt einzelne zunächst *formell: Guten Tag, mein Name ist …* und fordert sie gestisch-mimisch auf, ebenfalls zu grüßen und ihren Namen zu nennen. Dabei gleich die Variante: *Ich heiße …* mit einführen und verwenden.
Nach mehreren Begrüßungen die Rückfrage: *Verzeihung, w i e ist Ihr Name?* (gestisch-mimisch unterstützt) einführen und benutzen lassen. Absichtlich undeutliche Aussprache des Namens durch den Lehrer kann die Schüler dazu motivieren, ebenfalls diese Rückfrage zu stellen.
Eine zweite Begrüßungsrunde soll dann etwas *weniger formell* erfolgen; es begrüßen sich zwei Personen, die sich schon kennen und mit Namen ansprechen: *Guten Tag, Frau … – Guten Tag, Herr …* (Mehrfach durchspielen, Lehrer – Schüler, Schüler – Schüler; mit und ohne Händeschütteln.)

Dritte Begrüßungsform: *salopp-ungezwungen.* Alte Freunde treffen sich; Anrede mit Vornamen und *du.*

Wir sehen uns das Situationsfeld auf der *Folie* oder im *Lehrbuch* an und suchen die verschiedenen Begrüßungsszenen und dazu passenden Begrüßungsformeln heraus. Das gilt auch für die Begrüßung zwischen dem Mädchen (Anne) und dem Jungen (Toni), die auf Folie als 4. Einzelszene hinzugenommen ist: *du*-Anrede!

Schritt 2
F 1

Die verschiedenen Begrüßungsformeln an die Tafel schreiben, und die Lernenden die entsprechenden Wendungen in ihrer Muttersprache daneben schreiben lassen. Begrüßungsrituale in der eigenen Sprache – bzw., falls möglich, in mehreren Sprachen – durchspielen lassen (mit entsprechenden Gesten): von „förmlich" bis „freundschaftlich-vertraut". Auf Unterschiede hinweisen (Händeschütteln, Verbeugungen usw.).

Schritt 3

Variante
In sprachlich homogenen Klassen (Deutschkurse in nicht deutschsprachigen Ländern) kann umgekehrt verfahren werden: Wir sehen uns zuerst die Bilder im *Arbeitsbuch* (1.2) an und überlegen, was die Leute wohl in der eigenen Sprache sagen würden, und vergleichen dann mit den deutschen „Füllungen" in 1.2.

Der Lehrer wendet sich an einen Schüler, zeigt auf einen anderen und fragt: *Wer ist das?* (gestisch-mimisch untermalen, hinter vorgehaltener Hand fragen usw.). Antwort: *Das ist Herr .../Frau ... .*

Schritt 4

Der Lehrer geht mit einem Schüler zu einem anderen und stellt vor: *Das ist Herr ..., und das ist Frau ... .* Reihum stellt jeder Schüler seinen Nachbarn vor.

Wir hören die Kurzdialoge von der Cassette (bei geöffneten Büchern, damit die Lernenden die Hördialoge mit den Sprechern im Bild identifizieren können) und

Schritt 5

lesen dann die Kurzdialoge S. 9 unten rechts unter den Bildausschnitten vor, zuerst Lehrer–Schüler, dann Schüler–Schüler, dann Partnerarbeit: Jeder liest die Dialoge mit seinem Nachbarn (Partner wechseln!). Dabei zuerst (ab)lesen; dann „lesen–sprechen" (vom gedruckten Text abhebendes Lesen; Technik vorführen: in den Text sehen – Buch zuklappen und sprechen – wieder nachsehen und sprechen usw.); zuletzt einige der Kurzdialoge im Partnergespräch frei produzieren. Lehrer geht dabei von Lernerpaar zu Lernerpaar und korrigiert Aussprache und Intonation.

Schritt 6

Dasselbe Verfahren wird beim Durchnehmen des blauen „Redemittelkastens" (S. 8 unten) angewandt.

Schritt 7

Wir beherrschen jetzt die sprachlichen Elemente für das Begrüßungs- und Vorstellungsritual und können die ganze im Buch dargestellte Szene in der Klasse frei spielen. Keine Angst vor einem „Chaos" in der Klasse, wenn die Kursteilnehmer durcheinanderlaufen!

Schritt 8

Ü1 und *Ü2* (S. 11) geben kleine Dialogrepliken vor und variieren sie durch den Ersatz der Namen. Beide Übungen sollten durch den Einbezug der Namen der Kursteilnehmer erweitert werden.
Bei *Ü3* sucht der Kursteilnehmer zunächst einen Teilnehmer aus und stellt ihn einem anderen Kursteilnehmer vor. Die Kursteilnehmer stellen sich im Kreis auf und spielen dann das „Vorstellungsspiel" selbst durch.
Ü4 übt das Erkennen von Wort- und Satzeinheiten im Deutschen: Striche am Wortende einfügen lassen, am Satzende einen Doppelstrich. Laut lesen erleichtert diese Übung! Ganz unbewußt – und noch durch keine Signale wie Punkt, Ausrufezeichen, Fragezeichen, Komma beeinflußt – wird der Lerner sich an vorher gehörte Betonungs- und Intonationsmuster für die erkannten Einheiten halten. Dabei wird mit Hilfe des Lehrers

Schritt 9

F 2

klar werden, daß es zwischen gesprochener Sprache (keine Pausen zwischen Wörtern, aber typische „Grenzsignale" wie der „Knacklaut" [ʔ] (s. S. 52) bei *Wie ist Ihr Name?*) und „normal" geschriebener Sprache (Leerstellen zwischen Wörtern, Großschreibung, Satzzeichen) deutliche Unterschiede in den Segmentierungshilfen gibt.

Schritt 10 Die Sprechblasen der Gesprächsszenen 1–4 in *AB Ü1* ausfüllen (Partnerarbeit bzw. Hausarbeit, die dann gemeinsam besprochen wird).

1.3   *Wie schreibt man das? Buchstabieren Sie bitte!*

Buchstabiernamen und Buchstabiertafel werden in der vorliegenden Form vor allem beim Telefonieren verwendet.

Entscheidend an der Buchstabiertafel ist, daß der ausländische Lernende sie *versteht*, d. h., daß er z. B. im Telefongespräch erkennt, daß die Namen bzw. Ausdrücke für bestimmte Buchstaben stehen (*A wie Anton* usw.). Man sollte die Buchstabiertafel deshalb vor allem für Buchstabier*diktate* verwenden.

Dagegen ist es wichtig, daß jeder Kursteilnehmer korrekt und flüssig auf deutsch selbst buchstabieren, d. h. die Buchstabenfolgen artikulieren kann (insbesondere wenn es uns darum geht, daß andere Leute unseren Namen korrekt schreiben können).

Eine andere Buchstabiertafel (ABC):

A = a	H = ha	O = o	V = fau
B = be	I = i	P = pe	W = we
C = tse	J = jott	Q = ku	X = iks
D = de	K = ka	R = err	Y = üpsilon
E = e	L = ell	S = ess	Z = tsett
F = eff	M = emm	T = te	ä, ö, ü
G = ge	N = enn	U = u	ß = ess-tsett

Es lohnt sich für den Lehrer, einige phonetische Besonderheiten von Buchstabiertafel und Buchstabennamen zu bedenken.

Für die Vokale wird jeweils der Langvokal als Name verwendet ([aː], [eː], [iː], [oː], [uː]), allerdings fehlen die durchaus nicht durch „Pünktchen" allein charakterisierten Umlaute ⟨ä⟩, ⟨ö⟩, ⟨ü⟩ (hierfür in der Buchstabiertafel „Ärger", „Ökonom", „Übermut"). Die drei wichtigen Diphthonge [ae], [ao], [ɔø] sind mit gewissem Recht ohne eigene Namen bzw. Beispielwörter, weil es für zwei davon unterschiedliche Schreibungen gibt. Dem Lerner muß immer klar sein, daß die Buchstabennamen nur einen Teil der möglichen Lautwerte repräsentieren!

Bei den Namen für die Konsonantenbuchstaben ist bemerkenswert, wie gut sie für die Hörunterscheidung sorgen. Dies geschieht durch unterschiedliche Stellung in einsilbigen Namen (anlautend bei ⟨b⟩, ⟨c⟩, ⟨d⟩, ⟨g⟩, ⟨h⟩, ⟨k⟩, ⟨p⟩, ⟨q⟩, ⟨t⟩, ⟨v⟩, ⟨w⟩, ⟨z⟩ – die Gegensätze stimmhaft/stimmlos usw. sind nur im Anlaut demonstrierbar; auslautend bei ⟨f⟩, ⟨l⟩, ⟨m⟩, ⟨n⟩, ⟨r⟩, ⟨s⟩, ⟨x⟩ – Liquide und Reibelaute sind in dieser Stellung deutlicher zu sprechen); teils werden die „Stützvokale" variiert (meist [eː]/[ɛ], aber auch [aː], [uː]), teils wird schließendes [t], sogar einmal ein altgriechischer Name verwendet. Dennoch fällt auf, daß das Deutsche nicht für alle seine Buchstaben bzw. Buchstabenkombinationen mit einfachem Lautwert eigene Namen hat: ⟨ch⟩, ⟨sch⟩; ⟨ß⟩ wird gewöhnlich nicht genannt, auch in der Buchstabiertafel nicht! Jedenfalls sollte das Buchstabieren wirklich „sitzen".

Es gibt Klassen (und Kursleiter!), die gerne singen. Für sie wäre hier das folgende *ABC-Lied* bestens geeignet (Kopiervorlage!). Es verwendet die jedem Deutschen vertrauten Buchstabennamen (wie in obiger Buchstabiertafel):

(Aus *Deutsch konkret,* LB 1, S. 35)

Zahlen 0—20

Die Zahlen sind den Kursteilnehmern im allgemeinen bekannt, Schwierigkeiten bereitet jedoch die Aussprache.

Das „Lesen" von Zahlen (Umsetzen der Ziffern in die Zahlwörter) ist eine gute phonetische Übung, besonders deshalb, weil – ähnlich wie beim Benennen von Bildern – ein nicht-orthographischer Stimulus zu einer lautlichen Produktion führt und Schrift-Laut-Interferenzen vermieden werden. Solche Interferenzen treten im Anfängerunterricht unweigerlich auf, wenn der Lerner eine in lateinischer Schrift geschriebene Sprache gelernt hat (Mutter- oder frühere Fremdsprache). Trotzdem sind die Übungsmöglichkeiten anhand der Zahlen natürlich beschränkt, weil nur ein Teil des deutschen Lautsystems darin enthalten ist. Andererseits sind gerade die niedrigen Kardinalzahlen so gebrauchsfrequent, daß sie – auch zur Vermeidung von Mißverständnissen beim Einkaufen usw. – schon frühzeitig akzeptabel artikuliert werden sollten. Hier die Zahlwörter von 1—10 und ihre phonetische Umschrift:

1	*eins*	[ˀaens]	6	*sechs*	[zɛks]
2	*zwei*	[tsvae]	7	*sieben*	[ziːbən]
3	*drei*	[drae]	8	*acht*	[ˀaxt]
4	*vier*	[fiːɐ]	9	*neun*	[nɔøn]
5	*fünf*	[fʏnf]	10	*zehn*	[tseːn]

Vokale: [iː], [ʏ], [eː], [ɛ], [a], [ae], [ɔø]
(schwierig für viele Sprachen die Unterscheidung zwischen [iː] und [eː], das gerundete [ʏ], die beiden Diphthonge [ae] und [ɔø] sowie die Mittelzungenvokale [ə] und [ɐ])

Konsonanten	anlautend	einfach	[n], [f], [z]
		Kombination	[dr], [ts], [tsv]
	inlautend	einfach	[b]
	auslautend	einfach	[n]
		Kombination	[nf], [ns], [ks], [xt]

(problemlos wohl nur [n], [f], [b]; schwierig [z] und – in unterschiedlichem Grade je nach Ausgangssprache – die Kombinationen)

Beachten, daß Zahlwörter nur beim Aufzählen unter Vollakzent stehen und dabei auch die „Aufzählintonation" ei͟/ns – zw͟/ei – dr͟/ei – vi͟\er verwendet wird; sonst sind sie Begleiter von Substantiven mit Neben- oder gar Schwachakzent (wie Artikel), wodurch die Artikulation der Konsonantenverbindungen erschwert wird. An Assimilationen sind zu beachten: [fʏnf] → [fʏmf]; [ziːbən] → [ziːbm̩], [ziːm]. Nur die Zahlen 1, 2, 3, 4, 5, 6, 7, 8, 9, 10 an die Tafel schreiben und die Zahlwörter *(eins, zwei, drei)* nennen lassen.

Phonetische Schwierigkeiten treten bei den häufig verwendeten Kardinalzahlen bis 20 gehäuft auf. Erwähnenswert sind hier folgende Probleme:

11	[ˀɛlf]	16	[zɛçtseːn]
12	[tsvœlf]	17	[ziːptseːn]
13	[draetseːn]	18	[ˀaxtːseːn]
14	[fɪrtseːn]	19	[nɔøntseːn]
15	[fʏnftseːn]	20	[tsvantsɪç]

Neue Schwierigkeiten gegenüber den Zahlen von 1—10: die Auslaut-Konsonantenverbindung [lf] in *elf, zwölf;* das gerundete [œ] in *zwölf;* die durch die zusammengesetzten Zahlen gegebenen Inlaut-Konsonantenverbindungen [rts], [nfts], [çts], [pts], [xts] oder [xtːs] (verzögerte Lösung bei [-xt + ts-]); verstärktes Auftreten des für fast alle Ausgangssprachen schwierigen [ç] („Ich-Laut"). Hinweis auf Reduktionserscheinungen: kurzes [ɪ] für orthographisches ⟨ie⟩ in *vierzehn, vierzig;* [eː] in den Zahlen von 13—19 ist in der Regel verkürzt zu [tsɛn] oder gar [tsn̩].

Buchstabiertafel gemeinsam erlesen, ebenso die Zahlen von 0–20 (vgl. die Hinweise oben).

Eine ausführliche Übung der Zahlen erfolgt in 2A2. An dieser Stelle könnten einfache Rechenübungen, z. B. Additionsübungen, im Zahlenraum vom 0–20 zuerst vom Lehrer und dann von den Kursteilnehmern selbst entwickelt werden:
Addition: $3+5 = 8$ / *drei plus fünf gleich acht* oder *drei und fünf ist acht*;
Subtraktion: $10-7 = 3$ / *zehn minus sieben gleich drei* oder *zehn weniger sieben ist drei*;
Multiplikation: $2\times5 = 10$ / *zwei mal fünf gleich zehn* oder *zwei mal fünf ist zehn*;
Division: $6:3 = 2$ / *sechs geteilt durch drei gleich zwei* oder *sechs durch drei ist zwei*.
AB Ü3–Ü4 anschließen bzw. in häuslicher Arbeit lösen lassen.

Erarbeitung eines Dialogs:
Der Lehrer fragt einen
Lernenden mit einem schwieriger
auszusprechenden Namen:
○ *Wie ist Ihr Name?*

● Lernender nennt seinen Namen.

○ *Wie bitte?*
Noch einmal, bitte
ganz langsam!
(gestisch verdeutlichen)

● Lernender wiederholt seinen Namen

○ *Bitte schreiben!*
(gestisch verdeutlichen)

● Lernender schreibt seinen Namen an die Tafel.

○ Lehrer buchstabiert.

● Klasse wiederholt gemeinsam mit dem Lehrer.

○ Lehrer „erklärt" die einzelnen Buchstaben:
B wie Berta; E wie Emil; N wie Nordpol
usw.

Gemeinsam die Cassette zur Buchstabiertafel anhören. Danach Übung:
○ *Wie ist Ihre Adresse?*

● Lernender nennt seine Adresse und schreibt sie an die Tafel

Gemeinsam die Adresse mit Hilfe der Buchstabiertafeln (Buchstabennamen/ABC) durchbuchstabieren.

Ü5 als Buchstabierdiktat durchführen; Lernende buchstabieren danach die „Lösungswörter" zu jeder Zeile. *AB Ü2* anschließen. Danach Namen einiger Kursteilnehmer im „verkürzten Verfahren" diktieren: *Anton – Berta – Cäsar ...* statt *A wie Anton ...* .

Gemeinsam den Dialog 1.3 von der Cassette anhören.
In Partnerarbeit (Rollenwechsel!) durchgehen; dann in der Klasse nachspielen.

Der Redemittelkasten S. 10 unten ist als Dialogablauf (= Varianten zum Dialog auf der Seitenmitte) aufgebaut.
Gemeinsam die Dialogvarianten zu 1.3 von der Cassette anhören und den buchstabierten Namen mitschreiben lassen, Lösungen besprechen.
In Partnerarbeit den Dialog selbst variieren (eigener Name, eigene Adresse usw.); erarbeitete Dialoge in der Klasse vorspielen.

Schritt 7 *LB Ü6: Intonation von Grußformeln, Aussagen, Ausrufen, Wortfragen, Zusatzfragen, Aufforderungen.*

Diese Übung führt erstmals die im ganzen Buch verwendete Intonations-Notation vor, mit der die auf dem Tonband realisierte Intonation in zwar sehr vereinfachter, aber das Wesentliche erfassender und vom Lerner leicht nachvollziehbarer Form veranschaulicht wird. Die *Grundregel* für die Intonation kürzerer Äußerungen im Deutschen ist mit Hilfe dieser Notation deutlich zu machen: Jede Äußerung hat mindestens einen Hauptakzent; gibt es in der Äußerung mehrere Silben, so trägt die betonbare Silbe des zu betonenden Wortes den Hauptakzent, die übrigen Silben sind mehr oder weniger unbetont, wobei für unsere Zwecke Grade der Nebenbetonung – außer deutlichem Äußerungs-Nebenakzent – nicht unterschieden werden müssen. Der Äußerungs-Hauptakzent und ggf. ein oder zwei Nebenakzente werden vorwiegend nicht durch größere Lautstärke, sondern durch „Tonbrüche" realisiert, d. h. durch Intervallsprünge der Stimmhöhe. Ob diese Sprünge aufwärts („steigender Tonbruch") oder abwärts („fallender Tonbruch") gerichtet sind, hängt – grob gesagt – von der Gesamtäußerung ab (ob Aussage oder Aufforderung, Wort- oder Satzfrage). Gerade diese Tonbrüche macht unsere Notation deutlich; die unbetonten Passagen vor, nach oder zwischen Tonbrüchen werden durch waagrechte Linien wiedergegeben (obwohl auch hier die Stimmhöhe nicht ganz konstant ist). Diese Linien verlaufen auf drei oder vier Höhenstufen und sollen keine absoluten, sondern nur relative Höhen repräsentieren. Schräge Linien werden bei Stimmverläufen ab- bzw. aufwärts innerhalb einer Silbe, senkrechte bei Intervallsprüngen zwischen zwei Silben verwendet.

Ü6 zeigt anhand der Gruß- und Vorstellungsdialoge von 1.2 einige wichtige Intonationsmuster im Deutschen. Die Übung ist – wie die anderen Intonationsübungen im *Lehrbuch* und auf *Cassette* – als Hör-, Lese- und Nachsprechübung gedacht (die Nachsprechpausen müssen ggf. durch Betätigung der Pausetaste verlängert werden). Der letzte Schritt wäre, bei genügendem Interesse der Kursteilnehmer, ein „Intonationsdiktat" mit der Übung oder anderen auf Cassette aufgenommenen Texten. Ziel ist ein bewußteres Hören, Reproduzieren und schließlich Produzieren typisch deutscher Intonationsmuster. Dabei muß sich auch ein Bewußtsein für die Bandbreite von gültigen Varianten innerhalb dieser Muster entwickeln, die verschiedene Sprecher oder die gleichen Sprecher abwechselnd verwenden.

Tag!
Ein-Wort-Äußerung (hier einsilbig) mit der für Aussagen und Ausrufe typischen fallenden Intonation. Die Stimme setzt hier schon hoch ein; der Schrägstrich von links oben nach rechts unten zeigt, daß der fallende Ton innerhalb des Langvokals [ɑː] liegt. Dieser Ton endet in der Regel sehr tief (in der „Lösungstiefe"), was das Deutsche von anderen Sprachen unterscheidet.

Guten Tag!
Hier beginnt der Ausruf mit einem unbetonten Vorlauf (Stimme in Mittellage, was durch die Linie unter der Zeile angedeutet wird). Der Äußerungsakzent auf *Tag* wird durch einen steigenden Tonbruch davor (senkrechte Linie) markiert, das heißt, die Stimme springt deutlich wahrnehmbar auf Hochlage. Dann folgt der schon beschriebene Fallton innerhalb der Silbe *Tag*. Die Tieflage am Ende wird nicht eigens sichtbar gemacht, weil sonst zuviel Zeilenzwischenraum gebraucht würde.

Mein Name ist Abramczyck.

Der unbetonte Vorlauf ist nun noch länger. Vor dem Äußerungsakzent (man beachte, daß die Wortakzente innerhalb des betonten Vorlaufs kaum hörbar und durch keinen Tonbruch markiert sind!) wieder der steigende Tonbruch. Dadurch, daß nach der Akzentsilbe *bram* noch die schwachtonige Silbe *czyck* folgt, wird der Fallton nun durch Tieferlegen der Endsilbe (fallender Tonbruch) realisiert. Die Intonationskurve würde sich auch dann nicht ändern, wenn der Name *Bauermeister* hieße: Der dann dreisilbige unbetonte Nachlauf würde zwar kaum merklich in die „Lösungstiefe" abfallen, aber keinen weiteren fallenden Tonbruch mehr enthalten.

Wichtig für den Lerner ist die Erkenntnis, daß das Deutsche einen stark zentralisierenden Äußerungsakzent hat, wofür eine Art „Accelerando" in den unbetonten Vor- und Nachläufen unter Reduktion der Einzelwortakzente und eine gewisse Monotonie der unbetonten Passagen charakteristisch sind.

Wìe ist Ihr │ Náme?

Wichtiges Muster, häufig bei Äußerungen mit deutlichem Nebenakzent, wobei in aller Regel der Hauptakzent der letzte der Äußerung ist. Zur Verdeutlichung lassen sich in der Notation Akzentzeichen nicht vermeiden. Zu beachten ist die ganz andere Realisation des Hauptakzents: Der fallende Tonbruch ist, weil der Vorlauf-Stimmeinsatz bereits hoch liegt, vor dem Hauptakzent. Hier erscheint das Muster in einer Wortfrage (auch „Bestimmungsfrage", „Ergänzungsfrage") mit – hier akzentuiertem – W-Fragewort. Also: fallender letzten Tonbruch auch bei diesen Fragen (wie übrigens in vielen anderen Sprachen, z.B. im Italienischen, auch). Nicht durch das Fragezeichen zu steigender Intonation verleiten lassen! (Diese ist zwar auch möglich, signalisiert aber bewußt freundliches, angelegentliches Fragen.)

Aussagen mit diesem Nebenakzent-Muster sehen etwa so aus:

Ìch heiße │ Báuer (mit Kontrastbetonung von *ich*; Normalform: Ich heiße │ Bauer.)

Nochmals zusammenfassend einige Möglichkeiten, dieselbe Wortfolge zu intonieren:

Wie ist Ihr │ Name?   (neutral bis geschäftsmäßig)

Wìe ist Ihr │ Náme?   (neutrale Variante)

Wie ist Ihr │ Name?   (besonders freundlich-höflich, z.B. gegenüber ranghöheren Personen)

Wíe │ ist Ihr Name?   („Nachfrage", wenn der Partner den Namen nicht verstanden hat; charakteristisch hierfür sind die akzentuierte Tieflage des Frageworts und der steigende Tonbruch)

Wie ist │ Ihr │ Name?   (Kontrastakzent, „Zusatzfrage", an einen weiteren Gesprächspartner gerichtet)

Die dreisilbige Ein-Wort-Äußerung als Antwort könnte folgende Muster haben:

A│bram│czyck   (neutrale Aussage)

A│bramczyck   (neutrale Aussage, Variante)

A│bram│czyck?   („Rückfrage", wenn die Antwort des Partners nicht sicher verstanden wurde)

A│bramczyck?   („Rückfrage", Variante)

Wie │ schreibt │ man das?

Bei Wortfragen mit unbetontem Fragewort wird dieses Fallton-Muster am häufigsten verwendet.

Buchsta│bie│ren Sie bitte!

Auch die Aufforderung folgt dem bekannten Muster mit „hochgelegter" Akzentsilbe.

Und │ S/ie?

Diese „Zusatzfrage" – kurz für Und wie heißen │ S/ie? – wird, obwohl eigentlich eine Wortfrage (mit verstecktem Fragewort), meist mit Steigton realisiert. Fallton würde wegwerfend-unfreundlich klingen. Zu beachten ist beim Steigton, daß die Stimme am

Anfang der Äußerung hoch einsetzt, vor der Akzentsilbe ein Tonbruch nach unten liegt, und dann – als letzter Tonbruch in der Frage – ein Tonbruch nach oben folgt. In der Regel ist eine Verschleifung nach oben, in eine Art Überhöhe, festzustellen, die in der Notation durch ⌐ signalisiert wird.

Schon in dieser Übung treten auch Äußerungen mit mehreren Akzenten auf:

Guten ⌐Tag, ⌐Frau Pu⌐en⌐te!

Hal⌐lo, Fer⌐nan⌐do!

Noch ⌐einmal, bitte ⌐lang⌐sam!

Ver⌐zei⌐hung, wie ist ⌐Ihr ⌐Name?

Alle haben gemeinsam, daß sie aus zwei Äußerungen mit je einem Akzent bestehen.

Halten wir fest: Der Akzent der Äußerung (genauer: die Akzentsilbe des akzentuierten Wortes) wird im Deutschen – wie in den meisten Sprachen – sehr deutlich durch Tonhöhenveränderungen (Tonbrüche) nach oben oder nach unten realisiert. Ob man eine Äußerung als „steigend" oder „fallend" intoniert empfindet, hängt von der Richtung des *letzten* Tonbruches ab. Fallende Intonation ist die Regel bei Aussagen, Aufforderungen und Wortfragen. Steigende Intonation wirkt bei diesen Äußerungskategorien als Besonderheit und signalisiert Einstellungen des Sprechers, Abhängigkeit von sozialen Rollen oder besondere Kategorien von Nach- und Zusatzfrage. (Zu den in der Regel steigend intonierten Satzfragen vgl. 2A1 Ü1).

1.4

Herr Dupont kommt aus Frankreich
(Der Deutschkurs)

Schritt 1

F2

Ländernamen

Mit Hilfe der beschrifteten Weltkarte (LB S. 12 unten bzw. auf Folie) oder mit Hilfe einer großen Wandkarte die Ländernamen, die im Buch vorkommen und weitere, die für den Kreis der Kursteilnehmer wichtig sind, besprechen. Dabei auf das Problem: *die* Bundesrepublik Deutschland, *die* Schweiz, *die* Türkei, *die* USA (*die* Vereinigten Staaten) aufmerksam machen.

Die Ländernamen haben einerseits den Vorteil, daß sie für die meisten Lernenden unmittelbar verständlich sind; andererseits kann gerade die Vertrautheit damit zu Aussprache-Interferenzen zwischen der jeweiligen Ausgangssprache und der Zielsprache Deutsch führen. (Das gilt genauso für die „internationalen Wörter", vgl. 3A1.)

Für Lehr- und Lernschwierigkeiten in diesem Anfangsstadium folgender Illustrierungsvorschlag, den der Lehrer an die Tafel oder auf Folie zeichnen kann:

Das Bild „Der Deutschkurs" besprechen:
○ *Wie viele Männer hat der Deutschkurs?*
○ *Wie viele Frauen?*
(Pluralformen werden an dieser Stelle als „lexikalische Einheiten" behandelt; sie werden erst in Kapitel 2 systematisch dargestellt).
Einführung der Strukturen:
○ *Woher kommt …? – Sie/Er kommt aus … .*
○ Die Reihe der Kursteilnehmer durchfragen; dabei zwischen Namensbezeichnung *(Frau Puente)* und Zahl-Identifikation *(Nummer sieben)* abwechseln. (Achtung: *Nr. 12 kommt v o m Mars!*)

Gemeinsam den Text lesen.
Daß über die nichtdeutschen Namen ausschnitthaft fremdsprachige Lautsysteme ins Bild kommen, braucht nicht zu stören; es entspricht durchaus der Situation von Ausländern in deutschsprachiger Umwelt. (Außerdem kommen ausländische Namen in den Medien ständig vor.) Die Tonaufnahme des Textes in 2A4 Ü12 versucht die Illustration verschiedener „ausländischer Akzente" (Englisch, Französisch, Chinesisch, Türkisch, Italienisch, Griechisch), was für das Erkennen und Einschätzen eines Ausländers durchaus wichtig ist. Hierüber sollte (vorzugsweise in der Mutter- bzw. einer gemeinsamen Verständigungssprache) mit den Lernern diskutiert werden. Interessant auch die Frage der Akzeptabilität verschiedener regionaler „Akzente".

Fragen zur ganzen Seite 12 als Wiederholung:
○ *Woher kommt Nr.* ⑤ *…?*
○ *Wer kommt aus …?*
○ *Kommt Herr Scoti aus Spanien?* (Er kommt aus Italien).
○ *Woher kommen S i e?*
○ *Herr Gandhi kommt aus Indien, und Herr Myers?*
○ *Frau Barbieri kommt aus Italien, ja?*
Die Frage-Rolle dann auch an die Schüler abgeben!

Wir verteilen Rollen: *Sie sind Frau Puente – und Sie fragen*

○ *Wie heißen Sie/*
  Wie ist Ihr Name? ● *Gandhi.*
○ *Woher kommen Sie?* ● *Aus Indien.*

Ein anderes Modell:
○ *Mein Name ist Tanaka;*
  wie heißen S i e? ● *Gandhi.*
● *Ich komme aus Japan;*
  und woher kommen S i e? ● *Aus Indien.*

Oder:
○ *Wie heißen Sie?* ● *Gandhi, und S i e?*
  . . . . .
○ *Woher kommen Sie?* ● *Aus Indien, und S i e?*
(Bei Anne und Toni *du*-Form!)

In *AB Ü5* den Lückentext schriftlich ergänzen (ggf. als Hausaufgabe).

Übungen LB Ü7–10
Ü7: Die Kursteilnehmer bekommen die Aufgabe, von einem zum anderen zu gehen und eine Kurs-Liste zu erstellen; ggf. die Kurs-Liste abschließend gemeinsam an der Tafel erstellen.
Ü8: Vor der Durchführung dieser Strukturübung die Nationalitätenkennzeichen (für Autos) erarbeiten.

Ü9: Wortenden durch Schrägstriche markieren. Der „Sinn" des Textes erschließt sich am schnellsten durch Lautlesen.

Ü10: Partner-Interview. Derjenige, der jeweils den „Reporter" spielt (Rollenwechsel!), macht sich zu den einzelnen Fragen Notizen. Anschließend beschreibt jeder seinen Partner vor der Klasse.

Weitere Ausspracheprobleme

Satzphonetik: Wortübergänge

[-s + K-]	*aus Bombay, aus den USA, aus Brasilien*
[-f + v-]	*auf Wiedersehen*
[-K + ʔ-]	*Woher kommt er? Wie ist Ihr Name? Er kommt aus England. Das ist Herr Scoti aus Italien*
[-V + ʔ-]	*Mein Name ist Müller. Ich heiße Anne. Ich komme aus Kanada. Wie ist Ihr Name? Sie ist krank.*
[-t + K]	*Wie schreibt man das? Freut mich. Wer ist das?*
[-ç + h-]	*Ich heiße Anne.*

„Satzphonetik" ist die Bezeichnung für Erscheinungen, die bei längeren Äußerungen auftreten und gegenüber den für die „Wortphonetik" (Aussprache des Einzelwortes, wie sie in Aussprachewörterbüchern oder zweisprachigen Lexika verzeichnet ist) gültigen Regeln stark abweichen können. Satzphonetik wird in den meisten Lehrbüchern vernachlässigt. Gegenüber der Wortphonetik (Wortakzent voll ausgeprägt, Artikulation entsprechend deutlich) ist die Satzphonetik bestimmt durch neben- und schwachtonige Wortsequenzen und dafür typische Reduktionen und Assimilationen (Abschwächungen bei Vokalen durch Verkürzung, bei Konsonanten durch Verlust der Behauchung oder Erweichung. Ausfall des Nebensilben-[ə] mit dadurch bewirkten Angleichungen benachbarter Konsonanten). Jede Sprache kennt solche Erscheinungen; die Regeln dafür sind aber nicht allgemeingültig, und die zwischensprachlichen Abweichungen in der Satzphonetik sind ein besonders wichtiger Anlaß zu „fremdem Akzent".

[-s + K-]

Ein Problem ist das Zusammentreffen von wortauslautendem [s] mit wortanlautendem (stimmhaftem) Konsonanten, hier: die Präposition *aus* (dasselbe beim Artikel und bei Pronomina, die auf [s] enden: *das, des, eines* usw.). Während im Deutschen [s] stets stimmlos bleibt und einen nachfolgenden stimmhaften Konsonanten ([m], [b], [d], [j] u.a.) mit „progressiver Assimilation" stimmlos macht, ist dies bei vielen Sprachen gerade umgekehrt: [s] wird unter dem Einfluß folgender stimmhafter Konsonanten zu stimmhaftem [z], während die Konsonanten ihre Stimmhaftigkeit behalten („regressive Assimilation"). Übung ist erforderlich, damit nicht zum Beispiel [ʔaos mʏnçən] zu [ʔaoz mʏnçən] wird.

[-f + v-]

Analog zum Problem [-s + K-]; [-f] bleibt stimmlos und deutlich hörbar, [v-] verliert seine Stimmhaftigkeit zum Teil.

[-K + ʔ-]

Problem des „Knacklautes" [ʔ], des für das Deutsche typischen Neueinsatzes bei vokalisch anlautenden Wörtern im Äußerungszusammenhang (hier speziell nach konsonantisch auslautendem vorhergehendem Wort). Im Deutschen gibt es hier nicht – wie in vielen anderen Sprachen – Bindung, also *wer ist* [veːɐʔɪst], nicht [veːrɪst]!

[-V + ʔ-]

Dasselbe nach vokalisch auslautendem vorhergehendem Wort. Nicht [ˈkɔməaos], sondern [ˈkɔməʔaos]!

[-t + K-]

Ein Wortübergangs-Problem wie [-s + K-]; hier geht es darum, die regressive Assimilation zu verhindern und die für das Deutsche richtige progressive Assimilation [td] → [d̥] („stimmlose Lenis") zu erzielen. Also nicht [viːhaɛzduː], sondern [viːhaɛsd̥uː].

[-ç + h-]

Ein besonders schwieriges Zusammentreffen zwischen auslautendem Reibe- und anlautendem Hauchlaut, noch häufiger bei *ich habe, ich hatte, ich hätte*. Neun von zehn Lernern haben Probleme damit; die Fehler sind wegen der Häufigkeit des Vorkommens „akzentbildend".

Diktattext

Herr Bauer ist Lehrer. Er wohnt in Frankfurt. Der Deutschkurs hat sieben Teilnehmer: vier Frauen und drei Männer. Sie sind aus Kanada, aus Spanien, aus Indien, aus den USA, aus Italien, Brasilien und Japan.
Ein Teilnehmer: „Verzeihung, Herr Bauer, wie ist Ihr Vorname?"
Herr Bauer: „Ich heiße Peter."
Der Teilnehmer: „Bitte buchstabieren Sie!"
Herr Bauer: „P – E – T – E – R."
Der Teilnehmer: „Noch einmal, bitte langsam!"
Herr Bauer: „P – E – T – E – R!"
Der Teilnehmer: „Danke. Sind Sie aus Deutschland?"
Herr Bauer: „Nein, aus Österreich."

Kapitel 2

Das Kapitel erweitert die *Verständigungsbereiche* des ersten Kapitels – Identifikation von Personen; Kontaktaufnahme – um neue Themen/Situationen und Rollen und bietet eine erste Systematisierung des *Grammatik*lernstoffs im Satz- und Verbbereich.

Übersicht	Lehrbuch	Arbeits-buch	Folien	Cassette 1A/1
2A1 *Wie geht's / Sprechen Sie Englisch / Was trinken Sie?*	S. 14 Ü1–4	S. 8 Ü1–2	F3	2A1 Ü1
2A2 *Wer hat die Nummer... Bitte die Nummer von... (Zahlen 0–1000000)*	S. 16 Ü5, 6	S. 9, 11 Ü3, 5, 6		Ü9
2A3 *Auskunft: 1188 oder 01188*	S. 16 Ü7, 8 (9, 10)	S. 10, 11 Ü4, 7	F4	2A3 Ü9
2A4 *Bariş Önal ist Arbeiter – Ausländer in der Bundesrepublik Deutsch-land und in Berlin (West)*	S. 18 Ü11–12	S. 12 Ü8–9	F4 F5 F6 F7	Ü12
2A5 *Deutsch als Muttersprache / Deutsch als Fremdsprache*	S. 20 Ü13	S. 13 Ü10–11		
1A–2AW *Wiederholen / Spielen*		S. 14 Ü1–5	F5	
2B1 *Der Satz*	S. 21 Ü1	S. 18 Ü1		
2B2 *Die Satzteile: Verb und Nominativergänzung (Subjekt)*	S. 21 Ü2–3	S. 18 Ü2–4		
2B3 *Das Verb*	S. 22 Ü4	S. 19 Ü5–6		
2B4 *Die Konjugation Präsens (1)*	S. 22 Ü5–10	S. 19 Ü5–6		
2B5 *Die Satzarten* 5.1 *Die Aussage* 5.2 *Die Frage* 5.3 *Die Aufforderung: Imperativ (1)*	S. 23/24 Ü5 Ü6, 7, 9, 10 Ü8	S. 21 Ü7 Ü9, 10 Ü8		

2A1   *Wie geht's / Sprechen Sie Englisch ? / Was trinken Sie?*

Schritt 1   Wir sehen uns zuerst das Bild an:
Wo ist das?
Wer ist da?
Was sagen die Leute?
Die Fragen – wenn nötig – gestisch-mimisch verdeutlichen.

Die Antworten werden aufgrund sprachlicher Einschränkungen evtl. sehr knapp ausfallen *(Cafeteria/Café, Frau, Mann, Männer, Bier, guten Tag, ich heiße ..., woher kommen Sie?)*.

Aber auch muttersprachliche Äußerungen der Schüler sollten (in ausgangssprachlich homogenen Lerngruppen) zugelassen werden, damit es mehr Assoziationen zum Bild gibt.

Wir spielen den Dialog zweimal von der Cassette ab. **Schritt 2**
Danach einige Verständnisfragen:
Sprechen eine, zwei oder drei Personen?   *Was sagt die Frau?*
Wie heißen die Personen?   *Was trinkt Herr Miller?*
Woher kommen sie?   *Trinkt Frau Puente auch Bier?*
Was sagt Herr Miller?   *Spricht sie Spanisch/Englisch/Deutsch? usw.*

Wir prüfen nochmals gemeinsam, wer was sagt. Cassette nach jeder Äußerung kurz anhalten *(Das sagt Herr Miller, das sagt der Wirt* usw.).

Wir üben ein Stück des Dialogs mit Hilfe der Cassette ein. Da es in diesem Anfangsstadium verwirrend ist, mit drei Stimmen und Rollen dialogisches Sprechen zu üben, beginnen wir am besten mit: *Sie kommen aus England?* **Schritt 3**
Nachfolgend Schritt für Schritt die Phase der phonetischen Korrektur:

CASSETTE	LEHRER	LERNER
Sie kommen aus Eng̲land? *Sie kommen aus England?*	Fordert zum Nachsprechen auf (möglichst viele Schüler). Genau auf (Frage-)Intonation achten!	*Sie kommen aus England?*
Sie kommen aus Eng̲land? J\a, aus Bris̲tol. *Ja, aus Bristol.*	Spricht mehrere Schüler direkt an: *Sie kommen aus England?* Variation (nach Herkunft der Schüler): *Sie kommen aus Frankreich?* *Sie kommen aus Italien?* usw.	*Ja, aus Bristol.* *Ja, aus Paris.* *Ja, aus Turin.*
Sie kommen aus England? *Ja, aus Bristol.* Und woher kommen S/ie? *Ja, aus Bristol* *Und woher kommen Sie?*	Spricht Schüler direkt an: *Sie kommen aus England?* (Aussprache und Intonation nach Vorbild der Cassette genau korrigieren. Bei Schwierigkeiten Textstelle mehrfach vorspielen. Normale Sprechgeschwindigkeit einhalten!) Danach variieren: *Sie kommen aus Frankreich?* usw.	*Ja, aus Bristol.* *Und woher kommen Sie?* *Ja, aus Paris.* *Und woher kommen Sie?*

CASSETTE	LEHRER	LERNER
Aus Spanien, aus Barcelona. *Aus Spanien, aus Barcelona.*	Direkt nachsprechen lassen (möglichst viele Schüler). Dann wieder dialogisch (zusammenhängend) sprechen: *Sie kommen aus England?*	*Aus Spanien, aus Barcelona.* *Ja, aus Bristol.* *Und woher kommen Sie?*
	Aus Spanien, aus Barcelona. Diese „Hin-und-her-Rede" (Replikenpaar) mehrfach auch von jeweils zwei Schülern sprechen lassen.	
	Geht herum, korrigiert, bestätigt, spielt selbst mit.	Dialogisches Spiel; zuerst jeder mit seinem Nachbarn, dann fortlaufend reihum: ○ *Sie kommen aus England?* ● *Ja, aus Bristol.* *Und woher kommen Sie?* ○ *Aus Spanien, aus Barcelona.* (Rollen wechseln!) Wir variieren: andere Länder und Städte.
Sie sprechen aber gut Deutsch! *Sie sprechen aber gut Deutsch!*	<div align="right">*gut Deutsch!* *aber gut Deutsch!* *sprechen aber gut Deutsch!* *Sie Sprechen aber gut Deutsch!*</div>(Bei Nachsprechschwierigkeiten Satzmuster von hinten aufrollen. Intonationsverlauf = „Melodie" beibehalten!)	*Sie sprechen aber gut ..... !* <div align="right">*gut Deutsch!* *aber gut Deutsch!* *sprechen aber gut Deutsch!* *Sie sprechen aber gut Deutsch!*</div>
Sprechen Sie auch Englisch? *Sprechen Sie auch Englisch?*	Mehrfach nachsprechen lassen.	*Sprechen Sie auch Englisch?*
Sie sprechen aber gut Deutsch!		*Sie sprechen aber gut Deutsch!*
Sprechen Sie auch Englisch?		
Sie sprechen aber gut Deutsch!		
Sprechen Sie auch Englisch?		*Sprechen Sie auch Englisch?*

Sprechen Sie auch Englisch?

Ne\in, lèider ˩ nícht.	*Sprechen Sie auch Englisch?*	*Nein, leider nicht.*
Nein, leider nicht.	*Sie sprechen aber gut Deutsch!* *Sprechen Sie auch Englisch?*	*Nein, leider nicht.*
	Variieren: *Sprechen Sie auch Chinesisch?* *Sprechen Sie auch Französisch?*	*Nein, leider nicht.* *Ja! (Ja, ein wenig.)* usw.
	Dialog von vorne wieder aufnehmen: *Sie kommen aus England?*	*Ja, aus Bristol. Und woher kommen Sie?*
	Aus Spanien, aus Barcelona.	*Sie sprechen aber . . . . .* usw.

Eine solche dialogische Texteinübung kann großen Spaß machen, wenn sie nicht verschleppt wird. Es kommt nicht immer darauf an, den Dialog im ganzen Verlauf einzuüben; für die phonetische Korrektur kann auch ein besonders wichtiges Teilstück herausgenommen werden.

Wenn kein Cassettenrecorder zur Verfügung steht, muß er durch die Lehrerstimme ersetzt werden. In diesem Fall scheint es besser, mit dem gedruckten Text vor Augen vom Lesen über das „Lesen−Sprechen" (= vom Text abhebendes, sich lösendes Sprechen) zum freien Sprechen vorzugehen. Dabei sollte der Lehrer zunächst mit verschiedenen Lernern den Dialog (möglichst intonationsecht!) lesen, dann die Lerner zu partnerschaftlicher Dialogarbeit auffordern (der gedruckte Text ist erst Vorlage, dann nur noch Stütze und sollte danach möglichst rasch zugeklappt werden). Als Abschluß sollte der Dialog, oder ein ausgewähltes Teilstück, frei gesprochen und gespielt werden (mit möglichst viel Gestik!).

Bei der richtigen Intonation muß der Lehrer immer wieder unterstützend eingreifen. Die Intonation sollte bewußtgemacht werden: Das Deutsche ist eine stark zentralisierende Sprache und reißt ganze Sätze auf oft nur einen Akzentschwerpunkt hin zusammen.

Methodische Variante

Die 2. Möglichkeit (die isolierte Einübung der Dialogteile) berücksichtigt die Tatsache, daß Situationen in der Regel einmalig sind und fast nie in genau gleicher Art wieder vorkommen, so daß von daher gerade die Herausarbeitung und Variation der Einzelteile sinnvoll erscheint, die als „transportable" Mini-Dialoge und Versatzstücke in den verschiedensten Situationen des Unterrichts und des täglichen Lebens neu kombinierbar sein sollen.

Bei diesem Vorgehen empfiehlt sich die Arbeit mit dem Redemittelkasten (S. 14 unten) besonders. Dort sind die einzelnen Repliken und ihre Varianten aufgelistet.

Verschiedene Situationselemente und Sprechabsichten aus Kapitel 1 und 2A1 ließen sich beispielsweise in folgendem Dialogablauf sinnvoll neu zusammensetzen:

○ *Myers.*
● *Tanaka.*
○ *Verzeihung, wie ist Ihr Name?*
● *Tanaka, ich komme aus Japan.*
○ *Sie sprechen aber gut Deutsch!*
● *Sie auch, woher kommen Sie?*
○ *Aus New York. – Und das ist Frau Puente.*
● *Guten Tag, mein Name ist Tanaka.*
○○ *Sie kommen aus Japan?*
● *Ja, aus Osaka.*
○ *Ich trinke ein Bier, Sie auch?*
○○ *Lieber Coca-Cola ...*
  usw.

Wir möchten von vornherein „Einbahn-Dialoge" vermeiden, die nur *eine* Verlaufs-
möglichkeit haben und darum nur als Ganzes vom Schüler übernommen und reprodu-
ziert werden können. Wir versuchen darum immer wieder, die Dialoge in vollwertige
Einzelstücke aufzulösen, die „ortsunabhängig" in den verschiedensten Situationszu-
sammenhängen eingesetzt werden.

Schritt 4   Wenn wir die verschiedenen Sprechhandlungen des Dialogs 2A1 mit Stichwörtern
oder Zeichen markieren, entsteht etwa das Strukturmuster im AB 2A1 Ü1 (S. 8).

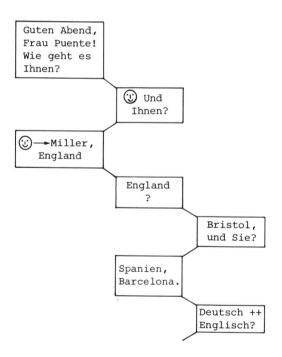

Wir machen damit den Dialogtext „durchsichtig", d. h., wir zeigen, was die Sprechpart-
ner mit ihren Äußerungen bezwecken.

Schritt 5   Wir rekonstruieren den Dialog noch einmal mit Hilfe des obigen „Klettergerüsts" und
versuchen danach einige Variationen, indem wir Namen von Schülern ins Spiel
bringen.
Im Anschluß daran AB Ü1, Ü2 in Partner- oder Gruppenarbeit als Hausaufgabe.

Ü1: Intonation

Zunächst wird die Wortfrage mit in der Regel fallender Intonation (vgl. 1.3 Ü6) wiederholt. Neu sind nun „Satzfragen" (auch „Fragen ohne Fragewort", „Entscheidungsfragen"), die mit *Ja* oder *Nein* zu beantworten sind.

Sie kommen aus Bristol?

Die Satzfrage ohne Inversion muß, wenn sie eindeutig verstehbar und nicht überaus unfreundlich sein soll, mit steigender Intonation realisiert werden. Man beachte, wie das in der Kurve aussieht: Spiegelbildlich zur Aussage oder Wortfrage, also mit Hocheinsatz, Tonbruch nach unten vor der Akzentsilbe, nach oben danach, mit einer in der Regel anzutreffenden Verschleifung nach oben in eine Art „Überhöhe", die in der Notation durch ⌐ signalisiert wird.

Sie wohnen in Köln? (nicht in der Übung)

Hier ist die Akzentsilbe zugleich die letzte der Äußerung; daher liegt der Steigton (hier nicht als Bruch, sondern als Verlauf!) im Vokal [œ] und in den folgenden Sonanten [ln].

Sprechen Sie auch Französisch?

Die Satzfrage mit Inversion, das heißt Erststellung der finiten Verbform, wird in aller Regel mit steigender Intonation gesprochen. Das Intonationsmuster ist identisch mit der oben beschriebenen (selteneren) Satzfrage ohne Inversion. Fallende Intonation würde auch hier wieder als geschäftsmäßig bis unfreundlich interpretiert.

Ich komme aus London!

Ein häufiges, gleichwohl in der Literatur selten beschriebenes Muster, zu den „Kontrastintonationen" zu rechnen: Im dialogischen Kontext wird ein Gegensatz zur vorherigen Äußerung signalisiert durch Nebenakzent auf *ich,* Tieferlegung dieses Teils (hier wegen der Einsilbigkeit mit steigendem Tonverlauf), Fortführung in Mittellage und steigenden Tonbruch vor dem zweiten, dem Hauptakzent. Insgesamt entsteht eine Kontur etwa wie ∽.

Danke, es geht.

Ein seltenes Muster im Deutschen ist der „Halbschluß". Hier fällt beim letzten Tonbruch die Stimme nicht in die „Lösungstiefe", sondern nur in die Mittellage. Als Effekt wirkt die Äußerung „leichthin", „schnippisch" (hier: gleichgültig, nicht auf den Partner und sein Lob eingehend).

Ü2: Dialogvariation mit Hilfe der vier „Porträts", die abgestuft unterschiedliche Stimmungen ausdrücken.

Ü3: Wiederholende Übung zu Namen/Zahlen/Ländernamen/Getränken

Ü4: Zuordnungsübung. Die Kursteilnehmer sollen zunächst „vernünftige" Dialogrepliken bilden, dann daraus einen sinnvollen Dialogablauf erarbeiten. Die erarbeiteten Dialogvarianten im Plenum vorspielen und kritisieren (in der Muttersprache).

Grammatikarbeit zu 1.4 und 2A1

Wir sehen uns die Satzglieder in ihrer Abhängigkeit vom Verb an, das im Zentrum des Satzes steht: zuerst den *Aussagesatz* (2B1: *Frau Barbieri kommt aus Italien* und die Sätze in 2B5.1), dann die *Wort- und Satzfrage* (2B5.2).
Wir sehen uns nun in 2B2 die Abhängigkeit Verb(endung)-Nominativergänzung an und versuchen das folgende „Satz-Lege-Spiel". Die einzelnen Satzglieder malen Sie am besten vorher auf Pappe und schneiden sie aus (s. S. 60).

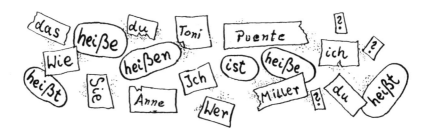

Bei diesem Legespiel möglichst die Namen der Schüler verwenden. Die Sätze (Aussagesatz, Satzfrage, Wortfrage) können in einem großen Kreis, den die ganze Lernergruppe bildet, gelegt werden, wobei sich alle Lerner beteiligen sollten, oder auch in kleinen Arbeitsgruppen (3–5 Lerner), die anschließend ihre Ergebnisse vergleichen und evtl. untereinander korrigieren.
Grammatikübungen LB S. 25, BÜ1–3 anschließen.
Danach den Zusammenhang von Personalpronomina und Verb-Endungen klären (2B3) und in Tabelle 2B4 zunächst *kommen* ansehen („Stamm" und „Endung"), anschließend die anderen Verben mit ihren leichten Abweichungen von der Norm, s. *LB BÜ4* (S. 26).

AB Ü1–4 (S. 18) in Einzelarbeit oder als Hausaufgabe bearbeiten lassen und in der Klasse nachbesprechen.

Exkurs

Zur Integration der Grammatikarbeit in das Gesamtkonzept von „Deutsch aktiv Neu"
1A: eine kurze Einführung anhand von Kapitel 2

Daß wir systematische Grammatikarbeit als letzten Schritt im Unterrichtsverlauf skizzieren, hat mit unserer Vorstellung zu tun, daß in der ersten Phase der Begegnung mit einer fremden Sprache der Sprach*gebrauch,* die „Lust am Reden", im Vordergrund stehen sollte und daß Grammatikarbeit *induktiv* – vom Sammeln der Sprachphänomene über das Ordnen zur Auswertung (Regelbildung) – voranschreiten sollte.

Da Erwachsene heute Deutsch meist als zweite oder dritte Fremdsprache lernen und beim Erlernen der ersten Fremdsprache häufig nach der Grammatik-Übersetzungsmethode unterrichtet wurden, kann es vorkommen, daß die Kursteilnehmer nach den „Grammatikregeln" verlangen, weil sie Angst vor Fehlern haben und sich erst einmal alles „bewußt zurechtlegen" wollen.
Wir halten es nicht unbedingt für sinnvoll, ein Kapitel mit der Erklärung der Grammatik zu *beginnen,* weil die Lernenden dadurch zu sehr auf Fragen der Korrektheit der Äußerungen fixiert werden und sich schnell Sprechhemmungen einstellen. Um aber solche – für manche Lernende unabdingbaren – kognitiven Lernhilfen zu eröffnen, haben wir die einzelnen A-Teile jeweils mit den entsprechenden „Wegweisern zur Grammatik" B1–4 (dunkelgrüne Pfeile) versehen. Sie erleichtern das Auffinden der entsprechenden Grammatikteile im B-Teil des Kapitels.
Erklären Sie Ihren Kursteilnehmern die Funktion dieser Wegweiser, damit sie die Grammatik selbständig nachschlagen können, wenn sie sie unbedingt schon von Anfang an als Lernhilfe haben wollen. Machen Sie auch deutlich, daß Sie auf Fragen der Grammatik ausführlich eingehen, daß die Lernenden aber erst einmal ausprobieren sollten, „was man mit Sprache machen kann".
Daß wir auch im Rahmen eines Konzepts, das auf freien Sprach*gebrauch* hin angelegt ist, die kognitive Grammatik für einen wichtigen und unabdingbaren Bestandteil des Fremdsprachenlernens halten, kann man allein schon aus dem Umfang erkennen, den die Grammatikdarstellungen und die Grammatikübungen im Lehrbuch einnehmen.

Wer hat die Nummer ...? / Bitte die Nummer von ...
(Zahlen 0−1 000 000)

Hier wird neuer Wortschatz ohne textliche Verbindung als System eingeführt.

Schritt 1

Zunächst die neuen Zahlen von 20 bis 1 000 000 vorstellen, vorsprechen und nachsprechen lassen: Tabelle S. 16 oben benutzen; „Problemfälle" blau unterstrichen!

Neue Ausspracheprobleme bei den Zahlen über 20 (vgl. auch Kommentar zu 1.3, S. 46):
Der Wortakzent bei den zwei- und mehrsilbigen Zahlen liegt in der Regel auf der ersten Silbe; bei mehrsilbigen kann die erste oder die dritte Silbe betont sein (ein|undzwanzig oder einund|zwanzig). -und- wird nur bei ganz deutlichem Sprechen mit „Knacklaut" realisiert, sonst zu [ʊn] oder [ŋ] reduziert.

21 [ˀaenʊntːsvantsɪç]	30 [draesɪç]	70 [ziːptsɪç]
22 [tsvaeʊntːsvantsɪç]	40 [fɪrtsɪç]	80 [ˀaxtːsɪç]
usw.	50 [fʏnftsɪç]	90 [nɔøntsɪç]
	60 [zɛçtsɪç]	100 [hʊndɐt]

Schritt 2

Wir zeigen die Regelmäßigkeit bei der Zahlenbildung:
z.B. 9 = neun, 90 = neun*zig*, 900 = neun*hundert*;
   19 = neun*zehn*, 29 = neun*undzwanzig* = 9 + 20, Einer werden im Deutschen *vor* den Zehnern gesprochen, im Gegensatz zu vielen anderen Sprachen; also *ein*-undzwanzig/twenty-*one*.
Hinweise auf Unregelmäßigkeiten: nicht „zw*ei*zig", sondern „zwanzig"; nicht „sech*s*-zig", sondern „sechzig"; nicht „sieb*en*zig", sondern „siebzig"; Zahl 1 allein und am Ende einer Zahlengruppe immer „eins" („hundert*eins*"), in Zusammensetzungen dagegen *„ein"* („*ein*undzwanzig", „*ein*hundert", auch „*ein* Zentimeter", „*ein* Bier").

Schritt 3

Wir schreiben Ziffern an die Tafel (3, 7, 8, 9, 88 usw.) und lesen sie ohne Vorlage der Zahlwörter. In langsameren Lerngruppen sind Legespiele nützlich:

Zuordnen und dann lesen lassen. Danach zur Erschwerung erst einzelne, dann alle Zahlwörter umdrehen.

AB 2A Ü3

Schritt 4

Die Lerner sollen die Zahlen in der „vorgeschriebenen" Reihenfolge durch Linien miteinander verbinden. Es entsteht dabei eine Figur (Rocko im UFO).
Variante: Verbindung der Zahlen nach Diktat.

LB 2A Ü5−6

Schritt 5

Auswertung des Ausschnitts aus dem Telefonbuch nach Telefonnummern (Ü6) bzw. nach Namen (Ü5) in Minidialogen (Rollenwechsel!).
Variante zu Ü6: die Telefonnummern zuerst diktieren, dann die Schüler die zugehörigen Namen im Telefonbuch aufsuchen lassen (= Ergebniskontrolle), am besten in Partnerarbeit.

2A3 Auskunft: 1188 oder 01188

Telefonieren in der fremden Sprache gehört zu den schwierigsten Problemen, wenn man die Fremdsprache noch nicht richtig beherrscht. Insbesondere das *Verstehen* des Gesprächspartners ist nicht einfach, nicht nur, weil bei der technischen Übertragung des Gesprächs die akustischen Charakteristika „beschnitten" werden. Im „normalen" Gespräch kann man der Gestik und Mimik des Gesprächspartners oft entnehmen, was er meint. Beim Telefonieren dagegen muß alles „in Worte gefaßt" werden, was der – nicht präsente – Partner verstehen soll. Wir versuchen deshalb in *Deutsch aktiv Neu*, solche für den praktischen Sprachgebrauch wichtigen, aber nicht einfach zu bewältigenden Tätigkeiten von Anfang an und immer wieder zu üben.

Schritt 1

LB 2A Ü7
Zunächst das Situationsbild S. 16 unten besprechen: Herr Myers telefoniert; er braucht eine Nummer; er ruft die Auskunft an (Frau rechts).

Schritt 2

Gemeinsam das Gespräch von der Cassette hören (völlig authentische Tonaufnahme eines Anrufs bei der Telefonauskunft in München mit allen Pausen und Störgeräuschen!); nur Telefonnummer notieren!

Schritt 3

Lückentext *AB 2A Ü4* in Einzelarbeit/häuslicher Arbeit folgendermaßen komplettieren: Cassette erneut abspielen und nach jeder Replik stoppen: Zeit zum Ausfüllen lassen; ggf. Text am Schluß noch einmal im ganzen abspielen.
Gemeinsam besprechen, was in die einzelnen Lücken gehört; ggf. die zu ergänzenden Satzteile an die Tafel schreiben.

Schritt 4

LB 2A Ü8 Ein Telefongespräch spielen
Für solche Telefon-Simulationen ist die situativ richtige Inszenierung sehr wichtig: Alte Telefonapparate oder Spielzeugtelefone sind hilfreich; aber unverzichtbar ist, daß die „Telefonpartner" sich den Rücken zuwenden!
– Aufgabenstellung verdeutlichen: *Sie brauchen die Nummer von ...* (ein Name aus dem Münchener Telefonbuchausschnitt in Ü5). *Sie rufen die Auskunft an.*
– Rollen verteilen (Anrufer – Telefonist/in).
– Falls die Klasse solche „Spiele" nicht gewöhnt ist, übernehmen Sie zunächst immer die etwas schwierigere Rolle selbst (hier: Telefonist/in) und spielen die Aufgabe mit einem etwas gewandteren Kursteilnehmer erst einmal vor.

Schritt 5

Weitere Übungen zum Bereich „Zahlen":
LB 2A Ü9 Lottozahlen ankreuzen
Hinweis: Das Lottospiel ist bei den Bundesbürgern sehr beliebt. Zweimal in der Woche (Mittwoch- und Samstagabend) gibt es im Fernsehen die Sendung: „Ziehung der Lottozahlen." Man kann beim Lotto – wenn man 6 Zahlen auf dem Lottoschein richtig angekreuzt hat – viel Geld (manchmal mehr als eine Million Mark auf einmal) gewinnen.
– Die Kursteilnehmer kreuzen zunächst – jeder für sich – auf den 10 Feldern des Lottoscheins je 6 Zahlen an.
– Dann hören sie von der Cassette die „sechs Richtigen" und vergleichen sie mit den eigenen Zahlen.
– Wer die meisten Zahlen richtig angekreuzt hat, ist „Lotto-König"!

LB 2A Ü10 Das „Bumm!-Spiel"
Jede Zahl, die durch vier teilbar ist (z. B. 12) oder in der eine 4 enthalten ist (z. B. 14), wird beim Abzählen durch „Bumm!" ersetzt.
Am besten setzt sich die Gruppe zum Spiel im Kreis hin. Wer einen Fehler macht, muß ein Pfand abgeben (irgendeinen kleinen Gegenstand, der ihm gehört) oder bekommt mit Kreide oder Lippenstift einen Punkt ins Gesicht gemalt oder scheidet einfach aus! (In manchen Kulturkreisen bemalt man sich das Gesicht nicht „zum Spaß"!) Wer die

meisten Pfänder abgegeben hat oder Punkte im Gesicht hat, muß eine kleine Aufgabe erfüllen (ein Lied singen; einen Text aufsagen; von 1–20 zählen usw.).
Erweiterungsmöglichkeit zum Einüben der Zahlen:
Kopfrechnen auf deutsch mit den Grundrechenarten Addition *(plus)*, Subtraktion *(minus)*, Multiplikation *(mal)*, Division *(geteilt durch)*. Der Lehrer stellt einfache Aufgaben, dann die Kursteilnehmer paarweise untereinander.

AB 2A Ü5 Rufnummer notieren
Hier geht es um das Umsetzen des Schriftbildes in die Zahlenfolge.
Variationsmöglichkeit: Zahlendiktat. Die Kursteilnehmer sollen die Zahlen, die Sie diktieren, erst auf einen Zettel schreiben und dann mit den Zahlen in Ü5 vergleichen.

AB 2A Ü6
In dieser Übung geht es um das „Ausschreiben" von Zahlen; sie kann beliebig erweitert werden.

AB 2A Ü7
Anhand des Telefonbuchauszugs sollen die Angaben zu bestimmten Fernsprechteilnehmern ergänzt werden. Mit dieser Übung wird nicht nur das Sprechen/Schreiben von Zahlen geübt, sondern auch das gezielte, informationsorientierte Lesen im Telefonbuch.
Die Kursteilnehmer können sich anschließend gegenseitig weitere Aufgaben stellen, z.B. *Wie ist die Telefonnummer von Karl-Heinz Frölich?* oder *Wo wohnt Frau Elisabeth Gerdes?*

Bariş Önal ist Arbeiter 2A4
Ausländer in der Bundesrepublik Deutschland und in Berlin(West)

Die Seiten 18 und 19 sind als Doppelseite angelegt. In diesem Abschnitt geht es neben der Spracharbeit auch um landeskundliche Information.

a) Hinweise zum Thema: „Ausländer in der Bundesrepublik"

Auf dieses Thema gehen wir in *Deutsch aktiv Neu* immer wieder ein.
Anfang der 80er Jahre erreichte die Zahl ausländischer Mitbürger ihren vorläufig höchsten Stand: über 4,5 Millionen (etwa 8% der Gesamtbevölkerung). Die folgende Tabelle listet die größten Gruppen auf; es sind die Arbeitsmigranten (mit ihren Familien) aus den Mittelmeerländern bzw. politische Flüchtlinge/Asylbewerber aus Asien und Afrika.

Ende 1981: 4,63 Mill. Ausländer
davon waren

Türken	1 550 000	Spanier	177 000
Jugoslawen	637 300	Afrikaner	115 100
Italiener	624 500	Portugiesen	109 400
Griechen	299 300	Sonstige	878 800
Asiaten	242 000		

(Quelle: *Globus* Nr. 4349)

Wirtschaftliche Stagnation und finanzielle „Rückkehrhilfen für Gastarbeiter" haben bis 1988 zu einem leichten Rückgang der Gesamtzahl geführt. Im gleichen Zeitraum ist die Zahl der Asylbewerber angestiegen.
Für Arbeitsmigranten/Asylbewerber und ihre Familien ergibt sich oft ein fast unlösbares Dilemma: Einerseits lehnt die Bundesrepublik es ab, als „Einwanderungsland" zu gelten, andererseits sind diese Menschen nach vielen Jahren der Abwesenheit vom Heimatland dort praktisch nicht mehr re-integrierbar. Betroffen von diesem Leben

zwischen zwei Welten sind vor allem die Kinder und Jugendlichen. Ihr Anteil in den öffentlichen Schulen der Bundesrepublik beträgt über 10% der Schüler. Viele von ihnen sind in der Bundesrepublik geboren und aufgewachsen. Insbesondere in Zeiten wirtschaftlicher Rezession und Stagnation bekommen Gastarbeiter und Asylanten ein abweisendes und z. T. feindseliges Verhalten der deutschen Bevölkerung zu spüren.

b) Hinweise zum Thema „Deutsche Geographie"

Zur Einführung in die deutsche Geographie haben wir
● ein „Länder-Spiel" im Arbeitsbuch (S. 16)
● eine Folienreihe entwickelt:
   F5 | Landkarte Bundesrepublik/DDR mit angrenzenden Ländern;
   F6 | Städte und Landschaften;
   F7 | Land und Leute.
● Fotos im Lehrbuch S. 18 ergänzen die Folien.

Deutschsprachige Länder: Statistikdaten

Bundesrepublik Deutschland:	248 678 Quadratkilometer
	ca. 61 Millionen Einwohner
	ca. 245 Einwohner pro km^2
Deutsche Demokratische Republik:	108 333 Quadratkilometer
	ca. 16,7 Mill. Einwohner
	ca. 154 Einwohner pro km^2
Schweiz (Schweizerische Eidgenossenschaft):	41 293 Quadratkilometer
	ca. 6,5 Mill. Einwohner
	ca. 156 Einwohner pro km^2
Österreich (Republik Österreich):	83 854 Quadratkilometer
	ca. 7,5 Mill. Einwohner
	ca. 90 Einwohner pro km^2

Schritt 1
F5

Gemeinsame Betrachtung der physikalischen Landkarte auf Folie, dabei
– Grenzen der Bundesrepublik und der DDR farbig nachzeichnen;
– angrenzende Länder ermitteln und benennen (bei Österreich zeigen, wo ungefähr Wien liegt: für 2A5 wichtig!);
– die wichtigsten Städte lokalisieren und benennen (Zeichenerklärung anfertigen: sehr große Städte, große Städte, mittelgroße Städte in der Bundesrepublik und in der DDR; Berlin)
– Namen der angrenzenden Meere und der größten Flüsse ermitteln.
Anders als Ländernamen sind geographische Namen aus dem deutschsprachigen Raum in der Aussprache ziemlich problemlos. Je kleiner der Ort oder die geographische Einheit, desto weniger ist der Name über die Grenzen hinaus bekannt, und um so weniger gibt es eine fremdsprachige Form für den Namen, die erst wieder „weggeübt" werden müßte. Im übrigen sind alle Namen (auch Vor- und Familiennamen) deshalb als Ausprachebeispiele besonders geeignet, weil sie keine semantischen Probleme aufwerfen.

Schritt 2
F5

AB 1A–2AW Ü5: „Das Länder-Spiel"
Die Landkarte S. 16 ist übersichtlich in Planquadrate gegliedert (trotzdem farbige F5 auf dem Tageslichtprojektor lassen, falls Erläuterungen nötig sein sollten!)
Die Aufgaben ①–③ sollten dialogisch in Partnerarbeit gelöst werden; Aufgabe ④ in Einzelarbeit lösen lassen.

Schritt 3
F6

Gemeinsam die Fotos auf Folien 6 und 7 besprechen und immer wieder auf die Karte im AB, S. 16, oder auf F5 zurückverweisen, wo die einzelnen Fotos einzuordnen sind.

Hinweise zu den Fotos: Städte und Landschaften

großes Schiff im Hafen (Hamburg)	Leuchtturm (Nordseeküste)	Berlin (West): Gedächtniskirche; im Hintergrund: Europazentrum
Förderturm einer Kohlezeche (Ruhrgebiet)	Berlin-Ost: Fernsehturm/Stadtzentrum	Bonn: Bundeshaus, Abgeordnetenhochhaus „Langer Eugen"
Frankfurt: Mainufer/Bankhochhäuser/Altstadt	Bauernhaus im Schwarzwald	Wien: Riesenrad im Prater
Bern: Uhrturm	München: Viktualienmarkt	Schloß Neuschwanstein im Alpenvorland südlich von Augsburg

Hinweise zu den Fotos: Land und Leute

Fischkutter (Nord-/Ostsee)	Bauernhaus in Schleswig Holstein (zwischen Kiel und Flensburg)	Punks in Berlin (West)
Bonn: Lobby im Bundeshaus	Karneval am Rhein	Industriearbeiter
Straßenmusikant	Schwarzwald: Mädchen in traditioneller Tracht	Auszubildende in einem Industriebetrieb
Universität München: Studenten	Wien: Heurigenlokal (Ausschank des neuen Weins)	Skifahren in den Alpen

Zusätzliche Fotos LB S. 18:
- Mitte rechts: Berlin, Brandenburger Tor mit Mauer, die die beiden Teile der Stadt trennt
- darunter: fränkisches Fachwerkhaus (aus der Gegend um Nürnberg)
- unten rechts: Stadtsilhouette von München, vom „Englischen Garten" aus gesehen

Gemeinsam den Text im Lehrbuch S. 19 oben erlesen, wobei Abschnitt für Abschnitt die einzelnen Personen und ihr Wohn- bzw. Arbeitsort auf der Karte S. 18 identifiziert und zusammen mit anderen Informationen aus dem Text in einer Tabelle (Wandtafel / Tageslichtprojektor) erfaßt werden:

Schritt 4

Vorname, Nachname	Wohn-/Arbeitsort	Heimatland	Beruf	Alter
Miza Lim	Bielefeld	Korea	Studentin	24
Esko Jokela	Bonn	Finnland	Diplomat	60
Mustafa Benhallam	Berlin	Marokko	Arzt	37
Alexandra Karidakis	München	Griechenland	Arbeiterin	38
Florence Vrignaud	Bonn	Frankreich	Dolmetscherin	?
Bariş Önal	Köln	Türkei	Arbeiter	?
John Wilson	Hannover	Großbritannien	Soldat	?
Josefine Truc	Frankfurt	Vietnam	Krankenschwester	23

Schritt 5

Die so aus dem Text entnommenen Berufsbezeichnungen für Männer und Frauen führen direkt zur Besprechung der Wortschatztabelle (S. 19 Mitte). Dabei wird sehr schnell deutlich, daß die Endungen *-e* oder *-er* für männliche, *-in* dagegen für weibliche Personen stehen. *-isch* kennzeichnet die meisten Sprachbezeichnungen. Phonetisch ist besonders der hörbare Unterschied zwischen den Suffixen *-e* [ə] und *-er* [ɐ] zu beachten (vgl. Übungsvorschlag am Ende des Kapitels).

Schritt 6
F 4

Anhand der acht Personen aus dem Text, die auf der Folie und im LB, S. 18, abgebildet sind, wird eine freie Beschreibung versucht.

Schritt 7

LB 2A Ü11
Korrektur der falschen Angaben zu den 5 Personen anhand des Texts (schriftlich auf Zettel), dann gemeinsame Besprechung.

Schritt 8

AB 2A Ü8−9
Die Kursteilnehmer interviewen sich gegenseitig und füllen dabei den Notizzettel von Ü8 mit Stichpunkten. Anschließend formulieren sie eine kurze Beschreibung (Ü9) ihres Interviewpartners als vollen Text und lesen diesen ggf. im Plenum vor.

Schritt 9

LB 2A Ü12
Die Sprechtexte von der Cassette anhören und einzeln in der Tabelle ankreuzen, aus welchem Land die jeweilige Sprecherin/der jeweilige Sprecher kommt. Gemeinsam auswerten. Die Übung führt zu einer Diskussion über die Merkmale bestimmter (authentischer, nicht nachgeahmter!) Akzente und könnte den Anstoß zur bewußten Korrektur von Aussprache- und Intonationsproblemen geben. (Vgl. Anmerkungen zu 1.4.) Richtige Lösung: 1. Engländer, 2. Französin, 3. Chinesin, 4. Türke, 5. Italienerin, 6. Griechin.

Grammatikarbeit zu 2A4
An welcher Stelle Erläuterungen zur Grammatik einsetzen, hängt von der „Nachfrage" bei den Kursteilnehmern und von dem Gewicht ab, das der Lehrer systematischer Spracharbeit zubilligt.

Schritt 1
Schritt 2

So könnte man im Anschluß an das Lesen des Textes das Augenmerk der Kursteilnehmer auf die Satzarten Aussage und Frage *(2B5, 1−2)* lenken und anschließend *2B Ü3−8* durchgehen. Dies empfiehlt sich zur Vorbereitung auf Übungen, in denen die Kursteilnehmer sich weniger gelenkt äußern sollen.

Schritt 3

Im *AB* schließen sich die Übungen *2B Ü2−7, 9* an, deren Aufgabenstellung die Aufmerksamkeit auf bestimmte Satzteile bzw. Ergänzungen und Endungen lenken soll.

Schritt 4

Um den Abschnitt 2B5.3 *„Die Aufforderung: Imperativ"* vorzubereiten, werden die Arbeitsanweisungen zu den Übungen in *LB* und *AB* gemeinsam gesammelt und als Liste aufgeschrieben (Wandtafel/Tageslichtprojektor).
Beispiel:

Spielen	*Sie*	*Lotto!*
Hören	*Sie*	*die Lotto-Gewinnzahlen!*
Machen	*Sie*	*sechs Kreuze!*
Beschreiben	*Sie*	*die Person aus Ü8!*

Intonatorisch ähnelt die Aufforderung der fallend intonierten Aussage; hier gibt es nicht die Alternative „steigend", weil sonst − wegen der Inversion des Verbs − Verwechslung mit der Satzfrage möglich wäre. Beachtung verdient die Position des Satzakzents in den Beispielen auf Seite 24 unten. Die meisten sind auf der Ergänzung akzentuiert, haben also den längeren unbetonten Vorlauf:

Schreiben Sie | Na|men!

Notieren Sie die | Num|mer!

Spielen Sie | Lot|to!

Machen Sie sechs | Kreu|ze!

Nur ausnahmsweise ist das Verb akzentuiert; entweder, wenn die Ergänzung fehlt:

Buchsta|bie|ren Sie, bitte!

oder wenn ein Kontrast beabsichtigt ist:

Hö|ren Sie das Gespräch! (nachdem es vorher gelesen wurde)

Spie|len Sie das Gespräch! (nachdem es vorher gelesen und gehört wurde)

Besprechen Sie dann, was im Vergleich zu einem „normalen" (Aussage-)Satz anders ist: Wortstellung, Satzzeichen etc. und sehen Sie sich gemeinsam *LB 2B5.3* an.	**Schritt 5**
Übungen *LB 2B Ü8* und *AB 2B Ü8* zur systematischen Einübung anschließen.	**Schritt 6**

Deutsch als Muttersprache/Deutsch als Fremdsprache   2A5

Landeskundliche Information
Beim Thema „Deutsch als Muttersprache" sollte man, falls die Situation in der Schweiz zur Sprache kommt, anführen, daß etwa 74,4% der Schweizer der deutschen, 20,2% der französischen, 4,1% der italienischen und 1,0% der rätoromanischen Sprachgemeinschaft angehören.
Die wichtigsten Zahlen zur Verbreitung des Deutschen als Fremdsprache sind im LB S. 20 unten angegeben. Anzumerken ist, daß Deutsch häufig als zweite Fremdsprache – zumeist nach Englisch – gelernt wird und in dieser Position je nach Weltregion mit Französisch, Spanisch und Japanisch konkurriert.
Nicht berücksichtigt ist in diesen Zahlen, daß durch die Arbeitsmigranten in den letzten Jahrzehnten Deutsch im Mittelmeerraum weit verbreitet wurde und daß heute einige Millionen Menschen das Deutsche neben ihrer Muttersprache als „Zweitsprache" (im deutschen Sprachraum) lernen und verwenden.

Mit Hilfe der Kartenskizze die Lage der deutschsprachigen Länder lokalisieren und die Autokennzeichen besprechen (wobei A für „Austria" und CH für „Confoederatio Helvetica" steht).	**Schritt 1**
Gemeinsam die Texte zu den vier Fotos lesen, die Städte auf der Landkarte suchen und *LB 2A Ü13* dialogisch erarbeiten. Leseverstehenstest *AB 2A Ü10* dazu lösen; richtige Lösungen besprechen.	**Schritt 2**
Den Text *… und 15 Millionen lernen Deutsch als Fremdsprache* lesen, diskutieren.	**Schritt 3**
Den Lückentext *AB 2A Ü11*, ausfüllen. Die Lösung dieser Aufgabe ergibt einen Text, der Angaben aus 2A4 und 2A5 zusammenfaßt.	**Schritt 4**

Grammatikarbeit zu 2A5
In diesem Abschnitt wird keine neue Grammatik eingeführt. Einige Übungen im B-Teil, insbesondere *LB 2B Ü7,* schließen sich jedoch inhaltlich oder grammatisch gut an den Abschnitt an.

Wiederholungsübungen zu Kapitel 1 und 2 im Arbeitsbuch (AB 1A – 2AW)

Es wurde schon zu Beginn betont, daß die *Kapitel 1 und 2 eine Einheit* bilden, deshalb auch die Wiederholungsübungen. Diese Zusatzübungen im AB sind als Spiele – zum Suchen, Raten, Kombinieren, Würfeln – angelegt. Um sie zu lösen, müssen die Kursteilnehmer immer wieder beide Kapitel gezielt durchblättern.

Ü1 ist ein Such- und Ratespiel: Personen aus Kapitel 1 und 2 werden steckbriefartig beschrieben und sollen identifiziert werden. Die Kursteilnehmer sollen anschließend selbst ähnliche „Steckbriefe" verfassen und die anderen raten lassen.

Ü2 ist ein Würfelspiel, bei dem es um die Wiederholung der Zahlen und um Kopfrechnen (Addition) geht.
Spielregel: Man braucht drei Würfel (und einen Würfelbecher). Die Mitspieler in einer Spielrunde werden auf einer Tabelle vermerkt. Ein Mitspieler fängt mit den drei Würfeln zu würfeln an. Er darf die Punkte addieren und immer weiter würfeln. Es darf aber keine Eins vorkommen, sonst sind *alle* gesammelten Punkte *dieser* Runde (nicht nur des einzelnen Wurfes) ungültig, d. h., man muß dann in die Tabelle eine „Null" einsetzen. Wer zuerst eine bestimmte Punktzahl gesammelt hat (100 oder 150 oder 200 Punkte), hat gewonnen.
Entscheidend bei diesem Spiel ist also, daß man *rechtzeitig zu würfeln aufhört, wenn man ein paar Punkte gesammelt hat!* Wer eine Eins würfelt, sagt *So ein Mist!* und gibt die Würfel weiter. Wer *bei einem Wurf dreimal die Eins* würfelt, *verliert alle Punkte,* die er in seiner Tabelle schon gesammelt hat.
Dieses Spiel ist bei deutschen Kindern (und Erwachsenen!) sehr beliebt − vielleicht auch deshalb, weil es im Original „Scheiße!" heißt ...!

Erläuterungen zur Grammatik

2B1   *Der Satz*

Der Satz besteht nicht nur aus Einzelwörtern, sondern darüber hinaus und vor allem aus größeren *Sinneinheiten* (Satzteilen oder „Satzgliedern", wie sie in vielen Grammatiken genannt werden), die in ihrem Zusammenspiel den Satz als größte Sinneinheit unterhalb der Textebene konstituieren.
Für das Verstehen von Sätzen und darüber hinaus auch von Texten ist es unabdingbar, diese „größeren" Einheiten zu erfassen (Welche Wörter schließen sich als Satzteil/Satzglied zu einer größeren Sinneinheit zusammen?) und zu verstehen. Deshalb machen wir die Lerner(innen) von Anfang an und immer wieder (u. a. im Rahmen der Einführung aller Satzteile/Satzglieder im Sinne der *Dependenz-Verb-Grammatik)* auf diesen grundlegenden Sachverhalt aufmerksam.
Daß dies nötig ist, zeigen leidvolle Erfahrungen: Häufig genug passiert es im Fremdsprachenunterricht, daß Lerner(innen) zwar alle Einzelwörter verstanden haben, den *Sinn* eines Satzes oder einzelner Satzteile aber trotzdem nicht ermitteln können.

2B2   *Die Satzteile: Verb und Nominativergänzung (Subjekt)*

Den Satzbau (die Syntax) stellen wir in Anlehnung an das Modell der Dependenz-Verb-Grammatik dar, wie es beispielsweise von Engel und Schumacher für das Deutsche verwendet und dargestellt worden ist (vgl. Erläuterungen hierzu im Teil B, S. 27 ff.).
Nach diesem Modell „regiert" das Verb als sogenanntes strukturelles Zentrum des Satzes einen Teil der übrigen Satzteile/Satzglieder in der Weise, daß diese realisiert werden müssen (= obligatorische Ergänzungen) oder realisiert werden können (= fakultative Ergänzungen), sobald man sich für die Verwendung des jeweiligen Verbs entschieden hat. Für das Erlernen des Deutschen als Fremdsprache hat es sich als äußerst hilfreich erwiesen, wenn nicht nur die Bedeutung(en) der Verben, sondern die zusammen mit dem Verb erscheinenden obligatorischen und fakultativen Ergänzungen gleich mitgelernt werden; das erleichtert die Aufgabe, die Grundstruktur eines Satzes richtig zu produzieren.
Neben dem Verb hat im Deutschen das Subjekt (oder die „Nominativergänzung" in der Terminologie der Dependenz-Verb-Grammatik) eine gegenüber den übrigen Ergän-

zungen (z. B. der Akkusativergänzung) herausgehobene Funktion, vor allem in zweifacher Hinsicht:

1. Die Nominativergänzung kongruiert mit dem Verb in Person und Numerus;
2. die Nominativergänzung hat nach dem Verb im deutschen Satz die relativ festeste Position: In aller Regel steht sie z. B. im einfachen Aussagesatz entweder unmittelbar vor oder unmittelbar hinter dem Verb.

Die Darstellung der Satzbeispiele in 2B2 macht deshalb auf die genannten Regularitäten unter Zuhilfenahme visueller Mittel unmittelbar aufmerksam:

1. Die dominierende Funktion des Verbs (visuelles Symbol: Oval) wird durch seine leicht „erhöhte" Stellung sowie durch die von ihm ausgehenden Verbindungslinien zu den Ergänzungen (visuelles Symbol: Rechteck) verdeutlicht.
2. Auf die besondere Bindung der Nominativergänzung an das Verb weisen
   a) die doppelte Verbindungslinie zum Verb und
   b) die farbige Unterlegung von Verb-Endung und Nominativergänzung (Kongruenz) hin.

Da an dieser Stelle (als Einstieg in die Satzteil-Grammatik) nur das Verb und die Nominativergänzung thematisiert werden, bleiben die übrigen Ergänzungen in den Beispielsätzen farblich unmarkiert. In den folgenden Kapiteln wird bei der Darstellung der Satzteil-Grammatik folgende farbliche Kennung immer wiederkehren:

Verb: *blaues* Oval   (*Grün* wurde für die Nominativergänzung
Nominativergänzung: *grünes* Rechteck   u. a. deshalb gewählt, weil sie sowohl
Übrige Ergänzungen: *gelbes* Rechteck   Satzteil (= *gelb*) ist als auch mit dem Verb
                                        (= *blau*) in besonderer Weise verbunden
                                        ist (s. o.), und *gelb* + *blau* = *grün*.

In der letzten Zeile werden die Gemeinsamkeiten der vorangehenden Beispielsätze unter Beibehaltung der Farbsymbolik und der übrigen grafischen Mittel dann benannt: *Nominativergänzung (Subjekt)* und *Verb.*

Da Denken sich in Begriffen vollzieht, braucht man für das Nachdenken und Sprechen *über* Sprache und die entdeckten sprachlichen Regularitäten auch eine entsprechende Begrifflichkeit, einen „metasprachlichen Wortschatz", der – das sei nachdrücklich betont – nicht Selbstzweck des Lernens, sondern Hilfsmittel ist.

Das Verb

Zentrales Merkmal des deutschen Verbsystems ist die Tatsache, daß das Verb in der Regel nur in Verbindung mit einem Substantiv (oder einem Personalpronomen in der 3. Person Singular oder Plural) erscheint. Darauf wie auch auf die bereits erwähnte Kongruenz zwischen Personalpronomen (als Nominativergänzung) und Verb-Endung wird in Abschnitt 2B3 aufmerksam gemacht, insbesondere durch Unterlegung von Personalpronomen und Verb-Endung mit derselben Farbe.

Die Konjugation: Präsens (1)

Da bei der Einführung von Konjugations- und Deklinationsparadigmata noch nicht alle Formen zur Verfügung stehen, stellt sich die Frage, ob man lediglich die bisher eingeführten Formen auflisten oder schon eine Vorstellung von dem *ganzen* Paradigma (mit „Löchern" und Vorverweisen in die Kapitel, in denen die „Löcher gestopft" werden) vermitteln soll. Wir haben uns für die zweite Möglichkeit entschieden, vor allem aus zwei Gründen: Zum einen kennen die Lerner(innen) die kompletten Schemata bereits aus ihrer Muttersprache und/oder einer vor dem Deutschen erlernten Fremdsprache; zum anderen ist es für die Lerner(innen) leichter, ein optisch komplettes Schema nach und nach aufzufüllen, als ein rudimentäres Teilschema immer wieder umzubauen und zu komplettieren.

Der Aufbau der Verbform aus *Stamm* und *Endung* bei Kongruenz von *Endung* und

Personalpronomen wird unterhalb der Tabelle als Struktur induktiv bewußtgemacht (vgl. auch 2B3).

2B5   *Die Satzarten*

In 2B5 werden die Grundformen der Sätze im Deutschen präsentiert: Aussagesatz, Fragesatz (Wortfrage und Satzfrage) und Aufforderungssatz. Die farbigen großen Ziffern 1, 2, 3 bezeichnen die Position der Satzglieder im Satz (Verb: *blau;* Nominativergänzung: *grün;* übrige Satzglieder, die an dieser Stelle nicht weiter unterschieden werden: *grau*).

Erkennen und sich einprägen sollen die Lerner(innen) die Positionen des Verbs und der Nominativergänzung in den einzelnen Satzarten. Bezüglich des Aussagesatzes kann im Unterricht zusätzlich darauf hingewieen werden, daß (durch entsprechendes Umstellen, z. B. *Zwölf Teilnehmer hat der Deutschkurs*) die Nominativergänzung im Aussagesatz auch unmittelbar *nach* dem Verb stehen kann, wenn die erste Position im Satz durch ein anderes Satzglied besetzt ist.

Weitere Ausspracheprobleme

Vokale: [iː], [ɪ], [eː], [ɛ], [ɛː]

[iː]   *Griechenland, schließlich, Spiel, Bier, buchstabieren, vier, vielen, wie, Sie, sieben, Kino*

[ɪ]   *trinken, Liste, mit, nicht, Bild, bitte, Viertel, vierzehn, wissen, Indien, Italien, ist, ich*

[eː]   *Lehrer, leben, nehmen, schwer, Kaffee, zehn, erst, Italienisch*

[ɛ]   *Adresse, sprechen, Elektro, sechs, sechzehn, gerne, elf*

[ɛː]   *Dänisch, Ärztin*

Eine Vokalübung für die ungerundeten Vorderzungenvokale, die in mehrfacher Hinsicht für viele Ausgangssprachen schwierig sind. Viele Sprachen kennen nur einen Vorderzungenvokal, entweder den i-Laut oder den e-Laut; die meisten unterscheiden nicht zwischen lang-geschlossen und kurz-offen. Die Hörunterscheidung bringt ebenso wie die Aussprache Probleme mit sich. Die Langvokale [iː], [eː], [ɛː] („lang" übrigens nur unter Vollakzent; nebentonig kaum länger als die Kurzvokale!) sind in der Regel schwieriger für die Lerner als die Kurzvokale [ɪ] und [ɛ]. Wichtig ist, daß bei den Langvokalen im Deutschen die Klangfarbe durchgehend gleichbleibt und keine „Diphthongierung" stattfindet (typischer Fehler bei Anglophonen). Slawen tendieren dazu, die vorausgehenden Konsonanten zu „palatalisieren" (j-Vorschlag vor dem Vokal). [ɛː] *(Dänisch)* ist in der deutschen Hochlautungs-Norm nicht unumstritten; die norddeutsche Aussprache [eː] ist durchaus gestattet und muß nicht „weggeübt" werden.

Leseregeln für die Vokale dieser Übung: <ie> steht immer für [iː] mit den Ausnahmen *Viertel, vierzehn, vierzig, vielleicht);* <ih> ist in weniger Beispielen belegt (vor allem die Pronomina *Ihr-, ihnen* usw. sind jedoch sehr häufig im Gebrauch) und in der lautlichen Realisierung genauso eindeutig. <i> als Einzelbuchstabe kann nur richtig gelesen werden, wenn die Umgebung mit berücksichtigt wird: als kurzes [ɪ] immer dann, wenn mehrere Konsonantenbuchstaben folgen (doppelte als Kürze-Anzeiger wie in *bitte,* aber auch andere Kombinationen wie in *Bild,* sogar solche mit nur einem Lautwert wie in *ich, sicher, zwischen);* als langes [iː] dann, wenn ein Einzel-Konsonantenbuchstabe folgt *(Liter, wir, dir),* mit einer ganzen Reihe von Ausnahmen im gebrauchshäufigen Strukturwortschatz: kurzes [ɪ] in *mit, in, im, bis, hin.* Das Graphem <e> hat ähnliche Leseregeln; für die Längenanzeige konkurrieren <eh> und <ee>; kurzes [ɛ] kann aber – was die Dinge erschwert – als <e> oder <ä> vorkommen. [ɛː] wird stets mit <ä> geschrieben; die Länge wird – außer durch die schon beschriebene Umgebungsregel „keine Mehrfachkonsonanten folgen" – nur durch das „Dehnungs-h" markiert. Entsprechend schwierig ist es, diese Vokale in der Rechtschreibung sicher wiederzugeben; natürlich wäre es anfangs besser, von den Lernern erinnerte Wortbilder niederschreiben zu lassen.

Konsonanten: [p] [b], [t] [d], [k] [g]

[p]   *Partner, Polen, Spanien, sprechen*

[b]   *ein Bier bitte, ein bißchen, Berlin, Hamburg, Brasilien; lieber, aber, bleiben*

[t]   *Tee, Telefon, Tag, trinken, studieren; bitte, Italien, Lotto, arbeiten; Monat, Glut, kalt, erst, jetzt*

[d]   *die, danke, dann, das, du, Deutsch; Idee, oder, leider, Freunde; drei*

[k]   *Köln, kalt, kommen, Cola, krank, Kreuz; Türkei, trinken, Frankfurt; Tag*

[g]   *gehen, gern, Geld, ganz, Grieche, grün, glauben; Auge*

In dieser Übung werden die sechs deutschen Plosive (paarweise stimmlos/stimmhaft in den Klassen – nach Artikulationsort – labial, dental, velar) vorgeführt. Sie dürften für die meisten Ausgangssprachen keine großen Schwierigkeiten bieten; nur die Behauchung bei [p], [t], [k], kann problematisch sein (z. B. für Jugoslawen und Italiener).

[p] [b]
Typisch für die deutschen Plosiv-Konsonanten ist der Gegensatz stimmlos/behaucht gegenüber stimmhaft/unbehaucht. Dies läßt sich gerade beim bilabialen Plosiv [p] schön mit einer Feuerzeugflamme vorführen, die bei richtiger Behauchung erlischt. Bei [b] ist im Deutschen kein übertriebener Stimmton nötig; wichtiger ist die fehlende Behauchung. Für die – vielen Ausgangssprachen fremde – „Auslautverhärtung" im Deutschen [b] → [p], zum Beispiel in *Grab*) findet sich in Kapitel 1 nur das Beispiel *siebzehn* [zi:ptse:n].
Die Anordnung der Beispielwörter folgt dem Prinzip für alle Konsonanten-Übungen: anlautend – inlautend (zwischenvokalisch) – auslautend, zunächst einfach, dann in Verbindungen; in sich nach Nachbarvokalen rechts und/oder links sortiert.

[t] [d]
Für die dentalen Plosive [t] und [d] braucht man nicht mit Problemen zu rechnen; auf die Feinheiten ([t] im Deutschen unter Vollakzent behauchter als in anderen Sprachen, [d] weniger stimmhaft) kommt es nicht an. [t] und [st] als Endungen sind jedoch maßgebend an den auslautenden Konsonantenverbindungen beteiligt, wo es im Bereich der Morpho-Phonetik auf gute Hörunterscheidung ankommt.

[k] [g]
[k] und [g] sind die beiden „hinteren" Plosive des Deutschen, die sich nur durch den Stimmton unterscheiden. Die Mehrzahl der Ausgangssprachen kennt ähnliche Laute, wenn auch die dem [k] entsprechenden meist nicht so stark behaucht, die dem [g] ähnlichen stimmhafter sind. Beim Lesen gibt es kaum Schwierigkeiten mit <ck>, das statt <kk> Kürze des davorstehenden Vokals anzeigt. Für <qu> [kv] ist das Problem die richtige Aussprache des [v], nicht des [k]. <chs> hingegen ist uneindeutig: [xs] in *Dachs* von *Dach*, [ks] im Tiernamen *Dachs* und *Wachs, Lachs* usw. Die „Auslautverhärtung" <g> als [k] in Auslautstellung (Ausnahme: Nachsilbe *-ig* [ç]) muß bewußt gemacht werden. Zu [j], das in einigen deutschen Dialekten und Regiolekten auch für [g] gebraucht wird (vgl. S. 100).

Konsonanten: [r], [l]

[r] *Russisch, Rufnummer, Brasilien, Frankreich, Frau, Freund, trinken, schreiben, krank, Grieche, Größe; buchstabieren, Lehrer, hören, Österreich, Arabisch, Türkisch, lernen, Farbe, arbeiten; Herr, Jahr, Kurs*

[l] *Liste, leben, lernen, Land, lange, langsam, Lotto, leider, bleiben, schließlich; Familie, Brasilien, allein, Italien, Holland, Polen; viel, Spiel, einmal, Vorwahl, Zahl, alt, kalt*

Bei der Unterscheidung zwischen Wörtern unterschiedlicher Bedeutung wie *reiten – leiten* haben Chinesen und Japaner besondere Schwierigkeiten; phonetisch, d.h. im Sinne der akzentfreien Artikulation, haben hier Anglophone, Slawen und einige andere Gruppen große Probleme.

[r] und [l] sind deshalb für viele Lerner so schwer auseinanderzuhalten, weil die (in der deutschen Hochlautung eigentlich selten gewordene) Variante „Zungenspitzen-[r]" sehr nahe beim Artikulationsort für [l] gebildet wird. Hier empfiehlt es sich, gleich auf das ganz anderswo gebildete „Zäpfchen-[r]" (ob gerollt oder gerieben) auszuweichen. Die Realisierungen des Phonems /r/ in verschiedenen Positionen sind nicht nur in der Normierung der deutschen Hochlautung umstritten, sondern auch für Ausländer schwierig. Es hat keinen Zweck, sich einer der Normparteien anzuschließen und den Streit in den Deutschunterricht für Ausländer zu tragen. Irgendein entsprechender Laut ist (außer bei Chinesen, Japanern, Koreanern) zwar meist vorhanden; aber gerade deswegen gehören diese Ersatzlaute zu den Hauptursachen für fremden Akzent. Mißverständnisse werden selten verursacht (Chinesen usw. immer ausgenommen: Minimalpaare wie *Reise – leise* klingen gleich), aber die /r/-Varianten der Anglophonen einer- und der Romanen andererseits mögen als Beispiel dienen, wie sich „Akzent" auf die Einschätzung eines Gesprächspartners auswirkt.

Folgende Regeln entsprechen etwa der überregionalen Rundfunk- und Fernsehnorm und gelten weitgehend auch auf den Bühnen: vorherrschendes „Zäpfchen-r" (meist nicht mehr deutlich gerollt, sondern nur „gerieben") im Anlaut, zwischen Vokalen und auslautend nach kurzem Vokal (wir verwenden als Umschrift trotz vorhandener eigener Zeichen für diese Varianten das verständlichere Zeichen [r]; Vokalisierung zu [ɐ] bei unbetontem -*er* sowie nach Langvokalen und Diphthongen (statt: [ɑːɐ] meist nur [ɑː]). Bei [r] wurde die auslautende Stellung nach Langvokal (außer [ɑː]) bewußt weggelassen, weil dort in der Regel zu [ɐ] vokalisiert wird.

Hördiskrimination läßt sich – da Beispielwort-Paare nach dem Schema *reiten – leiten, Moore – Mole, mehr – Mehl* in der Regel nicht im Lektionswortschatz vorkommen – gut anhand einfach konstruierten „Nonsense"-Materials durch Vorsprechen solcher „Minimalpaare" wie [riː] – [liː], [ʔɪr] – [ʔɪl], [ʔar] – [ʔal] üben. Dabei lassen sich auch die Vokalnachbarn variieren, was u.U. die Hörbarkeit und Unterscheidbarkeit verändert.

Diktattext

Ali Öner[1] ist Student in München. Er ist dreiundzwanzig Jahre alt und kommt aus der Türkei. Er ist erst drei Monate in Deutschland. Er wohnt in der Frankfurter Straße sieben. Er sagt: „In München ist es schön!", aber er hat Heimweh.
Er lernt Deutsch und studiert Pädagogik. „Noch zwei Jahre, dann bin ich Lehrer. Dann gehe ich nach Hause."

---

[1] Namen-Schreibung vorgeben!

Kapitel 3

Zentrale *Verständigungsbereiche* dieses Kapitels sind: Identität von Sachen, Quantität und Qualität.

Neuer *Wortschatz* bezieht sich in diesem Kapitel auf Bereiche alltäglicher Lebenserfahrung (Schulzimmereinrichtung; Lebensmittel; Speisen und Getränke; Mengen- und Preisangaben; Eigenschaften von Dingen).

Schwerpunkte im *Grammatikbereich* bilden: Genus/Artikel/Deklination (Nominativ und Akkusativ)/Konjugation (Präsens: Erweiterung/Negation).

Übersicht	*Lehr-buch*	*Arbeits-buch*	*Folien*	*Cassette 1A/1*
3A1 *Wie heißt das?*	S. 28		F8	
3A2 *Wie heißt das auf deutsch?*	S. 29 Ü1–2	S. 22 Ü1–2	F9	3A2
3A3 *Haben Sie keinen Angelschein? – Nein, wir haben keinen (Kein Angelschein – kein Fisch – kein Ausweis)*	S. 30 Ü3–4	S. 23 Ü3	F10	3A3
3A4 *Haben Sie Oliven? – Nein, heute nicht*	S. 32	S. 24 Ü4–6	F11	3A4
3A5 *Die Miete ist sehr hoch*	S. 33 Ü5–7	S. 25 Ü6–10		3A5
3A6 *Nehmen wir zwei Hamburger und eine Flasche Bier?*	S. 34 Ü8–10		F12	3A6 Ü8
3A7 *Was nehmen Sie?*	S. 36 Ü11	S. 27 Ü11–12	F12	3A7
3A8 *Das Picknick*	S. 37 Ü12	S. 29 Ü13–14	F13	
3A9 *Rocko*	S. 38 Ü13	S. 30 Ü15–16		3A9
3AW *Wiederholen/Spielen*		S. 31 Ü1–3		
3B1 *Das Genus*	S. 39 Ü1	S. 33 Ü1–2		
3B2 *Der unbestimmte Artikel – der bestimmte Artikel*	S. 39 Ü2	S. 34 Ü3		
3B3 *Fragen: Personen und Sachen*	S. 40 Ü3	S. 35 Ü4		
3B4 *Deklination: Nominativ und Akkusativ*	S. 40 Ü4–5	S. 36 Ü5		
3B5 *Die Konjugation: Präsens (2)*	S. 41 Ü6	S. 36 Ü6–8		
3B6 *„ein-" – „kein-"*	S. 42 Ü7–9			

3A1 *Wie heißt das?*

In dieser Collage sind *international bekannte Begriffe* („Internationalismen") dargestellt, deren deutsche Version man ohne größere Schwierigkeiten *versteht*. Es ist
wichtig, die Kursteilnehmer von Anfang an daran zu gewöhnen, sich Bedeutungen
selbständig zu erschließen – hier, indem man z.B. international bekannte Wörter bzw.
Wortstämme aktiviert.
Damit kommen Phänomene der Lautung und der Orthographie anderer Sprachen ins
Spiel, was die semantischen Vorzüge dieser Wortauswahl relativiert. Zudem gibt es in
der Aussprachenorm Unsicherheit über Grad und Art der „Eindeutschung" gerade von
englischen Wörtern. Hier gibt es – durch die große Verbreitung von Englisch/Amerika-
nisch unter der Jugend – auch Unterschiede zwischen den Generationen. Weniger
problematisch sind Wörter aus dem lateinisch-griechisch-romanischen Bereich, die
schon früher übernommen wurden *(Telefon, Auto, Radio, Zigarette, Garage)*.
Eine Besonderheit des Deutschen ist, daß jedes Nomen – auch Fremdwörter und
Internationalismen – durch die Hinzufügung eines Artikels „männlich", „weiblich"
oder „sächlich" wird, wobei die Verteilung selten nach logischen Regeln erfolgt:
Warum heißt es z.B. *„die* Cola" und nicht *„das* Cola" oder *„der* Paß" und nicht *„das*
Paß"?

Schritt 1
F8
Folie auflegen (oder – falls Foliensatz nicht vorhanden – S. 28 im Buch aufschlagen),
Teilnehmer reden lassen:
– Welche Dinge sind bekannt? Diese an die Tafel schreiben, z.B. *Paß*.

Schritt 2
In international gemischten Klassen: *Wie heißt „Paß" auf türkisch / englisch / ...?*
Die Bezeichnungen in den verschiedenen Sprachen an der Tafel sammeln. Dabei zeigt
sich, daß *Paß* international verstanden wird *(pasaport, passport, ...)*.
Auf deutsch heißt es: **der** *Paß*
↓
Artikel
Besprechung: In welchen Sprachen, aus denen ein Wort für *Paß* genannt wurde, gibt
es Artikel, in welchen gibt es keinen Artikel?

Schritt 3
F8
Die Wörter von der Folie besprechen und mit dem Artikel ergänzen (vgl. Tabelle 3B1):
Tafelanschrift:

Weitere Wörter entsprechend einordnen.

Schritt 4
Weitere international bekannte Wörter suchen bzw. solche Wörter, die in der Muttersprache und im Deutschen ähnlich aussehen. Falls Beispiele wie engl. *become* / dt.
bekommen gebracht werden (= „falsche Freunde"), auf die Gefahr falscher Verwendung (Interferenz) hinweisen.

Schritt 5
Falls bei den Kursteilnehmern Interesse besteht, in der Klasse eine eigene Collage
gestalten („Internationale Wörter").

Wie heißt das auf deutsch?

Sehr oft kennt man die Dinge, mit denen man im fremdsprachlichen Verständigungs-bereich umgeht, man weiß nur nicht, wie sie auf deutsch heißen. Die Frage formulieren zu können, wie etwas, das man kennt, in der Fremdsprache heißt, ist für den Anfänger besonders wichtig. Denn dadurch kann er sich die fremdsprachlichen Begriffe, die seinen konkreten Erfahrungen entsprechen, ohne Mühe im Gespräch mit Mutter-sprachlern erschließen.

Dinge im Klassenzimmer auf deutsch zu benennen, ist für den pragmatischen Fremd-sprachengebrauch eigentlich überflüssig. Da der Unterrichtsraum aber für viele Kurs-teilnehmer für längere Zeit der einzige „reale" Kommunikationsraum ist, in dem sie Deutsch sprechen und hören, ist die Versprachlichung dieser „Lernumgebung" *didak-tisch* sinnvoll und notwendig.

Frage des Lehrers: Welche Dinge in der Klasse können benannt werden? (Zeigen und dazu fragen: *Wie heißt das auf deutsch?*); dann Situationsbild anhand der Folie (oberes Drittel) oder des LB-Bildes und der Fragen im Redemittelkasten gemeinsam erarbeiten. Bei der Besprechung von Nr. 11 einführen:
Ich weiß nicht
Keine Ahnung!
Vielleicht eine Cola?
Dabei Tafelanschrift entwickeln:

Schritt 1
F9

Wie heißt das auf deutsch?	Was ist Nummer 1?	der / die / das?
Das heißt „Radiergummi".	Nr. 1 ist ein Radiergummi.	der Radiergummi
„Tasche".	2 eine Tasche.	die Tasche
„Heft".	3 ein Heft.	das Heft
„Lampe".	4 eine Lampe.	die Lampe
„Füller".	5 ein Füller.	der Füller
„Regal".	6 ein Regal.	das Regal
„Bild".	7 ein Bild.	das Bild
„Landkarte".	8 eine Landkarte.	die Landkarte
„Tisch".	9 ein Tisch.	der Tisch
„Buch".	10 ein Buch.	das Buch
„???".	11 ein/e ???.	der / die / das ???
	Ich weiß nicht. Keine Ahnung! Vielleicht eine Cola?	die Cola
Das heißt „Kreide".	Nr. 12 ist eine Kreide.	die Kreide
„Tonbandgerät".	13 ein Tonbandgerät.	das Tonbandgerät
„Stuhl".	14 ein Stuhl.	der Stuhl
„Tageslicht-projektor".	15 ein Tageslicht-projektor.	der Tageslichtprojektor

Schriftliche Nacharbeit: *AB 3A Ü1.*

Aus der gemeinsamen Betrachtung der Tabellen ergibt sich (gemeinsam diskutieren!): **Schritt 2**
a) es gibt *ein* und *eine*: „unbestimmte" Artikel
b) *eine* entspricht *die* ⎱ „bestimmte" Artikel
c) *ein* entspricht *der* oder *das* ⎰
Auswertung: Tafelanschrift:

eine	ein	unbestimmt
die	der das	bestimmt

Die sichere Kenntnis eines Minimalwortschatzes (mit Artikel) ist notwendig, um beim Akkusativ auch Übungsmaterial zu haben, ohne die Schwächeren der Gruppe abzuhängen.

Phonetischer Hinweis: Die Artikel sind immer unbetont, da sie stets als Begleiter von Substantiven auftreten. Die didaktische Kontrastbetonung bei der Besprechung des Grammatikkapitels „Artikel" darf also nicht lange stehenbleiben.

Schritt 3 3B2 gemeinsam besprechen.

Schritt 4 *LB 3B Ü2* schriftlich in Einzelarbeit (auch als Hausaufgabe); dann mündlich im Plenum.

Schritt 5 *LB 3A Ü1–2* durcharbeiten, ggf. selbst weitere Fragen zu Ü2 entwickeln und beantworten lassen. Z. B.: Ein Kursteilnehmer hebt sein Heft hoch und fragt: *Was ist das? Ist das eine Tasche?* – Ein anderer Kursteilnehmer antwortet: *„Nein, das ist ein Heft!"* (Kettenübung)
F9
Zusätzliche Übungsmöglichkeiten bietet F9, untere Bildreihe.

Schritt 6 Von der Cassette „3A2 Wie heißt das auf deutsch?" gemeinsam hören und beim zweiten Anhören den Lückentext *AB 3A Ü2* ausfüllen. Dann gemeinsam die Ergebnisse besprechen; ggf. Tafelanschrift.

Vorschläge zur Wortschatzübung

Ein *Memoryspiel* (Bildkarten) mit Gegenständen aus dem Klassenzimmer herstellen; dazu Wortkarten. Gegenstände auf den Bildkarten erraten, Bild- und Wortkarten zusammenheften.

Schattenbilder auf dem Tageslichtprojektor
Aus einer Fotokopie von 3A2 z. B. Lampe, Stuhl, Tasche usw. ausschneiden und einzeln auf den Projektor legen. *Wie heißt das auf deutsch?* oder *Was ist das?* Alle Schatten durchraten. Etwas Schwieriges soll auch dabeisein.

Ratespiel mit Tuch
Materialien: ein undurchsichtiges Tuch und bekannte kleinere Gegenstände wie Schwamm, Aschenbecher, Lippenstift usw. Ein Gegenstand wird unter das Tuch gelegt und von Hand zu Hand gereicht. Wer den Gegenstand errät, sagt z. B.: *Es ist ein Radiergummi. Der Radiergummi ist alt.* Hat er richtig geraten, versteckt er einen anderen Gegenstand unter dem Tuch.

Malkünste
Der Lehrer zeichnet, schön langsam, mehr schlecht als recht: *Was ist das?;* fast verzweifelt: *Ist das eine Tasche?;* ganz sicher: *Nein, das ist keine Tasche!;* endlich erleichtert: *Ja, das ist ein Tageslichtprojektor!* Dann zeichnen die Teilnehmer nach Vorgabe bekannter Wörter.

3A3 *Haben Sie einen Angelschein? – Nein, wir haben keinen*
Kein Angelschein – kein Fisch – kein Ausweis

Schritt 1 Gemeinsame Besprechung des Situationsbildes (falls nötig, in der Muttersprache); Personen: der „Mann mit Uniform" (Parkwächter), der Vater, der Sohn (Marco).
F10
Tätigkeit: Marco und der Vater *angeln*. Das ist *verboten* (vgl. das Schild hinter dem Parkwächter).

Schritt 2 Gemeinsames Lesen des beschreibenden Textes im LB auf S. 30 oben links (= Einführung in die Situation); unbekannte Wörter erklären.

Schritt 3 Audiolinguale Präsentation des zweiten Teils der Geschichte, des Dialogs, mit Hilfe
F10 von Cassette und Folie 10 (oben). Vorab Klärung der Schlüsselbegriffe *Angelschein* und *Ausweis,* da sonst die Gesprächskonstellation unverständlich ist: „Marco und sein

Vater haben *keinen* Angelschein. Der Parkwächter hat *keinen* Ausweis."
Bei der Präsentation des Dialogs von der Cassette empfiehlt es sich,
a) erst einmal die Cassette ganz anzuhören und dann zu besprechen, was schon verstanden wurde;
b) beim zweiten Anhören die Cassette nach jeder Dialogreplik zu stoppen und Rückfragen an die Klasse zu stellen, die das Verständnis sichern; notfalls ist auch eine teilweise Übersetzung in die Muttersprache angebracht;
c) zur Aussprache- und Intonationsschulung die einzelnen Gesprächsteile selbst vorzusprechen und die Kursteilnehmer einzeln (oder im Chor) nachsprechen zu lassen;
d) dann die Gesprächssituation über die einzelnen Dialogrepliken neu aufzubauen (vom Nachsprechen zum partnerbezogenen Wiederholen der Gesprächsteile);
e) größere Gesprächseinheiten zusammenzufassen und durchzuspielen.

Schritt 4

Text gemeinsam „erlesen":
a) Lehrer liest vor – Lerner lesen leise mit;
b) Lehrer liest satzweise vor – Lerner lesen im Chor/einzeln nach;
c) Lerner lesen mit verteilten Rollen.

Schritt 5

LB 3A Ü3: Fragen und Antworten zu Personen des Dialogs durchspielen; dazu zur Klärung *3B3* besprechen (Fragen zu Personen/Fragen zu Sachen) und *AB 3B Ü3* durcharbeiten.

Schritt 6

3B4: Deklinationstabelle zu Nominativ/Akkusativ durcharbeiten; weitere Beispiele für die drei Spalten aus dem Text sammeln, z.B. für *maskulinum:* „Haben Sie ein*en* Angelschein?", „Wir haben kein*en* Fisch!", „Haben Sie ein*en* Ausweis?"

Variationsmöglichkeiten:

○ Halt, Polizei!! Ihren Führerschein! ● Was?? ○ 100 Mark!	○ Ihre Fahrkarte, bitte! ● ??? ○ 40 Mark!	○ Ihre Kinokarte, bitte! ● ??? ○ !!!

Schritt 7

Falls an dieser Stelle genauere Nachfragen von den Kursteilnehmern kommen, *3B6* ein- – kein- erklären, ebenso die Tabellen *3B5* (neu: 1./2. Pers.Pl.). Im Gegensatz zum unbestimmten Artikel *ein* ist *kein* kontextabhängig betonbar!

Schritt 8

LB 3B Ü4 besprechen und in Partnerarbeit bearbeiten lassen.

Schritt 9

LB 3A Ü4 Wie geht die Geschichte weiter?
– Erst die einzelnen Bilder besprechen: *Was ist da los/passiert?*
– Dann die Zuordnungsübung *AB 3A Ü3* besprechen (es gibt zu wenigen Bildern auch mehrere Zuordnungsmöglichkeiten, je nach Interpretation der Situation).
– Gegebenenfalls in Partner- oder Gruppenarbeit die Bilder zu einer oder mehreren Geschichten ordnen (nicht alle Bilder müssen in einer weiterführenden Geschichte verarbeitet sein!).
– Zu jedem Einzelbild in kleinen Gruppen eine Kurzgeschichte erarbeiten, Notizen machen; im Plenum erzählen.
– Falls nötig, die weiterführende(n) Geschichte(n) in der Muttersprache vorbesprechen.
– In Einzel- oder Partnerarbeit (ggf. mit Hilfe eines Lexikons) eine einfache Geschichte schriftlich vorbereiten und vorlesen lassen.
– Falls noch Interesse besteht, gemeinsam in der Klasse eine Geschichte entwickeln, schriftlich an der Tafel ausarbeiten. (Stichwörter, Skizze) und als Szene spielen.
– Freies abschließendes Spiel möglicher Fortsetzungen der Geschichte.

Grammatikarbeit zu 3A3

Da in diesem Abschnitt drei wesentliche Grammatikpensen
a) Akkusativ von Nomina
b) Negation
c) Pluralformen von Verben
neu auftreten, sollte man diese, auch wenn man die Grammatik bei der Erarbeitung der
Angelgeschichte beiläufig schon erklärt hat, noch einmal systematisch besprechen
und üben, da sie auch für die folgenden A-Teile wichtig sind.
Übungssequenzen:
3B3 Fragen: Personen und Sachen (LB S. 40)
→ LB 3B Ü3 (S. 44 → AB 3AW Ü1 (S. 31)
3B4 Die Deklination: Nominativ und Akkusativ (LB S. 40)
→ LB 3B Ü4–5 (LB S. 44)
3B5 Die Konjugation: Präsens (2) (LB S. 41)
→ Verbtabellen LB S. 41 durchkonjugieren (wie viele Verben man übt, hängt von der
Geduld der Klasse ab!) → LB 3B Ü6 (S. 45) → AB 3B Ü6 (S. 32)
3B6 „ein-" – „kein-" (LB S. 42)
→ LB 3B Ü7–8 (wiederholende Zusammenfassung der Angelgeschichte, LB S. 45).

3A4	***Haben Sie Oliven? – Nein, heute nicht***
Schritt 1	Besprechung des deutschen Geldsystems: *100 Pfennig sind 1 Mark.* Alle Währungs-einheiten sind abgebildet: Münzen auf S. 32, Geldscheine auf S. 33. Evtl. mit Heimat-währungen der Lerner vergleichen und Aufgaben zur Umrechnung stellen. Zur Wiederholung der Zahlen einige Additionsaufgaben mit Geldbeträgen geben; von den Kursteilnehmern selbst Aufgaben entwickeln lassen; AB 3A Ü6 bearbeiten lassen: Einzelarbeit schriftlich.
Schritt 2 **F11**	Situationsbild S. 32 besprechen: Personen; was sie sagen und tun; was man sonst auf dem Bild erkennt: Waren, Gewichte, Preise. Neuen Wortschatz anhand des Bildes einführen bzw. identifizieren: *Oliven / Tomaten / ein Kilo / das Geschäft* etc.
Schritt 3 **F11** 📷	Präsentation des Dialogs: – Gesamtdialog anhören – Dialog beim zweiten Durchgang in Einzelrepliken auflösen, Lernerfragen klären (ggf. übersetzen) – Nachsprechen → freies Sprechen der einzelnen Zeilen bzw. Dialogteile – Durchspielen des ganzen Dialogs: „Klettergerüst" vorgeben (vgl. *AB 3A Ü4,* S. 24) – Variante (vgl. *AB 3A Ü5,* S. 24). – Freies Spiel mit Variationen (andere Dinge, die auf dem Bild sind, werden einge-kauft, z. B. die auf F11 unten abgebildeten Lebensmittel).
Schritt 4	Lösen der zwei schriftlichen Aufgaben *AB 3A Ü4/5:* Erarbeitung einzelner Gespräche (ggf. als Hausaufgabe) oder mit Partner, dann gemeinsam die Ergebnisse in der Klasse besprechen. Weitere Übungsmöglichkeiten zur Wiederholung: Die Kursteilnehmer fragen sich gegenseitig nach Dingen, die sie schon benennen können (Wortschatz: Eßwaren; Gegenstände in der Klasse; international bekannte Wörter; etc.).
3A5	***Die Miete ist sehr hoch***
	Dargestellt werden hier die Aufwendungen, die eine vierköpfige Familie in einer Großstadt (z. B. München/Hamburg/Frankfurt) im Monat hat. Selbstverständlich sind

in ländlichen Gegenden die Mieten und die meisten anderen Posten nicht so hoch wie in der Großstadt, dafür sind aber auch die Verdienstmöglichkeiten und die Verdiensthöhe geringer.

Besprechung des Währungssystems der Bundesrepublik: Geldscheine (LB S. 33, rechte Hälfte). **Schritt 1**

Besprechung des Fotos (Frau Klein mit ihren zwei Kindern [Alter; Alter der Kinder; Aussehen; Umgebung]). **Schritt 2**

Gemeinsam den Text S. 33 rechts oben lesen und Fragen zum Wortschatz klären: z.B. *115 m²* = 115 Quadratmeter; *netto* = das Einkommen, das übrigbleibt, wenn die Steuern und die Sozialabgaben (Altersversicherung usw.) bezahlt sind. (*brutto* = das Gehalt vor dem Abzug der Steuern und Sozialabgaben.)
Frau Klein ist Lehrerin, aber zu Hause, *weil die Kinder noch zu klein sind:* Festangestellte Lehrer in der Bundesrepublik haben den Status von Beamten (Dauerbeschäftigung im öffentlichen Dienst, „Staatsdiener"; ihre Alters- und Sozialversicherung wird vom Staat zusätzlich zum Gehalt bezahlt). Beamtinnen können sich – ohne Bezahlung – bis zu zehn Jahren beurlauben lassen, wenn die Kinder unter zehn Jahre alt sind. Sie haben dann ein Recht darauf, wieder ihre Arbeit aufzunehmen. **Schritt 3**

Lebenshaltungskosten (= was eine Familie im Monat braucht). Die Aufstellung gemeinsam durchgehen, Begriffe klären, über die Höhe der einzelnen Posten reden (ein Vergleich mit den eigenen Lebenshaltungskosten ergibt sich dabei fast von selbst immer wieder). **Schritt 4**

Ü5: Die Familie Klein zusammenfassend beschreiben; Angaben aus beiden Texten verwenden.
Ü6: Falsche Angaben korrigieren. Wo steht die Information im Text? **Schritt 5**

Den freien Text von der Cassette hören – einmal ganz, dann in Abschnitten.
AB Ü10 (S. 27) anschließen.
Ü7: Diese Aufgabe kann man am besten mit Hilfe von *AB Ü7* (S. 26) schriftlich vorbereiten und dann gemeinsam besprechen. Selbstverständlich geht es dabei nicht um exakte statistische Angaben zu einem bestimmten Land, sondern um die subjektive Einschätzung, die die Kursteilnehmer bezüglich ihrer eigenen Aufwendungen haben. **Schritt 6**

Schriftliche Zusammenfassung des Gesprächs durch *AB Ü8.* In Einzelarbeit vorbereiten lassen (Hausaufgabe), dann in der Klasse vorlesen lassen, ggf. korrigieren. Zusatzübung zum Rechnen mit Geldeinheiten:
AB Ü9 (S. 26): Währungen umrechnen. Dabei sollte man versuchen, den aktuellen Stand der einzelnen Währungen zu ermitteln, um die Aufgabe „realistischer" zu machen! **Schritt 7**

Nehmen wir zwei Hamburger und eine Flasche Bier? 3A6

Auf dem Foto der Collage ist ein typischer *Kiosk* zu sehen, an dem man neben Zeitungen, Illustrierten und Tabakwaren auch eine Kleinigkeit zu essen und zu trinken bekommen kann (Hamburger, Würstchen, Pommes frites; Bier, Cola, Mineralwasser usw.)

Zunächst über das Situationsbild „am Kiosk" sprechen (*Wie viele Leute? Wer? Was sagen sie? Was tun sie? Was fällt den Kursteilnehmern sonst noch auf?*) **Schritt 1**

Dann die Preistafeln zu „Speisen" und „Getränke" besprechen, wobei insbesondere
a) die Bezeichnung für die Speisen/Getränke,
b) die Mengenangaben (*ein Paar/eine Portion/ein Glas/eine Tasse/ein Kännchen* usw.), **Schritt 2**

c) die Wortzusammensetzungen (Komposita) eingehender betrachtet werden sollten. Einführung von *Was kostet…?*

Schritt 3
[F12] [📼]

Audiolinguale Präsentation des Dialogs.
Zuerst ganz anhören und besprechen, was verstanden wurde bzw. geklärt werden muß.
Dann in Abschnitten (Dialogrepliken) vorsprechen → nachsprechen → freies Wiederholen der Dialogrepliken → freies Durchspielen des ganzen Dialogs (Hilfe: „Klettergerüst", Beispiele: *AB 2A1 Ü1, S. 8, AB 3A4 Ü4, S. 24).*

Schritt 4

Die Dialogrepliken im Redemittelkasten durchgehen (LB S. 34 unten), dabei insbesondere *Möchtest du …?/Möchten Sie …?* hervorheben, da diese Wendung neu ist.

Schritt 5
[F12]

Ü9 (LB S. 35) durchspielen, dann freiere Gesprächsgestaltung mit Hilfe des mittleren Teils von F12 (zwei Bildleisten).
Mit Hilfe dieser Bildleisten lassen sich auch die anderen Repliken im Redemittelkasten durchspielen *(Nehmen/Essen/Trinken/Kaufen wir …? Was kostet …?)*

Schritt 6
[📼]

Ü8: Intonationsübung – sie ist auf der Cassette vorgesprochen.
Neben bereits vertrauten Mustern (fallend intonierte W-Fragen, Rückfragen) tritt hier die „Alternativfrage" auf. Einer steigend intonierten Satzfrage *(Möchten Sie ein Glas Tee? Essen wir ein Käsebrot?)* folgt eine zweite, mit *oder* verbundene Frage, die (obwohl ebenfalls Entscheidungsfrage mit Inversion) fallend intoniert wird. Diese Intonationsregel gilt auch für die verkürzte Form mit zwei alternativen Ergänzungen zu einem Verb:

Möchten Sie ein Glas | Tee oder eine | Cola?

Essen wir ein | Käsebrot oder einen | Hamburger?

(Hier wird übrigens das häufigste Muster für eine Äußerung mit zwei Akzenten verwendet.)
Auch bei der weiteren Verkürzung der Alternativfrage auf lediglich die Demonstrativpronomen finden wir noch das Muster:

Dìe oder | díe?

Möglich ist auch die Variante:

Möchten Sie ein Glas | T/ee oder eine | Cola?

Und für die verkürzte Form:

Da/s oder | das?   oder: Da/s oder da\s?

In jedem Falle endet die Alternativfrage mit *oder* fallend.
Anders die Verbindung zweier Fragen mit *und*:

Nehmen wir zwei | Ham|burger und eine Flasche | B/ier?

Schritt 7

Ü10 (LB S. 35): Preise addieren.

3A7

Was nehmen Sie?

In diesem Abschnitt wird der Sachbereich „Essen/Trinken" von 3A6 fortgesetzt. (Er wird in 3A8 und 9 ergänzt.)

Schritt 1
[F12]

Die Collage auf der Folie bzw. im Buch betrachten *(Wo sind die zwei Männer? Was reden sie? Was tun sie?* Hintergrund: Restaurant usw.)

Dann die Speisekarte rechts genauer ansehen. Zuerst die Oberbegriffe *Suppen/Steaks/ Fisch/Salate & Beilagen* besprechen. (Für das Verständnis des Dialogs ist keine Detail-kenntnis der einzelnen Gerichte auf der Speisekarte erforderlich!) Falls Interesse bei den Kursteilnehmern besteht, Einzelheiten der Speisekarte (ggf. in der Muttersprache) erklären.

Schritt 2

Audiovisuelle Präsentation des Dialogs: ganzen Dialog hören → Einzelrepliken (Fragen dazu klären) → Nachsprechen → Nachspielen → Lesen des Dialogtextes.

Schritt 3

☎ **F12**

LB Ü11 (S. 36)
Einfachere Variante: Beim freien Durchspielen der Gesprächssituation nur die Oberbe-griffe und bekannte Getränke verwenden.
Schwierigere Variante: „Mutige" könnten beim freien Anspielen der Situation die einzelnen Posten der Speisekarte mitverwenden.

Schritt 4

AB Ü11 (S. 27) als Hausaufgabe und *Ü12* (S. 28): Aus den Redeteilen sollen zwei Gespräche – eines am Kiosk und eines im Restaurant – zusammengestellt werden (in Einzel- oder Partnerarbeit, dann gemeinsame Besprechung der Dialoge mit dem ganzen Kurs).

Schritt 5

Das Picknick

3A8

Picknickmachen ist bei Familien, die den Sonntag gern „im Grünen" verbringen, sehr beliebt. Meist ist es mit einem längeren Spaziergang oder einer Wanderung verbunden (was Kinder nicht besonders freut). Es gibt viele Picknick- und Grillplätze, die von den Gemeinden eingerichtet und gepflegt werden.

Vielleicht empfiehlt es sich bei diesem Abschnitt, zunächst das Foto auf F13 – Leute am Grillplatz beim Picknick – zu besprechen. Auffällig ist hier die sterile Umwelt (die Natur ist ganz „unter Kontrolle"), was darauf hindeutet, daß es sich um einen künstlich angelegten Picknickplatz (vermutlich in der Nähe einer Großstadt) handelt. Beschreibung der Leute (Aussehen/Tätigkeit) und der Umgebung.

Schritt 1

F13

Dann Besprechung der Zeichnung (F13 obere Hälfte oder LB S. 37 oben). Auf der Zeichnung geht es etwas „chaotischer" zu! *Wie viele Leute sind zu sehen? Wie viele Familien sind es vermutlich?* (Namen angeben) *Was machen die einzelnen Leute? Wer macht das Essen?* (Frau Wolter).
In manchen Kursen (insbesondere außerhalb Europas) wird das Verhalten des „Pär-chens" links oben Befremden auslösen. Aus den Informationslücken, die wir im beschreibenden Text gelassen haben, kann man rückschließen, daß es sich um Herrn Wolter und Frau Lang handelt. Außerdem kann es befremdlich wirken, daß in der Bundesrepublik auf den Bäumen Riesenschlangen, die es eigentlich nur in tropischen Gegenden gibt, hausen! Man sollte die Szene links oben nicht allzu erst nehmen: für „bibelfeste" Deutschlernende wird erkenntlich sein, daß es sich hier um eine ironische Anspielung auf die Szene im Alten Testament (Schöpfungsgeschichte) handelt, in der Eva im Paradies Adam dazu verführt, einen Apfel zu essen, den die Schlange (Symbol des Bösen) Eva vorher angeboten hat.

Schritt 2

F13

Gemeinsam den Text (LB S. 37) lesen und *Ü12* lösen.

Schritt 3

Intonatorisch ist hier die Aufzählung interessant, für die folgendes Muster häufig ist (mit stufenweisem Absinken der Stimmhöhe):

Sie hat | Wùrst und | Kàse, Butter, Milch, Eier, Brot und | Bier.

AB Ü13 und *Ü14* (S. 29) schriftlich bearbeiten.

Schritt 4

Schritt 5   *AB 3B Ü7a* (S. 37) lösen (Lückentext ausfüllen) und *AB Ü8* (S. 37) bearbeiten (Fragen stellen).

Schritt 6
F13   Zum Abschluß dieses Abschnitts könnte man noch einmal das Foto auf F13 etwas detaillierter beschreiben lassen.

Weitere Übungsmöglichkeit zu Fragewörtern:
Den Text von 3A8 auf Folie schreiben. Dabei rechts und links viel Platz lassen.
Zunächst ohne Folie beginnen.
Lehrer: *Heute ist Sonntag (Sonntag* leise und undeutlich sprechen.)
Lernende: *Heute ist w a s ? / W a s ist heute?*
Lehrer: *Heute ist S o n n t a g.*
An den Rand der Folie wird bei *Sonntag* das Fragewort *WAS?* geschrieben. usw., z. B. *Familie Lang ... – WER?*
Die Kursteilnehmer lernen dadurch signalisieren, daß sie eine Äußerung teilweise nicht verstanden haben.

3A9   *Rocko*

Rocko ist in Kapitel 1 und 2 an verschiedenen Stellen aufgetaucht. Daß er vom Mars ist, wurde in 2A5 angedeutet. Rocko und seine Freunde haben in 3A1 die Funktion übernommen, die Fragen zu formulieren *(Was ist das?)*, die ein „normaler Mensch" in der Fremdsprache nicht stellt. In 3A9 werden die verschiedenen Deklinationsformen von *kein* an der Andersartigkeit von Rocko deutlich: als „U.L." ißt und trinkt er nicht dasselbe wie die Menschen.
Rocko ist aber nicht nur ein „grammatikalisches Didaktikmonster": er bringt ins Lehrbuch oft die *fremde Perspektive* ein, mit seiner Hilfe kann der Lernende die deutsche Sprache/Kultur/Landeskunde mit „anderen Augen" sehen lernen – und sie vielleicht nicht so „tierisch ernst" nehmen!

Für Kursteilnehmer aus anderen Kulturen kann sich diese „gebrochene Perspektive" auf die deutsche Realität, die sich in *Deutsch aktiv Neu* insbesondere in den Zeichnungen in ironischer Weise darstellt, als schwierig erweisen. Sie werden vielleicht auch Rocko nicht „witzig" finden (ein Tier – noch dazu ein Tier, das mit seinem Rüssel an ein Schwein erinnert – kann nicht gut der „Partner" eines ernsthaften Menschen sein, wenn es um so etwas Schwieriges wie das Erlernen der deutschen Sprache geht!).
Falls Kursteilnehmer auf Rocko mit Befremden reagieren, sollte man dies als Lehrer nicht „verdrängen", sondern es zum Anlaß nehmen, über kulturelle Unterschiede von Weltdarstellung und Selbstverständnis – und über die Frage, was in unterschiedlichen Kulturen als „lustig" gilt – zu reden.

Schritt 1   Die Bilder im LB S. 38 gemeinsam besprechen *(Was weiß man schon über Rocko? Wie sieht er aus? Was macht er? Was sagt er? Wie reagieren die anderen Leute zunächst? Wie verhalten sie sich am Schluß? Wie stehen die Kursteilnehmer selbst zu Rocko?*

Schritt 2   Den Text gemeinsam lesen; dabei den Ausdruck *unbekanntes Lebewesen: U.L.* erklären /(eine Nachbildung zu „unbekanntes Flugobjekt: UFO") sowie den Ausdruck *M.M. (Metall und Mineralien).* Den Gegensatz von *ein Glas Tee, eine Tasse Kaffee* usw. (Abschnitt 2) und *ein Teeglas, eine Kaffeetasse* usw. (Abschnitt 3) herausarbeiten (ggf. in Tabellenform an der Tafel).
Dabei kann auf die typische Akzentuierung deutscher Komposita auf dem ersten Bestandteil („Bestimmungswort", der zweite ist das „Grundwort") hingewiesen werden, die der Regel der Endbetonung von Nominalphrasen entgegengesetzt ist:

ein Glas│Tee   = (ein Glas voll│Tee)

ein│Tee│glas   = (ein Glas für│Tee)

Ü13 (LB S. 38) und *3B Ü9* (LB S. 45) gemeinsam mündlich lösen; ebenso *AB Ü15* (S. 30) *AB Ü7,* Abschnitt b) (S. 37) ausfüllen. **Schritt 3**

Das Gespräch zwischen Rocko, dem Kellner und dem Ehepaar aus Buxtehude gemeinsam von der Cassette (3A9) hören, die Fragen in *AB Ü16* (S. 30) erst gemeinsam besprechen, dann schriftlich zusammenfassen (ggf. als Hausaufgabe) und die Zusammenfassung gemeinsam besprechen. **Schritt 4**

Weitere Übungen zum Wortschatz:
AB 3A W Ü1 (S. 31): Ausfüllen des bildgestützten Kreuzworträtsels (gemeinsam mit der Klasse oder als Hausaufgabe). Lösungswort 1–12: *PARKWAECHTER.*
AB 3A W Ü2 (S. 32). Wortergänzungen im Sachbereich „Lebensmittel". Lösungswort: *MINERALWASSER.*
AB 3A W Ü3 (S. 32): Silbenrätsel im Wortschatzbereich des Kapitels 3. (Auflösung: Anhang zum Arbeitsbuch, S. 108.)
Zusammengesetzte Wörter sammeln und untersuchen:
In *3A9* (LB, S. 38) gibt es die folgenden Komposita:

Tee/glas	= ein Glas für Tee
Kaffee/tasse	= eine Tasse für Kaffee
Wein/flasche	= eine Flasche für Wein
Cola/dose	= eine Dose für Cola

Weitere Komposita selbst suchen bzw. bilden:

Bier + Glas	= *Bierglas*
Wasser + Glas	= *Wasserglas*
Bier + Dose	= *Bierdose*
Wein + Glas	= *Weinglas*
Tee + Tasse	= *Teetasse*

Besprechen: Wie wird der Artikel bestimmt?
Durch das Grundwort (= das Wort rechts):

Bierglas	*das* Bier*glas*
Bierdose	*die* Bier*dose*

usw.
Weitere Komposita aus vorangegangenen Kapiteln zusammensuchen und bestimmen (Geschlecht); dann den richtigen Artikel dazufügen.
Beispiel:

Texas + Steak	: *das* Texas*steak*
Mineral + Wasser	: *das* Mineral*wasser*
Kartoffel + Salat	: *der* Kartoffel*salat*

usw.

Erläuterungen zur Grammatik

Das Genus **3B1**

Hier wird ein Teil der bis jetzt eingeführten Substantive mit bestimmtem Artikel nach maskulinum, femininum und neutrum tabellarisch geordnet. Die Lerner(innen) sind aufgefordert, diese Tabelle in einem Heft weiter aufzufüllen.
Die wenigen „Regeln", die sich bezüglich des Genus der Substantive geben ließen, sind aufgrund ihrer geringen Reichweite nicht sehr hilfreich. Deshalb ist es wichtig, die Lerner(innen) von Anfang an dazu anzuhalten, das Genus (in Form des bestimmten Artikels) immer mitzulernen.

Der unbestimmte Artikel – der bestimmte Artikel

Die Frage, wann der bestimmte, wann der unbestimmte Artikel im Deutschen zu gebrauchen sei, stellt viele Lerner(innen) vor erhebliche Probleme. Die Darstellung in 3B2 soll den Lerner(inne)n einen wichtigen Anhaltspunkt für die Beantwortung dieser Frage liefern: Bei der erstmaligen Einführung einer Person (Beispiele unter a)) oder einer Sache (Beispiele unter b)) in einem Text, die also bis jetzt noch unbekannt ist, gebraucht man im Deutschen in aller Regel den unbestimmten Artikel. Darauf sollen u. a. die geschwärzten Bilder aufmerksam machen. Wenn dagegen eine Person oder Sache schon einmal (vor)erwähnt ist und man nun weiter von ihr spricht (insbesondere dann, wenn man sie genauer beschreibt und identifiziert, als einzelnes Individuum oder als einzelne Sache aus der Masse gleicher oder vergleichbarer Personen oder Sachen heraushebt), dann gebraucht man im Deutschen in aller Regel den bestimmten Artikel beim Substantiv:

„Das ist (irgend)*ein Clown. Der Clown* heißt Pippo."

„Das ist (irgend)*eine Cassette. Die Cassette* ist teuer."

Es sei nur beiläufig erwähnt, daß wir damit eines von vielen wichtigen Textverknüpfungsmitteln kennengelernt haben, Mittel also, die bewirken, daß Sätze (Aussagen) nicht isoliert nebeneinander stehen, sondern zu größeren, satzübergreifenden Sinneinheiten (Texten) verbunden werden.

3B3 **Fragen: Personen und Sachen**

Die Darstellung vermittelt den unterschiedlichen Gebrauch der Fragepronomina *wer?* und *was?*.

3B4 **Die Deklination: Nominativ und Akkusativ**

Wie bei der erstmaligen Präsentation des Konjugationsparadigmas in 2B4 wird auch hier bei der erstmaligen Präsentation des Deklinationsparadigmas das *ganze* Schema geliefert, auch wenn an dieser Stelle lediglich der Nominativ und der Akkusativ Singular der Substantive mit bestimmtem und unbestimmtem Artikel Lerngegenstand sind.
Die Lerner(innen) sollen darauf aufmerksam werden, daß bei neutralen und femininen Substantiven die Artikelendungen in den beiden Kasus identisch sind, bei maskulinen Substantiven dagegen verschieden; des weiteren, daß sich an den „Endungen" der Substantive nichts ändert.

3B5 **Die Konjugation: Präsens (2)**

Hier wird das Konjugationsparadigma aus 2B4 komplettiert. Das Zeichen ⚠ soll die Lerner(innen) auf Besonderheiten/Abweichungen/„Unregelmäßigkeiten" aufmerksam machen. Im vorliegenden Fall ist das der Vokalwechsel in der 2. und 3. Person Singular von *sprechen* (kenntlich gemacht durch Fettdruck), das fehlende *s* bei der 2. Person Singular von *heißen* aufgrund des Stammauslauts *s* bzw. *ß* sowie die gesamten Formen von *sein* und *haben*.
Das *e* in der 2. und 3. Person Singular sowie in der 2. Person Plural in der Endung (bei *antwort-en*) wird durch den dentalen Stammauslaut verursacht: Das kann man den Lerner(inne)n recht anschaulich dadurch demonstrieren, daß man eine Artikulation der entsprechenden Form *ohne* das *e* probeweise vorzumachen versucht (*du antwort-st* oder noch besser *ihr antwort-t*), wobei die Unmöglichkeit dieses Unterfangens den Lerner(inne)n sehr deutlich wird: Versucht man, zwei *t* isoliert voneinander unmittelbar nacheinander zu artikulieren, wird automatisch, selbst wenn man es nicht will, ein schwaches *e* hörbar.

Außerdem sind die bis jetzt eingeführten Verben aufgelistet; diese Auflistung vermag den Lerner(inne)n die (vielleicht) beruhigende Erkenntnis zu vermitteln, daß bei nur relativ wenigen Verben die beschriebenen Besonderheiten zu beachten sind.

ein – kein

Mit Hilfe von Beispielsätzen (in denen die Elemente, auf die es ankommt, blau unterlegt und fett gedruckt sind) und Bildern wird den Lerner(inne)n die für viele ein Problem darstellende „Verneinung" des Substantivs mit unbestimmtem Artikel in Form von *kein-* vermittelt.
Bei der Betrachtung des Deklinationsparadigmas soll den Lerner(inne)n bewußt werden, daß die Endungen von *kein-* sich in keiner Weise von den Endungen des unbestimmten Artikels *ein-* unterscheiden.

Weitere Aussprachprobleme

Konsonanten: [s], [z], [ts]

[s] *City; wissen, Essen, Größe, Wasser, Sauce, Russisch; alles, das, Glas, weiß, Haus, aus, ist, heißt, Kiosk, Kurs*

[z] *Sie, sieben, sehr, Wiedersehen, sechzehn, zusammen, sagen, Sonne, Gesundheit, sauber; Käse, Dose, reisen*

[ts] *Zigarette, zehn, zu, Zeit, Zwiebel, zwölf, zwanzig, zwei; vierzig, Verzeihung, Kerze, Portion; wie geht's, Schweiz, Kreuz, Ärztin, Geburtstag, ganz*

[s] ist den meisten Lernern vertraut, was die Lautbildung anbelangt, ebenso [z]. Schwierig ist die „Distribution" (Regeln für das Vorkommen in bestimmten Positionen im Wort). Im Anlaut vor Vokal ist nach der Hochlautungsnorm nur das stimmhafte [z] zulässig, was vielen Ausgangssprachen fremd ist. Die Substitution durch stimmloses [s] ist jedoch – da auch süddeutsche Regionalsprachen nicht anders verfahren – zu tolerieren, weil nie Verständigungsprobleme dadurch auftreten. (Das englische Fremdwort *City* kommt der süddeutschen Stimmlosigkeit im Anlaut durchaus entgegen.) In inlautender Stellung ist der Unterschied zwischen [s] und [z] aber durchaus wichtig (Minimalpaare wie *reisen – reißen* beweisen es), und in auslautender Position, wo im Deutschen nur [s] möglich ist, sollte stimmhaftes [z] korrigiert werden, weil es – z. B. bei Anglophonen mit ihren typischen Interferenzfehlern bei *Haus (= house), Maus (= mouse)* usw. – fremden Akzent signalisiert.
Probleme sind die Schreib- und Leseregeln für die S-Laute. <s> ist mehrdeutig: [z] im einfachen Anlaut, [ʃ] in <st>, <sp>, <str>, <spr> (außer in Fremdwörtern wie *Stil, Spray*); [z] im einfachen Inlaut; [s] im Auslaut und in Inlautverbindungen. Eindeutig stimmlos zu lesen sind <ss> und <ß>. Außerdem alternieren [s] und [z] im Auslaut bei *Kurs – Kurse, Haus – Häuser* u. a.
Die Auswahl beim Schreiben ist schwierig: im Auslaut stets <s> bzw. <ß>; im Inlaut nach Kurzvokal <ss>; nach Langvokal/Diphthong und in Verbindungen wie in *haßte, faßte* dagegen <ß> – ein Sonderkapitel, dem sich erst die Schweizer Drucker durch Abschaffung von <ß> entzogen haben.
Eine der lautlichen Hauptschwierigkeiten für das Deutsche ist die „Affrikata" [ts]. Eigentlich sind die meisten Lerner imstande, [ts] zwischen Vokalen oder auslautend richtig (als Konsonantenverbindung [t + s] wie in engl. *gets*) zu artikulieren; das Problem liegt auch hier in der Distribution, nämlich im Vorkommen im Anlaut von Wörtern bzw. Wortbestandteilen, „Morphemen" (*zeigen, gezeigt* usw.). Ein ratsamer Übungsweg mit Nonsense-Material, ausgehend von der vertrauten Auslautstellung über zwischenvokalische Stellung nach Akzent, mit Verlagerung des Akzents auf den

Folgevokal und schließlich Weglassen des unbetonten vorhergehenden Vokals, wäre der folgende:

[ˀats] – [ˀatsə] – [ˀəˈtsɑː] – [tsɑː]

<z> für die Affrikata [ts] ist im Deutschen – neben seltenem <c> in einigen Fremdwörtern und Namen und <ts> in flektierten Formen wie *Geburtstag* – die einzige, daher eindeutige Schreibung. In vielen Ausgangssprachen steht das Graphem aber für andere Laute, z.B. [z] oder [dz]; eine zusätzliche Lese-Interferenz ist die Folge.

Konsonanten: [ʃ], [ç], [ʒ]

[ʃ] *Schinken, schön, Schokolade, schon, Schulden, Schein, schreiben, schließlich, schlafen, Spanien, sprechen, Schwester, stammen, Straße, Strom; Fisch, Englisch, Fleisch, falsch, gemischt, Deutsch*

[ç] *Griechisch, sprechen, Gespräch, möchten, Mädchen, ein bißchen; ich, schließlich, zwanzig, dreißig, Frankreich, nicht, Milch*

[ʒ] *Ingenieur, Garage, Journalistin (5), Passagier (5), Etage (7)*

Die Reibelaute [ʃ] und [ç] sind schwer, weil [ʃ] von vielen Lernern (zum Beispiel Türken, Franzosen) statt [ç] verwendet wird (was ja auch bei einigen deutschen Dialekten der Fall ist). [ʃ] ist für die Griechen und Spanier schwierig; man übt es am besten nach gerundeten Vokalen ([ɔ], [ʊ], [ao], z.B. *erlosch, Busch, Tausch*) und achtet darauf, daß der eine Laut nicht in zwei ([sç]) zerfällt. Eines der Hauptprobleme der deutschen Aussprache ist [ç], das zudem noch in den Pronomen *ich, mich, dich, sich, euch*, der Negationspartikel *nicht*, den Suffixen *-chen* und *-ig* und dem Verb *sprechen* sehr häufig vorkommt. Neben [ʃ] wird dafür oft [x] verwendet, je nach Ausgangssprache. Üben sollte man diesen Laut mit einem übertrieben langen [iːːːː], das in stimmhaftes [j] und schließlich den stimmlosen Reibelaut [ç] übergeht: [ˀiːːːːjç]. Wichtig ist, daß [ç] nur nach „vorderen" Vokalen ([iː], [eː], [ɛː], [ɪ], [ɛ]) und den Diphthongen [ae] und [ɔø] vorkommt, selten in Anlautstellung *(China, Chemie)*. Ein exquisiter Zungenbrecher ist für Sprecher aller Sprachen das schon in diesem Kapitel vorkommende *Milch* und später die Präposition *durch*.

[ʒ], das stimmhafte Gegenstück zu [ʃ], kommt – wie die Beispiele zeigen – ausschließlich in Fremdwörtern (hier: aus dem Französischen) vor, wobei die Schreibungen <j> bzw. <g> benutzt werden. Die Beispiele (auch im Lehrbuchwortschatz) sind selten; deshalb wurde schon auf spätere Kapitel vorgegriffen (deren Nummern sind in Klammern angegeben). Die Eindeutschung in [ʃ] ist so verbreitet (auch „Jeans" längst mit [tʃ] statt [dʒ]), daß man diesen Laut nicht besonders zu üben braucht.

Konsonanten: [h], [ˀ]

[h] *hier, Herr, hallo, haben, Holland, hoch, Hunger, heißen, Haus*

[ˀ] *ihr, ich, Indien, er, erst, essen, Österreich, Öl, Adresse, Abend, oh!, oder, Ei, aus*

Der „Hauchlaut" [h], im Deutschen schon wegen des Hilfsverbs *haben* sehr häufig auftretend, bereitet einer ganzen Reihe von Lernergruppen große Schwierigkeiten (Franzosen, Spanier, Italiener; Russen und andere Slawen; Griechen u.a.). Beim Üben hilft Übertreibung des ausgestoßenen Luftstroms; eine Feuerzeugflamme muß – wie beim behauchten Plosiv [p] – erlöschen, ein Taschenspiegel beschlagen. Wichtig ist, daß kein Reibegeräusch dabei hörbar sein darf (Hauptfehler der Slawen und Griechen). „Dehnungs-h" wird nie gesprochen!

Dazu werden Beispiele für [ˀ], den „Knacklaut", „Glottisschlag" oder „festen Vokaleinsatz", gegeben. Mit [h], das auch als „behauchter Vokaleinsatz" bezeichnet wird, hat [ˀ] das Vorkommen ausschließlich im „Morphem"-Anlaut (d.h. im Anlaut eines Wortes oder Wortbestandteils) gemeinsam (Beispiele wie *aha, Uhu, Ahorn* sind seltene

Ausnahmen); phonetisch ähneln sich die beiden Laute eigentlich nicht. [ʔ] ist – im Gegensatz zu den Regeln in veralteten Lehrbüchern – nicht vom Sprechstil abhängig und nicht durch so etwas wie einen „weichen" Einsatz ersetzbar; der Verschluß der Stimmlippen kann natürlich in seiner Festigkeit variieren. Andere Sprachen haben bei der Aussprache von „vokalisch anlautenden" Einzelwörtern genau dieselbe Erscheinung; deutlich werden die Probleme erst bei Wortübergängen. Hier behält das Deutsche den Glottisschlag in der Regel bei (außer bei akzentlosen Elementen wie *er ist* und einigen Wörtern wie *Verein, woraus*), während viele andere Sprachen „binden". Eigentlich muß dies als satzphonetisches Problem gesehen und geübt werden.

Diktattext

Ernst Meister ist Dolmetscher. Er spricht Englisch und Französisch. Seine Frau Regine ist Krankenschwester, aber sie arbeitet jetzt nicht. Die Meisters haben drei Kinder, Hans ist sieben, Horst ist fünf und Hermine ist drei Jahre alt. Herr Meister verdient im Monat dreitausend Mark. Meisters wohnen in Frankfurt. Da sind die Lebenshaltungskosten hoch. Die Miete kostet elfhundert Mark, Strom, Wasser und Heizung kosten vierhundert Mark im Monat. Essen, Auto, Fernsehen, Kino und Reisen – das kostet viel Geld!

Singen und Spielen

Singen

Auf Seite 46 sind drei international bekannte Lieder (die ersten beiden in Kanonform) abgedruckt. Den meisten Kursteilnehmern in westlichen Ländern werden die Melodien und die Texte in ihrer Muttersprache bekannt sein.

Die Lieder sind auch auf der Cassette zu finden. Erarbeitungsvorschlag:

Den Text vorsprechen, Inhalt klären, Kursteilnehmer Textabschnitte nachsprechen lassen, möglichst schon im Rhythmus, den das Lied vorschreibt (Chorsprechen!)

Lied ganz anhören (von der Cassette) oder vorsingen.

Melodie abschnittweise gemeinsam erarbeiten, dann ganz durchsingen.

Bei den Liedern in Kanonform:

Klasse in drei bis fünf Gruppen aufteilen, die Gruppen, was „Sangeskünste" angeht, etwa gleich stark einteilen, die sicherste Gruppe fängt zu singen an. Kanon durchsingen (keine Angst vor einem Chaos bei den ersten Versuchen, das löst in der Klasse zumeist große Heiterkeit aus!).

In einer international gemischten Klasse oder im Unterricht in nichtenglisch- bzw. -französischsprachigen Ländern werden ggf. weitere Strophen in anderen Sprachen von den Kursteilnehmern gebracht. Diese werden an der Tafel angeschrieben und gemeinsam gesungen.

Spielen

1. Buchstaben raten

Von einem allen bekannten längeren Wort – in unserem Beispiel ist es *Hamburger* – wird der Anfangsbuchstabe angeschrieben, für jeden weiteren Buchstaben wird ein Strich angefügt. Die Kursteilnehmer versuchen (gemeinsam oder in Partnerarbeit) durch Nennen von Buchstaben das Wort zu ergänzen. Wenn das unbekannte Wort einen genannten Buchstaben *nicht* enthält, gibt es einen „Strich für das Gefängnis" (es hat – einschließlich Gesicht hinter Gittern – 13 „Striche"!). Wird das Wort ganz ausgefüllt, bevor das Gefängnis fertig gezeichnet ist, hat man gewonnen.

2. Personen raten

Bei diesem Spiel muß der Kursteilnehmer aufpassen, daß nicht negative Eigenschaften einzelner Kursteilnehmer als ihre Merkmale dargestellt werden *(Er ist dick / Sie ist faul / Sie schläft immer* usw.), da dies leicht verletzend wirken kann. Es sollte deshalb – wenn die Kursteilnehmer ihre Angaben auf einen Zettel geschrieben haben – kurz geprüft werden, ob keine „anstößigen" Angaben enthalten sind.

3. Ein Würfelspiel

Dieses Spiel bietet eine Variante zum Würfelspiel, das im Arbeitsbuch im Wiederholungsabschnitt zu Kapitel 1 und 2 (AB S. 14) skizziert worden ist. Die Spielanleitung wurde bei diesem Spiel über Beispiele im Lehrbuch angegeben.

Man sollte vereinbaren, bei welcher Punktzahl (100, 150, 200), die der beste Spieler erreicht, das Spiel beendet ist.

Kapitel 4

Schwerpunkte in diesem Kapitel sind *Gesundheit und Befinden* (Körperteile, innere Organe, Beschwerden, Schmerzen, Krankheit usw.) sowie *Zeit und zeitliche Relationen* (Zeitpunkt, Zeitraum, Zeitablauf, Gegenwärtiges und Vergangenes).
In der Grammatik wird auf *Pluralbildung, trennbare Verben* und *das Präteritum von „sein" und „haben"* näher eingegangen.

Übersicht	Lehr-buch	Arbeits-buch	Folien	Cassette 1A/1
4A1 *Augen, Ohren, Hände, Füße …*	S. 48 Ü1–3	S. 38 Ü1–3	F14	4A1 Ü1
4A2 *Was fehlt Ihnen denn? – Mein Hals tut weh*	S. 50 Ü4–6	S. 40 Ü4–5	F15	4A2
4A3 *Mehrmals täglich 1–2 Tabletten*	S. 52 Ü7–8	S. 41 Ü6–7		
4A4 *Die Operation fängt an*	S. 53 Ü9–11	S. 42 Ü8–10		
4A5 *Das war 1908*	S. 54 Ü12	S. 43 Ü11	F16 F12 F13	
4A6 *Früher hatte ich keine Zeit*	S. 55 Ü13–14	S. 44 Ü12		4A6
4A7 *Ja ja, die Deutschen!*	S. 56	S. 45 Ü13		
4AW *Wiederholen / Spielen*		S. 46 Ü1		
4B1 *Das Substantiv Singular – Plural*	S. 57 Ü1–2	S. 48 Ü1–2		
4B2 *Trennbare Verben*	S. 59 Ü3	S. 50 Ü3–4		
4B3 *Präteritum: „sein" und „haben"*	S. 59 Ü4–6	S. 51 Ü5–6		
Wiederholungsübungen zu Kapitel 1—4		S. 52		
Kontrollaufgaben zu Kapitel 1—4		S. 53		

Augen, Ohren, Hände, Füße …   4A1

In der Gründerzeit des Deutschen Reiches im späten 19. Jahrhundert führte das wachsende Nationalbewußtsein zur Errichtung einer ganzen Reihe von monumentalen Standbildern, die „Kriegshelden" aus der Historie – wie Hermann, den Cheruskerfürsten, der in der Schlacht im Teutoburger Wald die Römer besiegte – oder allegorische Figuren – wie die „Germania" oder die „Bavaria" (vgl. F14) – darstellen. (Hermannsdenkmal: im Teutoburger Wald, ca. 50 km östlich von Bielefeld; Germania: Niederwalddenkmal am Rhein bei Rüdesheim; Bavaria: in München, Theresienwiese). Statuen dieser Art sind in der ganzen westlichen Welt im 19. Jahrhundert errichtet worden (vgl. Freiheitsstatue in New York).

Für die gegenwärtige Generation in der Bundesrepublik, insbesondere für die jüngeren Leute, nehmen sich – nach den Erfahrungen mit Faschismus und Zweitem Weltkrieg – diese „Blüten" des übersteigerten Nationalismus etws merkwürdig aus. Sie sind für die meisten Leute nicht mehr „Pilgerstätten nationalen Selbstgefühles", sondern eher monströse Kuriositäten, die in weitläufigen Freizeitanlagen zu finden sind (und wegen ihrer Größe einen gewissen „Sensationswert" beanspruchen können). Dies könnte der Grund sein, warum Rocko und seine Helfer versuchen, das Hermannsdenkmal abzubauen und auf den Mars zu verpflanzen (wie das die Amerikaner gelegentlich schon mit der Umsetzung anderer „Antiquitäten" solcher Größenordnung aus Europa in die USA praktiziert haben)! Wer diese Vorstellung despektierlich oder befremdlich findet, sei daran erinnert, daß vergleichbare „Transplantationen" von großartigen Kulturdenkmälern etwa aus Ägypten, Griechenland und der Türkei in westeuropäische Länder im 19. Jahrhundert gängige Praxis waren.

Schritt 1
F14

Gemeinsame Betrachtung der Fotos der drei Standbilder auf F 14 (links: Hermannsdenkmal; Mitte: Germania; rechts: Bavaria), ggf. Besprechung des geschichtlichen Hintergrunds (s. o.); die Zeichnung dabei abdecken!

Schritt 2

Gemeinsame Betrachtung der Zeichnung, auf der die Marsmännchen das Hermannsdenkmal abbauen *(Wer ist das? Was machen Rocko und seine Helfer?)*, dabei Beschriftung der einzelnen Körperteile in den Sprechblasen.
ODER:

F14 ⬚

Die Cassette anspielen und raten lassen: *Was ist da los?* (Stichwörter, die erkannt werden, an der Tafel notieren); dann: auf der Folie die Zeichnung zeigen und ggf. in der Muttersprache besprechen, was passiert.
Die Cassette in einzelnen Abschnitten anhören und Wortschatz in den Sprechblasen ausfüllen. Bei aufgeschlagenen Büchern (LB S. 48) noch einmal die Cassette anhören und mitlesen. Weiter zu Schritt 4.

Schritt 3
⬚

Audiovisuelle Präsentation des Dialogs auf der Cassette.
Es sollte angemerkt werden, daß dieser Marsmenschen-Dialog als Artikel-und-Plural-Dialog bewußt „konstruiert" wurde, was ja auch der „verfremdeten" Situation angemessen ist.
Trotz der Verfremdung der Stimmen ist die Intonation normgerecht. Zu beachten (und nicht auf normale Dialogsituationen zu übertragen!) ist die didaktische Kontrastbetonung der Artikel.

⬚

Die Übung *4A1 Ü1* zur Intonation greift z. T. auf früheren Stoff zurück (3A5, 3A6), erreicht aber zuletzt 4A1. Vor allem wird auf Äußerungen mit zwei Akzenten (Nebenund Hauptakzent) eingegangen; die Intonationsmuster sind zumeist schon früher aufgetreten. Inzwischen sollten die Lerner die Intonation auf der Cassette anhand der Notation lesend vorwegnehmen können.

Schritt 4

Gemeinsam die Tabellen mit den Pluralformen S. 48 unten lesen und besprechen.

Schritt 5

LB 4A1 Ü2 und *3* (S. 49), *AB 4A1 Ü1* und *2* (S. 38) durchgehen, ebenso *AB 4B1 Ü1* (S. 48)

Schritt 6

Da das Grammatikpensum „Pluralformen" viel Zeit in Anspruch nimmt, sollte man in diesem Kapitel mit der systematischen Grammatikarbeit frühzeitig einsetzen.

4B1

Die verschiedenen Typen der Pluralbildung (LB S. 57/58) besprechen (Rocko hat dazu einen „Pluralcomputer" erfunden!).

Schritt 7

LB 4B Ü1 (S. 60) enthält in der rechten Tabelle alle bisher eingeführten Substantive in einer alphabetischen Liste und leitet zur Benutzung des Lexikons (Abkürzungen erklären!) und des „Pluralcomputers" an. Da die Übung zeitaufwendig ist, sollte der größte Teil in Hausarbeit erledigt werden.
Im *AB 4B Ü2* (S. 49) befindet sich eine nach Genus geordnete Liste der Substantiva, die

zur raschen Wiederholung der Pluralformen benutzt werden kann (ggf. am Ende des Kapitels 4).

Ü3 im B-Teil des Kapitels (S. 60) rundet die Übungen zum Plural ab. **Schritt 8**

Ein Spiel **Schritt 9**
Die Klasse aufteilen: eine Gruppe „diktiert" Körperteile (z. B. *zwei Augen*), die andere zeichnet. So entsteht nach und nach eine menschliche Gestalt.

Was fehlt Ihnen denn? – Mein Hals tut weh

Die Gesprächssituation „Beim Arzt" und das „Sprechen über Schmerzen/Krankheit" gehören zu den zentralen Anwendungsbereichen des Wortfeldes „Körperteile". Beim Dialog zu 4A2 ist zu beachten, daß die Dativformen *Ihnen/dir (Was fehlt ...?)* und das Possessivpronomen *(mein/meine)* als lexikalische Einheiten behandelt werden. Die Struktur *Was fehlt dir/Ihnen denn?* sollte deshalb auswendig gelernt werden. Beim Possessivpronomen kann auf die analoge Bildung zu *ein/kein* verwiesen werden. Dieser Abschnitt enthält keine weiteren neuen Grammatikpensen.

Besprechen des Fotos (F15 links unten), das eine Patientin im Gespräch mit dem Arzt zeigt *(Personen? Was tun sie? Was ist auffällig an der Arztpraxis?)* **Schritt 1** ▣ **F15**

Audiovisuelle Präsentation des Dialogs: **Schritt 2**
Zunächst Besprechung der Zeichnung (Arzt – Patient) und des Wortschatzes auf dem ▣ **F15**
Schaubild links (innere Organe) → Hören des Dialogs → abschnittweise Hören/ Nachsprechen/frei sprechen → Arzt-Patient-Spiel (Lehrer zunächst in der „führenden" Arztrolle) nach den Dialogvorlagen → dann freie Variation des Dialogs (andere Schmerzen/Krankheiten usw.) mit Hilfe des Redemittelkastens.

Gemeinsame Besprechung des Fotos auf F15 rechts unten (verschiedene Fachärzte). **Schritt 3**
F15

LB (S. 51): *Ü4–6* (Rekonstruktion von Frage und Antwort; bildgesteuerte Dialog- **Schritt 4**
übungen).
AB 4A2 Ü4 – eine Wortbildungs- und eine Zuordnungsübung (S. 40); *Ü5* – aus Einzelrepliken einen Dialog zusammensetzen. Diese AB-Übungen u. U. als Hausauf- gabe.

Mehrmals täglich 1–2 Tabletten

In diesem Abschnitt wird mit einer mehrsprachigen *Gebrauchsinformation* gearbeitet, wie sie als Beilage zu Medikamenten häufig zu finden ist.
Ziel der Arbeit ist es, mit Hilfe einer Sprache, die man besser kennt, *grundlegende* Information im deutschen Text zu erschließen. Sollten im Kurs die Mehrheit der Teilnehmer keine der angeführten Sprachen – Englisch, Griechisch, Italienisch, Spa- nisch, Türkisch – im Bereich des Leseverständnisses beherrschen, empfiehlt es sich, die Seite auszulassen.

Zuerst erklären, welche Funktion die Textsorte hat (Hinweise zur Verwendung eines **Schritt 1**
Medikaments gegen Halsschmerzen).

Die Information in der Sprache lesen, die die Kursteilnehmer beherrschen (je nach **Schritt 2**
Situation im Kurs gemeinsam eine Sprache lesen oder mehrere Gruppen bilden, die sich jeweils auf eine andere Sprache konzentrieren). Ziel ist *Global*verständnis des Textes. *LB 4A3 Ü8* gibt dazu einen Anstoß *(Bei welcher Krankheit nimmt man das Medikament?)*; weitere Fragen zum Globalverständnis: *Wie viele Tabletten soll man nehmen? Wie oft und wie lange soll man sie nehmen?* (Diskussion in der Mutterspra- che oder in der Sprache, die die Kursteilnehmer beherrschen.)

Schritt 3   Die Ausdrücke in der Sprache, die man kennt, und im Deutschen vergleichen *(Ü7)*.
Bei dieser Übung geht es nicht darum, die Details von Wortschatz und Grammatik (Wortbildung usw.) zu erfassen, sondern durch den Vergleich der Texte herauszubekommen, wo im deutschen Text eine bestimmte Information zu finden ist und wie sie in Sprache gefaßt ist.
Dabei geht es um die Entwicklung grundlegender *Strategien der Informationserfassung* in einem unbekannten Text, z.B.:
- Beachtung der Abschnitte und der halbfett gedruckten Wörter als Orientierungspunkte zum Auffinden von Information;
- Wiedererkennen von Internationalismen *(angina, stoma, dosis, doctor);*
- Beachtung sonstiger Merkmale, die im Druckbild auffallen und bekannt sind (wie etwa Zahlen, die man auch erkennt, wenn man z.B. die griechische Schrift nicht lesen kann oder sonst kein Wort im türkischen Text versteht).

Solche Merkmale sollten durch Textvergleich zunächst gesammelt werden.

Schritt 4   *Lokalisierung von Information*
Wenn man z.B. mit einer englischsprachigen Gruppe arbeitet: Welcher Ausdruck im deutschen Text korrespondiert mit *inflammation of the gum?* – Es muß der Ausdruck in der Klammer am Ende des ersten Absatzes sein: *Zahnfleischentzündung.*

Schritt 5   An diesem Beispiel läßt sich gut der Unterschied in der Wortformation im Deutschen (Kompositabildung) und in den anderen Sprachen darstellen:
- das Wort in seine Bestandteile zerlegen *(Zahn/fleisch/entzündung)*
- welcher Teil entspricht welchem in der englischen Wortformation?

Verdeutlichen, daß das Deutsche die Möglichkeit bietet, von einem Grundwort ausgehend, dieses immer weiter „nach links" zu erweitern und dadurch in seiner Bedeutung zu differenzieren bzw. zu präzisieren, während andere Sprachen dasselbe mit anderen sprachlichen Mitteln erreichen (z.B. das Englische über eine präpositionale Fügung mit *of).*

Was die Aussprache solcher Komposita angeht, so ist schon bei 3A9 auf die Akzentuierung des „Bestimmungswortes" (eigentlich: von dessen Stammsilbe) hingewiesen worden. Bei mehrgliedrigen Komposita ist grundsätzlich das Glied am weitesten links (das erste also) das betonte Bestimmungswort:

Zahn + Fleisch + Entzündung	Zahn‾fleischentzündung
Mund + Schleim + Haut + Entzündung	Mund‾schleimhautentzündung
Arbeit + Mittel + Liste	Ar‾beitsmittelliste

Dabei gibt es (bei einzelnen Sprechern, gelegentlich auch allgemein) eine Tendenz zur Verlagerung des Akzents zur Mitte:

Arbeits‾mit‾telliste

Schritt 6   Weitere Entsprechungen in den Texten suchen und besprechen, ggf. weitere Komposita aus anderen Sachbereichen, die schon bekannt sind, nach dem oben skizzierten Verfahren analysieren.

Schritt 7   *AB A3 Ü6* (S. 41) gemeinsam besprechen. Was kann man ohne Zuhilfenahme eines Vergleichstextes herausbekommen? Ergebnisse in die Tabelle eintragen.

Schritt 8   Die Ergebnisse der „Suchaktion" in der Tabelle von *Ü6* kann man versprachlichen (erst gemeinsam mündlich, da die Aufgabe nicht leicht ist, dann ggf. als Hausaufgabe).

4A4   ***Die Operation fängt an***

Für manche Kursteilnehmer mag die Szene – die Kinder „operieren" das Sofa, während die Eltern nicht zu Hause sind – sehr befremdlich wirken. Solchen Lernenden sollte man erklären, daß es sich hier nicht um eine „realistische" Situation, sondern um eine fiktive handelt, die die Autoren als „witzig" empfanden. Und was als „lustig" empfunden wird, ist bekanntlich von Kultur zu Kultur, ja von Gruppe zu Gruppe verschieden.

Gemeinsam die Zeichnung im LB S. 53 oben betrachten *(Was machen die Kinder?)*. Den Zusammenhang von Zeichnung und der Überschrift *Operation* erklären *(Operation* ist ein in vielen Sprachen geläufiges Wort).

Schritt 1

Den benötigten Wortschatz gemeinsam mit Hilfe von *AB Ü8* (S. 42) erarbeiten; *Ü9* als weiterführende Übung dazunehmen.

Schritt 2

Den Text *LB,* S. 53, gemeinsam lesen. Schwierigkeiten wird insbesondere das Verständnis der trennbaren Verben bereiten, die im zweiten Teil des Textes gehäuft auftreten. Was die Kinder tun, läßt sich gut an der Zeichnung verdeutlichen.

Schritt 3

Deshalb ist es empfehlenswert, daß der Lehrer jeden Satz, in dem ein trennbares Verb vorkommt, gestisch-mimisch nachzeichnet und in vereinfachter sprachlicher Form nacharbeitet. Beispiel: im Text steht *Nikolaus schneidet den Bauch auf.* Der Lehrer zeigt auf die Zeichnung; *Was macht Nikolaus?* und spricht dazu *aufschneiden* (ggf. durch Geste verdeutlichen).

Empfehlung für bastelfreudige Lehrerinnen und Lehrer:
Die Verben *an|fangen, auf|schneiden, auf|halten, raus|ziehen, weg|werfen, zu|nähen, zu|kleben* in 3 bis 5 cm großer Schrift auf Wortkarten schreiben.
Die Wortkarten gemeinsam mit der Klasse an den „Schnittstellen" (|) zerreißen und die einzelnen Teile mit Haftfilm (Tesafilm) versehen. Im Text nachsehen, wohin die Vorsilbe im Satz – im Präsens – wandert (ans Satzende!).
An der Tafel neue Wortzusammensetzungen ausprobieren:

auf-   schneiden   zu-   kleben
weg-   an-
raus-   auf-
zu-

Im Wörterbuch nachsehen, ob es die neu zusammengesetzten Wörter auch wirklich gibt und was sie bedeuten.
In der Muttersprache diskutieren, warum manche Wortzusammensetzungen „nicht gehen" (*raus-kleben, *zu-fangen:* die Bedeutungen von Präfix und Grundwort passen nicht zueinander).
Da es für die Verständlichkeit einer Äußerung außerordentlich wichtig ist, daß die Verbstellung beim Präsensgebrauch der trennbaren Verben korrekt gebildet wird, lohnt es sich, diese immer wieder zu üben. Hilfestellung: Sätze wie *Alexander hält die Wunde auf* gemeinsam sprechen und beim Verb *(hält)* und beim Präfix *(auf)* auf den Tisch klopfen. Bewußtmachen, daß das Präfix am Ende auch tatsächlich der Endpunkt im Satz ist.

Die Verben mit trennbarer Vorsilbe werden, wie in *Ü9* im *LB* (S. 53) skizziert, an der Tafel gesammelt, der entsprechende Satz aus dem Text wird danebengeschrieben. Daraus ergibt sich für die Kursteilnehmer die erste Einsicht, daß das Wort in der Grundfom (Infinitiv) zusammengefügt ist, im Satz im Präsens jedoch „auseinandergerissen" wird.

Schritt 4

Gemeinsame Betrachtung des Grammatikschemas *4B2* (LB S. 59), in dem visuell verdeutlicht wird, daß die Teile des Wortes „getrennt" werden und die Vorsilbe an das Ende des Satzes gerückt wird, und zwar mit ihrem Akzent, der (mindestens als Nebenakzent, falls der Hauptakzent auf einer Ergänzung liegt) erhalten bleibt.

Schritt 5

Besprechung von *4B Ü3* (LB S. 61).

Schritt 6

AB 4B Ü3 und *Ü4* (S. 50) in Partnerarbeit oder als Hausaufgabe.

Schritt 7

Schritt 8	Ausfüllen des Lückentextes im *AB A4 Ü10* (S. 42). Dabei entsteht eine Zusammenfassung der Geschichte.
Schritt 9	*LB Ü10* (S. 53) regt zur freien Spracharbeit an *(Wie geht die Geschichte weiter?)*. *Ü11:* Dieselben Verben sollen in einem anderen Handlungszusammenhang verwendet werden.

4A5	***Das war 1908***

Die Kursteilnehmer sollen in diesem Abschnitt elementare Redemittel zu „Reden über Vergangenes" angeboten bekommen. Präteritumformen von *sein* und *haben* werden deshalb an dieser Stelle eingeführt (und in 4A6 differenziert) und an der Besprechung eines alten Fotos, das ein Lebensmittelgeschäft in Berlin aus der Zeit vor dem Ersten Weltkrieg darstellt, erprobt.

Schritt 1 F16	Das Bild im LB S. 54 oben oder auf der Folie 16 gemeinsam besprechen *(Wie viele Leute? Beruf?)*. 1908 angeben. *Was kann man da kaufen? Was fällt sonst an dem Bild auf?* (Ggf. über das Bild und Details in der Muttersprache sprechen.)
Schritt 2	Gemeinsam den Text lesen, unbekannte Wörter klären.

Tafelbild:

1908	Heute
Wie alt war W. E. *damals?*	Wie alt ist sein Sohn heute?
Er war ungefähr 30 Jahre alt.	Er ist ... (Jahre alt).
Wie teuer war die Milch?	Wie teuer ist *heute* die Milch?
Vergangenheit	**Gegenwart**
WAR	***IST***
(= Präteritum)	(= Präsens)

Schritt 3	Tabelle *4B3* (LB S. 59) besprechen und *Ü4* (LB S. 61) anschließen.
Schritt 4	*AB 4A5 Ü11* (S. 43) gemeinsam besprechen, ggf. schriftlich nacharbeiten lassen (Hausaufgabe).
Schritt 5	*LB Ü12:* Vergleich zwischen früher und heute. Zunächst die beiden Zeichnungen einzeln besprechen und den Wortschatz erarbeiten, dann den Vergleich zwischen beiden Bildern ziehen.
Schritt 6 F16 F12 F13	Foto auf F16 unten besprechen: *Wie viele Leute? Was machen sie? Wo sind sie? Was kann man da kaufen? Was kann man machen?* Ggf. Vergleich mit dem „modernen" Gasthaus (F12) oder dem Picknick (F13).

4A6	***Früher hatte ich keine Zeit***

Die Präsentation des Lebenslaufs eines „berühmten" Politikers gibt Gelegenheit, über Vergangenes zu sprechen und dabei die Formen des Präteritums von *sein* und *haben* zu vervollständigen bzw. zu wiederholen.

Schritt 1	Eine Möglichkeit wäre, zunächst die Bilder der Reihe nach zu besprechen, dann den Hörtext von der Cassette dazuzunehmen und schließlich den Text gemeinsam zu lesen. Hier ist ein alternativer Vorschlag: Da der Text keine allzu großen Anforderungen in Wortschatz und Grammatik enthält, könnte man – nach der Klärung des Ausdrucks *Ich hatte keine Zeit* und dem Hinweis, daß es sich um die Biographie eines Politikers handelt – die Kursteilnehmer zunächst die Cassette anhören lassen. Aufgabenstellung: Notieren, was man versteht (Stichwörter). Dann gemeinsam anhand der Bilderfolge im LB (S. 55) die Stichwörter an der

Tafel sammeln und ergänzen (= *Ü13*, LB S. 55). Dann den Text gemeinsam lesen (ggf. die Stichwörter ergänzen) und schriftlich zusammenfassen (= *AB Ü12*, S. 44).

Den Text *LB*, S. 55, mit dem Hörtext vergleichen: welche Unterschiede kann man feststellen? (= *Ü 14*) Zu diesem Zweck muß man den Hörtext – bei geöffneten Büchern – Abschnitt für Abschnitt vorspielen und den Kursteilnehmern Zeit zum Vergleich und zur Diskussion (ggf. in der Muttersprache) geben.

Schritt 2

Die lautliche Gestaltung ist – neben Abweichungen in der Lexik, Hinzufügungen und Weglassungen – sehr expressiv. Pausen, Tempovariation, Stimmqualität sind Ausdruck des Rollenverständnisses des Sprechers und seiner eigenen Stimmung und Persönlichkeit; diese expressiven Phänomene kann die Notation natürlich nicht festhalten. Die Grundmuster, die die Notation wiedergeben kann, sind natürlich auch in diesem Monolog vorhanden.

Abschließend *Ü5* und *Ü6* des B-Teils im LB (S. 61) bearbeiten; dann (auch als abschließende Hausaufgabe) *AB Ü5* und *Ü6* (S. 51). (Ggf. Schritt 3 auch am Ende von Schritt 1.)

Schritt 3

AB 4AW Ü1 (S. 46/47): Bildgesteuerte Wortschatzübungen (Kompositabildung). Lösungswort: EIN BILDERRAETSEL.

Schritt 4

AB 1-4W (S. 52): Wiederholungsübungen zu Kapitel 1−4 dienen zur Vorbereitung auf die Kontrollaufgaben (*AB,* S. 53ff.).

Schritt 5

Ja ja, die Deutschen

4A7

Mit „Empfindungswörtern" kann man – über Betonungs- und Intonationsvarianten – einer Äußerung eine ganz besondere Qualität (Zuwendung, Begeisterung, Haß, Ironie, Zweifel, Erstaunen usw.) geben. Jemand, der Deutsch als Fremdsprache lernt, wird sehr lange brauchen, bis er diese „Empfindungswörter" spontan richtig beherrscht. Es ist aber für den, der Deutsch zu lernen anfängt, sehr wichtig, daß er die Bedeutung solcher Ausdrücke im Umgang mit Muttersprachensprechern verstehen lernt. Um deutlich zu machen, wie sehr der Gebrauch von der subjektiven Einstellung des jeweiligen Sprechers abhängt, wurden drei Versionen des Gedichts auf der Cassette aufgenommen.

Gemeinsam die Fotos *LB,* S. 56, durchsprechen (im Uhrzeigersinn):
Bild 1: ein Offiziersehepaar aus der Kaiserzeit (vor dem Ersten Weltkrieg)
Bild 2: Der Mercedesstern
Bild 3: Boris Becker, Tennisspieler
Bild 4: Polizist mit Schäferhund
Bild 5: Trümmerfrauen, die nach einem Bombenangriff im Zweiten Weltkrieg (bzw. nach Kriegsende) den Schutt aufräumen
Bild 6: Paar in bayerischer Tracht
Bild 7: BMW-Verwaltungsgebäude in München
Bild 8: Marschierende Nazitruppe im Dritten Reich

Schritt 1

Die Mischung der Bilder – und jedes einzelne Bild selbst – wird unterschiedliche Reaktionen bei den Kursteilnehmern auslösen. Man könnte zu jedem Bild ein Assoziogramm mit den Einfällen der Kursteilnehmer erstellen (Ansätze und Hilfe dazu finden sich in *AB 4A7 Ü13* (S. 45)). Insgesamt wird ein ziemlich buntes und gespaltenes Bild von den Deutschen entstehen, das ggf. zu (muttersprachlich zu führenden) Diskussionen in der Klasse Anlaß geben wird.
Auch hier – wie bei 4A6 – ist hinsichtlich der Intonationsvarianten der Punkt erreicht, wo die stilisierende Notation nicht mehr ausreicht. Die genauere Wiedergabe von absoluten Tonhöhen und Intervallsprüngen, Tonverläufen, Rhythmus, Verzögerungen

und vor allem Stimmqualitätsnuancen leistet aber kein bekanntes Notationssystem, zumindest nicht so, daß sie didaktisch einsetzbar wäre.

Schritt 2

Klärung des Begriffs *Empfindungswörter* (Wörter, die Emotionen ausdrücken; *Emotion* ist ein Wort, das es in ähnlicher Form in vielen Sprachen gibt).
Dann die erste Version des Hörtextes abspielen und die Kursteilnehmer den Text mitlesen lassen. Bedeutungsvariation erklären. Die zweite und dritte Version dazu nehmen – ggf. öfter hören – und die Unterschiede (in der Muttersprache, falls nötig) besprechen. Nachsprechen und den „Ton" zu treffen versuchen.

Schritt 3

Welches Empfindungswort paßt zu welchem Bild?
Immer wieder muß deutlich gemacht werden, daß es sich bei Äußerungen dieser Art um subjektive Äußerungen handelt, d. h. daß jeder Sprecher dem einzelnen Ausdruck eine andere Bedeutung geben kann und daß andererseits etwa dasselbe Bild ganz unterschiedliche Reaktionen auslösen kann.

Erläuterungen zur Grammatik

4B1

Das Substantiv: Singular – Plural

Bisher hat man sich in Lehrbüchern für Deutsch als Fremdsprache darauf beschränkt, die verschiedenen Pluralbildungen im Deutschen aufzulisten. Als einzige Lernstrategie bietet sich hierbei für die Lerner(innen) an, die Pluralformen bei den jeweiligen Substantiven immer gleich mitzulernen. Das ist und bleibt auch weiterhin die grundlegende Strategie.
Was aber ist, wenn die Lerner(innen) die entsprechende Pluralform wieder vergessen oder gar nicht erst mitgelernt haben? Da half und hilft (auch weiterhin) der freilich zeitraubende Griff zum Wörterbuch (falls man gerade eines zur Hand hat).
Wir versuchen nun, insbesondere denjenigen Lerner(innen), die es gewohnt sind oder es lieben, beim Erlernen einer Fremdsprache immer nach Regularitäten zu fragen und diese für den individuellen Lernprozeß nutzbar zu machen, weitere kognitive Hilfen an die Hand zu geben, auf die sie zurückgreifen (können), wenn ihnen die jeweils richtige Pluralform eines Substantivs nicht spontan verfügbar ist.
Der Darstellung in 4B1 ist zunächst zu entnehmen, daß es *fünf Haupttypen der Pluralbildung* im Deutschen gibt, und zwar mit den Pluralallomorphen:
-e (Typ 1, mit und ohne Umlaut),
-(e)n (Typ 2),
-- (Typ 3, mit und ohne Umlaut),
-er (Typ 4, mit und ohne Umlaut),
-s (Typ 5).
Aber welche Substantive bilden nun den Plural nach welchem Typ? Auch wenn sich keine schlüssige und schon gar keine einfache Regularität beobachten läßt, so kann man dennoch aufgrund bestimmter Beobachtungen und Hinweise die einzelnen Substantive mit einiger Sicherheit und Wahrscheinlichkeit den einzelnen Pluraltypen zuordnen; diese Hinweise leuchten jeweils auf dem „Pluralcomputer" gelb auf:
Danach gehören zu:

Typ 1	*(-e)*	vor allem einsilbige Substantive (besonders viele *maskuline*, viele *neutrale*, einige *feminine*), die *auf Konsonant enden*;
Typ 2a	*(-n)*	*feminine* Substantive, die *auf -e enden*;
Typ 2b	*(-en)*	*feminine* Substantive, die *auf Konsonant enden*;
Typ 3	*(--)*	*maskuline* und *neutrale* Substantive, die *auf -el, -en, -er enden*;
Typ 4	*(-er)*	*neutrale einsilbige* Substantive, die *auf Konsonant enden*;
Typ 5	*(-s)*	viele *Fremdwörter* aus dem *Englischen* und *Französischen*.

Das ungelöste (und unlösbare) Problem besteht freilich weiter darin, daß es bei den genannten Merkmalen und Zuordnungen Überschneidungen zwischen den einzelnen

Gruppen gibt (die im übrigen sprachhistorisch bedingt sind). Deshalb kann es sich hierbei auch nur um eine zusätzliche Lernstrategie handeln, die in den meisten (freilich nicht in allen) Fällen die Lerner(innen) zur jeweils richtigen Pluralform führt, wenn sie sie vergessen haben. Auf jeden Fall sollte man den Lerner(innen) diese zweite Strategie nicht vorenthalten.

Die in 4B1 gebotene Darstellung läßt sich im Unterricht noch weiter „vereinfachen" (und vergröbern), etwa in Form der folgenden Übersicht:

			Plural					Plural
1	mask. + Konsonant	$\rightarrow$	-e	3	-el, -en, -er		$\rightarrow$	--
2a	fem. + -e	$\rightarrow$	-n	4	neutr. + Konsonant	$\rightarrow$		-er
2b	fem. + Konsonant	$\rightarrow$	-en	5	Fremdwort		$\rightarrow$	-s

Abschließend sei allerdings nochmals betont, daß es genügend Fälle gibt, wo das Schema nicht funktioniert (z. B. *das Bett – die Betten*); es kommt also darauf an, die Lerner(innen) auch auf die begrenzte Reichweite der beschriebenen Regularitäten hinzuweisen. Trotz dieser Einschränkung ist das Schema gleichwohl hilfreich.

Trennbare Verben

Verben mit trennbarem Präfix führen zu der für das Deutsche typischen „Satzklammer", die auch in anderen Zusammenhängen (z. B. bei allen mehrgliedrigen Tempora, im Nebensatz) zu beobachten und zu beachen ist.

Die Darstellung im *LB*, S. 59, macht anhand der Satzarten „Aussagesatz", „Wortfrage" und „Satzfrage" auch optisch auf diese Satzklammer mit dem trennbaren Präfix am Ende aufmerksam. Bei der Behandlung im Unterricht sollten vor allem zwei Dinge bewußt gemacht werden:

1. Die Trennbarkeit eines Präfixes erkennt man daran, daß das Präfix (im Infinitiv) *betont* ist (vgl. das Betonungszeichen ' in den Infinitivformen).
2. Die Stellung des Verbs selbst weicht in keiner Weise von der bereits (aus 2B5) bekannten Verbstellung ab.

Präteritum: „sein" und „haben"

In der Darstellung sind die „Präteritumsignale" und (wie beim Präsens) die Endungen besonders hervorgehoben.

Obwohl es sich bei den Präteritumformen von *sein* und *haben* um von den Präteritumformen der übrigen Verben mehr oder weniger abweichende Formen handelt, kann an dieser Stelle im Unterricht schon darauf hingewiesen werden, daß die Endungen „regelhaft" sind: Die Endungen des Präteritums von *haben* sind die gleichen wie die des Präteritums der regelmäßigen Verben; die Endungen des Präteritums von *sein* sind die gleichen wie die des Präteritums der unregelmäßigen Verben. Auch die beiden unterschiedlichen Präteritumsignale werden in vergleichbarer Form bei den regelmäßigen *(-t-)* bzw. den unregelmäßigen (-Ablaut-) Verben wieder begegnen.

Weitere Ausspracheprobleme

Morpho-Phonetik: Pluralbildung

Der Lehrer sollte sich darüber im klaren sein, daß die meisten morphologischen Probleme – gewöhnlich visuell, mit Hilfe des Schriftbildes eingeführt – zugleich phonetische Probleme bereiten. „Morpho-phonetische" Erscheinungen sind Lautkontraste, die unterschiedliche formale Kategorien signalisieren, zum Beispiel Singular/Plural (mit/ohne Umlaut, mit/ohne Endung, durch Anfügen des Endungsvokals verbunden mit Aufhebung der Auslautverhärtung). Für Ausgangssprachen, die solche

Erscheinungen nicht oder nur in geringem Maß kennen, ist die Hörunterscheidung und/oder die Produktion dieser oft nebentonigen und dadurch von Reduktionen und Assimilationen besonders betroffenen morpho-phonetischen Signale schwierig (für Italiener z. B. ist eine Singularform wie *Brot* vom Plural *Brote* kaum zu unterscheiden, ebensowenig *kalt* von *kalte*, *macht* von *machte*). Ausgehend von Sprachen mit Endungsflexion wiederum sind die deutschen Endungen einander allzu ähnlich und schwer zu merken. Die morpho-phonetisch wirksamen Koppelungen von bestimmten Vokalen mit ihren „Umlauten" sollte der Lerner frühzeitig „ins Ohr bekommen".

Vokale: [a] [ɑː], [ɔ] [oː]

[a] *Frankreich, Deutschland, langsam, danke, das, kalt, ganz, Hamburg, alt*

[ɑː] *langsam, Name, Spanien, Italien, Tag, Saarbrücken, ja, aber, Glas*

[ɔ] *Lotto, noch, Schottland, Kopf*

[oː] *Strom, groß, hallo, Vorname, hoch, Oktober, Obst*

Diese Vokalübung ist für die meisten Ausgangssprachen relativ leicht; jedoch müssen Lerner, die nur einen Laut zwischen [a] und [ɔ] kennen, zum Beispiel Perser, auf die Unterscheidungsfunktion dieser beiden Vokale im Deutschen (Minimalpaare wie z. B. *Mast – Most*) achten. Für die meisten Sprachen ist der Gegensatz kurz/lang ungewohnt. Beim Üben von [a] und [ɑː] kann man sich, ohne gleichzeitig auf den sonst für das Deutsche charakteristischen Gegensatz kurz/offen – lang/geschlossen achten zu müssen, ganz auf die Opposition kurz/lang konzentrieren. Hierzu sind – gerade für die Hörunterscheidung – Minimalpaare aus selbstkonstruierten Nonsense-Silben (z. B. [tat] – [tɑːt], [ram] – [rɑːm]) günstig, weil Wortbeispielpaare im Kapitelwortschatz fehlen. Bei [ɔ] und [oː] ist darauf zu achten, daß [oː] stets „Monophthong" ist, also ein unverändert durchgehaltener Laut (nie [oʊ]!). [ɔ] ist „offen", [oː] „geschlossen" zu sprechen, was sich mit Lippenöffnung und „Kieferwinkel" leicht demonstrieren läßt. Die Beispiele erlauben auch schon einen Hinweis auf wichtige Lese- und Rechtschreib-regeln: der Buchstabe <a> wird in offener Silbe als [ɑː] realisiert *(aber, Name, ja)*, jedoch als kurzes [a], wenn verdoppelter Konsonantenbuchstabe *(hallo)* oder mehr als ein (unterschiedlicher) Konsonantenbuchstabe folgt *(danke, ganz, alter)*. Ähnlich ein-deutig ist das Graphem <o>.
Auf die Erwähnung des „geschlossenen Kurzvokals" wie in *Olive, Tomate, Schoko-lade, Posaune, Lokal* u. a., kann verzichtet werden. Es handelt sich hier um Feinheiten der Hochlautung, die kaum einem Deutschen bewußt sind.

Vokale: [ʊ], [uː]

[ʊ] *Brust, Mund, Mutter, Hamburg, bunt, Kleidung, Butter, Bus, Wurst, Schulter, Kurs, und, Grund*

[uː] *Sprudel, nur, Buch, Fuß, Fußball, Stuhl, Susanne, zu, Kuli, gut, Husten, Uhr*

Die vier deutschen „Hinterzungenvokale" [ɔ], [oː], [ʊ], [uː] sind in dieser Differenzie-rung und in den exakten Klangwerten den wenigsten Ausgangssprachen vertraut und verdienen einiges Augenmerk (zu [ɔ], [oː] vgl. die vorherige Übung). Dabei liegen die Hauptschwierigkeiten wieder bei den lang-geschlossenen Vokalen; speziell für Anglo-phone ist es schwer, [oː] nicht zu [oʊ] zu „diphthongieren", [uː] nicht wie gewohnt mit einem [j]-Vorschlag zu versehen. Die Grapheme <o> und <u> sind ansonsten eindeutig.

Konsonanten: [ŋ], [ŋk]

[ŋ]   *bringen, Finger, Inge, lange, anfangen, Lunge, Junge, Hunger;*
      eng, lang, Verzeihung, Kleidung, Heizung

[ŋk] *trinken, linke, Schenkel, kranke, Frankreich;*
      Schrank, krank, Bank, links

Der Dentalnasal [n] ist für so gut wie keine Ausgangssprache schwierig; jedoch ist darauf zu achten, daß manche Lerner benachbarte Vokale nasalieren. Um so schwieriger ist für viele Lerner der Velarnasal [ŋ]; er gehört für Romanen, Slawen, Ungarn, Türken geradezu zu den „Leitproblemen" der deutschen Aussprache. Es ist wieder einmal nicht so, daß sie den Laut nicht bilden könnten: sie tun es korrekt in der Stellung vor [k], z.B. in *trinken*. Das Problem liegt in der Distribution, hier: dem isolierten Vorkommen ohne folgenden velaren Plosiv [k] oder [g]; dazu kommt die irreführende Schreibung <ng>, die gerade ein folgendes [g] suggeriert. Die Übung könnte von *trinken* ausgehen: [trɪŋkən] – [trɪŋk] – [trɪŋ::::k] (stark gelängter Nasal, von dem sich der schließende Plosiv [k] schon „ablöst") – [trɪŋ:::] ([k] ist weggefallen) – [trɪŋ] (normal kurzer Nasal).

Konsonanten: [ç], [x], [j]

[ç]   *sprechen, welche, Mädchen, nächste;*
      ich, zwanzig, dreißig, Pfennig, Frankreich, Österreich, gleich, euch;
      richten, nicht, Vorsicht, rechts, schlecht, Milch

[x]   *machen, kochen, suchen, rauchen, brauchen, Nachbar;*
      nach, noch, doch, suchen;
      Bauch, auch; Nacht, acht, nachts

[ç ≠ x] *nach rechts, zwanzig nach acht, noch nicht gleich, auch nicht nachts*

[j]   *jetzt, Januar, ja, Japan, Jahr, Major, Joghurt, jung, Juli, Juni*

Die beiden „hinteren" Reibelaute [ç] (palatal) und [x] (velar) konkurrieren im Deutschen nicht: Wo der eine vorkommen kann, ist der andere ausgeschlossen. [ç] steht nach den Vorder-, [x] nach den Hinterzungenvokalen – die Beispiele zeigen es. Zur Bildung von [ç] und zur Vermeidung des Ersatzes durch [ʃ] vgl. die Bemerkungen auf S. 86. Zu vermeiden ist auch der Ersatz durch [x], das in mehreren Ausgangssprachen vorkommt. Die Schrift gibt keine Hilfe; für beide Laute steht <ch>. [j], das als stimmhaftes Gegenstück zu [ç] zu sehen ist, übt man im Ausländerunterricht besser vom Vokal [iː] her. Ein Leseproblem entsteht dadurch, daß das Graphem <j> in vielen Sprachen für [ʒ] oder [dʒ] gebraucht wird.

Diktattext

Herr Bauer ist schon drei Tage krank. Er hat Halsschmerzen, Husten und Fieber. Aber der Kopf tut auch weh, die Brust, der Bauch, Arme und Beine, Hände und Füße, alles tut weh!
Der Doktor sagt: „Sie haben eine Grippe! Hier sind Tabletten und Grippetee. Nehmen Sie dreimal täglich zwei Tabletten und trinken Sie dazu Tee. Bald sind Sie wieder gesund!"

Kontrollaufgaben zu Kapitel 1–4
(*AB* S. 53 ff.)

Dieser informelle Test dient in erster Linie der Lernerfolgskontrolle für die Kurtsteilnehmer und zur Nacharbeit von Defiziten, die der Test aufdeckt. Man kann durch ihn aber auch Anhaltspunkte zur Einstufung in den zweiten Teil des Bandes 1A bekommen. Eine mündliche Prüfung sollte ihn dann ergänzen.

Teil A: Wortschatz
Es werden in erster Linie *Verben* abgefragt (10 von 12 Aufgaben), weiter Fragepronomina (Aufgabe 12) und das Wort *Schmerzen* (Aufgabe 11).

Teil B: Grammatik
Überprüft werden Verbkonjugation (Aufgaben 1–5), Präteritumformen *war* und *hatte* (Aufgaben 6/7) und die Beherrschung des unbestimmten Artikels (Aufgaben 8–10).

Teil C: Orthographie
Es geht hauptsächlich um die Schreibungen von langen Vokalen und Diphthongen und um die korrekte Schreibung von einzelnen Wörtern.

Teil D: Lesen
Überprüft wird das Erfassen der wesentlichen Information im Text.

Teil E: Sprechen
Überprüft wird, ob die richtige Zuordnung von Dialogrepliken erkannt wird.

Teil F: Schreiben
Eine Bilderfolge in Anlehnung an 3A3 unter Zuhilfenahme des Sachbereichs „Essen/Trinken" soll schriftlich dargestellt werden.

Punkteverteilung

Teil A:	12 Punkte	(= 12 × 1 Pkt.)
Teil B:	15 Punkte	(= 10 × 1,5 Pkte.)
Teil C:	9 Punkte	(= 18 × 0,5 Pkt.)
Teil D:	10 Punkte	(= 10 × 1 Pkt.)
Teil E:	10 Punkte	(= 5 × 2 Pkte.)
Teil F:	12 Punkte	(für jeden Satz 2 Pkte. = 6 × 2 Pkte.)
insgesamt:	68 Punkte	

Sollte der Wunsch oder die Notwendigkeit bestehen, Noten zu vergeben, wird die folgende Notenskala empfohlen:

68–64 Pkte. = 1	55–48 Pkte. = 3	unter 38 = nicht ausreichend
63–56 Pkte. = 2	47–38 Pkte. = 4	

Kapitel 5

Schwerpunkt in diesem Kapitel sind Angaben zur *Zeit* und zu *zeitlichen Relationen* (Zeitpunkt; Zeitdauer – Tageszeiten, Wochentage, Monate, Jahreszeiten, Feiertage, Ferien), die in Gesprächssituationen wie z.B. „Am Flugschalter/Fahrkartenschalter; beim Arzt; in der Werkstatt; Verabredung/Bestellung am Telefon" präsentiert werden. Im Grammatikbereich stehen die *Konjugation von Modalverben* und das *Verb und seine Ergänzungen* (Akkusativ-, Qualitativ-, Direktiv-, Einordnungs- und temporale Situativergänzung) im Mittelpunkt des neuen Lernstoffs.

Übersicht		Lehr-buch	Arbeits-buch	Folien	Cassette 1A/1
5A1	*Wieviel Uhr ist es? – Sieben nach elf / Elf Uhr sieben*	S. 62 Ü1	S. 57 Ü1–4	F17	5A1 Ü1
5A2	*Wie spät ist es? / Wann treffen wir uns?*	S. 63 Ü2–3	S. 58 Ü5	F18	5A2 Ü2–3
5A3	*Abflug Lufthansa 316 nach ...*	S. 65 Ü4–5	S. 59 Ü6		5A3 Ü4–5
5A4	*Sie können mit dem Bus fahren*	S. 66 Ü6–7	S. 60 Ü7–8		5A4
5A5	*Ferien vom 18. Juni bis zum 3. August*	S. 67 Ü8–9	S. 61 Ü9–11		5A5 Ü8–9
5A6	*Haben Sie einen Termin für mich?*	S. 68 Ü10	S. 62 Ü12–16	F19	5A6 Ü10
5A7	*Ich brauche sofort Hilfe!*	S. 69 Ü11	S. 64 Ü17–18	F19	5A7
5A8	*DRITTES REICH*	S. 70			5A8
5AW	*Wiederholen/Spielen*		S. 65 Ü1–2		
5B1	*Die Konjugation: Modalver-ben (1)*	S. 71 Ü1	S. 66 Ü1–2		
5B2	*Das Verb und die Ergän-zungen*	S. 71 Ü2–6	S. 67 Ü3		

Wieviel Uhr ist es? – Sieben nach elf/Elf Uhr sieben

Im grün unterlegten Feld LB S. 62 sind die wichtigsten Angaben zum Begriff *Zeitpunkt* zusammengestellt. Die linke Seite gibt den umgangssprachlichen Gebrauch an (Zeigeruhr als Symbol, Leute im Gespräch) die rechte den amtlichen (Digitaluhr mit jeweils zwei Zeitangaben; Fernsehsprecher).

Anhand des grün unterlegten Feldes das System der Uhrzeit und der Angabe des Zeitpunkts erklären. Mit Hilfe der beiden Vignetten auf F17 Mitte kann der umgangssprachliche und der amtliche Sprachgebrauch frei geübt werden (Uhrzeit anschreiben; auf die jeweilige Vignette auf der Folie deuten).

Schritt 1
F17

Schritt 2

ODER: Beginn mit Zeitansagen (Telefonansage): von der Cassette anhören und mitnotieren lassen; anschließend Korrektur. Die Aussprache des [r] in *Uhr* ist hyperkorrekt. Zu erwarten ist Vokalisierung zu [ɐ].

Schritt 3

F17

Das Situationsbild „Im Uhrengeschäft" (F17 oben) besprechen, ggf. Wortschatz klären (*Wand-Uhr; Armband-Uhr; Wecker* usw.)
LB 5A1 Ü1: Kurzen Dialog *Wieviel Uhr ist es?* von der Cassette dazunehmen und mit Hilfe der Zahlentabelle von Ü1 einüben. Anschließend freie Variation (oft nach der Uhrzeit fragen!).

Schritt 4

F17

Im Arbeitsbuch werden anhand der Zeitzonenkarte (F17) zunächst die Begriffe *Morgen/Vormittag/Mittag/Nachmittag/Abend/Nacht* geklärt, dann werden mit Hilfe der Weltkarte/Zeitzonen die Übungen 1−4 (AB S. 57) durchgeführt:
Ü1: Lesetext zu „Tageszeiten".

F17

Ü2: Mit Hilfe der Weltkarte die Tabelle ausfüllen.
Ü3: Den Begriff *Zeitunterschied* klären, dann die Übung durchspielen, anschließend eigene Beispiele dazu finden.
Ü4: Die Übung macht ein „Umrechnen" (Vorwärts- bzw. Rückwärtszählen der Zeitzonen erforderlich); weitere Beispiele selbst entwickeln lassen.

5A2

Wie spät ist es?/Wann treffen wir uns?

In diesem Abschnitt werden weitere Varianten zum Begriff *Zeitpunkt* (Wie spät ...?/Wann ...?) und der Ausdruck von *Zeitdauer* (Wie lange ...?) in typischen Anwendungssituationen (Verabredung/Auskunft) eingeführt und geübt.

Schritt 1

F18

Mit Hilfe der Folie (F18 oben) die beiden Zeichnungen besprechen. Zuerst zur linken (Mann im Schlafanzug), dann zur rechten Zeichnung (Frau in Badewanne) Vermutungen anstellen lassen, worüber sie reden.
Dann Hinweis durch den Lehrer: *Die beiden wollen am nächsten Morgen gemeinsam mit der Bahn verreisen. Wie könnte dann das Gespräch verlaufen?* (Der Mann ist etwas ängstlich und unsicher, die Frau selbstsicher).
Alternative Einstiegsmöglichkeit: Zuerst die Cassette anspielen und raten lassen, was der Mann und die Frau gerade tun (Hintergrundgeräusche!). Die beiden Bilder von Folie 18 ansehen und ein Gespräch erfinden. Weiter mit Schritt 2.

Schritt 2

Das Telefongespräch von der Cassette anhören; falls nötig, beim wiederholten Anhören in kleinere Abschnitte aufteilen und diese besprechen (Übersetzung, falls nötig). Dialog gut einüben! Dann freie Telefonate spielen lassen, ggf. mit Hilfe von Stichwörtern, die an der Tafel notiert werden (vgl. Redemittelkasten). Beispiel:

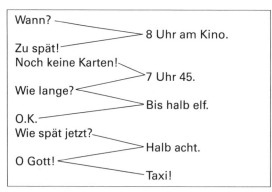

AB Ü5 (S. 58): Aus den Gesprächsfetzen ein sinnvolles Gespräch rekonstruieren.   **Schritt 3**

LB Ü2 (S. 64): Audiovisuelle Präsentation mit Hilfe der Vignette von F18 links und der Cassette.   **Schritt 4**
📼 **F18**

Anschließend Dialogvariation anhand der Flugtabelle (Abflüge, Flughafen München) im Lehrbuch S. 64 oben rechts. Weitere Übungsmöglichkeiten auf der Folie, Tabelle unten links (Auszug aus dem Flugplan des Frankfurter Flughafens).

LB Ü3 (S. 64): Audiovisuelle Präsentation mit Hilfe der Vignette von F18 Mitte rechts (Bahnhofsschalter) und der Cassette. Anschließend Dialogvariation anhand des Auszugs aus dem Fahrplan (Ausgangsbahnhof: Hannover; LB S. 64).   **Schritt 5**
F18
Weitere Übungsmöglichkeiten auf der Folie, Tabelle unten rechts (Städteverbindungen von München aus).

Abflug Lufthansa 316 nach ...   5A3

In diesem Abschnitt geht es um die *Hörverstehensschulung an authentischen Hörtexten* (Durchsagen am Bahnhof und am Flughafen). Solche Durchsagen sind in der Realität zumeist durch Nebengeräusche bzw. die Modulation der Lautsprecher stark gestört und deshalb schwer verständlich. Wichtig ist deshalb, daß man lernt, die für einen selbst wichtige Information „herauszuhören" (selektives Hören) und den „Frust" zu überwinden, daß man als nichtdeutscher Lernender zunächst einmal fast gar nichts versteht, es sei denn die englische Durchsage.

Foto S. 65 oben rechts (Abflughalle im Flughafen) besprechen, dann gemeinsam die Cassette anhören: Welche Ausdrücke konnte man erkennen?   **Schritt 1**
📼
Die Durchsage öfter anhören und die Lücken im Text im Lehrbuch S. 65 oben *(Ü4)* zu ergänzen versuchen.
Die Durchsagen einzeln der Reihe nach anhören und gemeinsam den Text ergänzen.
AB Ü6a (S. 59): Die Cassette noch einmal anhören und den Text bei insgesamt zweimaligem Anhören zu ergänzen versuchen.

Cassette zu *Durchsagen am Bahnhof* anhören und gemeinsam besprechen, zu welcher Situation der Text gehört und woran man die „Bahnhofsdurchsage" erkannt hat.   **Schritt 2**
📼

In der Regel fehlen am Bahnhof auch die englischen Durchsagen, die das Zurechtfinden am Flughafen erleichtern. Wie jeder, der in der Bundesrepublik reist, weiß, zeichnen sich Bahnhofsdurchsagen durch stark regionale Varianten aus (hier z. B. das bayerische [ɪk] bei *zwanzig* und die allgemein bayerische Färbung). Vielleicht fällt das auch den Kursteilnehmern auf.
Bild S. 65 Mitte gemeinsam besprechen (Hauptbahnhof München). Durchsagen noch einmal anhören und den Lückentext von *Ü5* auszufüllen versuchen.
Die Durchsagen noch einmal einzeln der Reihe nach anhören und den Text ergänzen.
AB Ü6b (S. 59): Die Cassette noch einmal anhören und den Text bei insgesamt zweimaligem Anhören zu ergänzen versuchen.

Sie können mit dem Bus fahren   5A4

Die Frankfurter Buchmesse findet jedes Jahr Anfang Oktober statt (ca. 1 Woche). Sie ist die größte Buchmesse der Welt. Das Foto S. 66 oben rechts zeigt einen Ausschnitt (Bücherstände von Verlagen) aus einer der Messehallen. Die Buchmesse ist zwar eine Fachmesse, aber sie wird auch von vielen Leuten besucht, die mit Büchern berufsmäßig nichts zu tun haben, sich aber für Bücher interessieren (Neuerscheinungen, Autorenlesungen usw.).
In der Gesprächssituation „Zimmerreservierung am Telefon" werden *einfache For-*

men von Modalverben eingeführt: *können/mögen;* Konjunktiv: *ich möchte* für die Höflichkeitsform. (Modalverben werden in Band 1B systematisch behandelt.)

Schritt 1

Gemeinsam das Telefongespräch von der Cassette anhören und besprechen, was man verstanden hat: *(Wie viele Leute sprechen? Was will die Anruferin? Bekommt sie noch ein Hotelzimmer? Wo ist noch ein Zimmer frei? Wie weit ist es bis nach Frankfurt? Wie kommt sie zur Buchmesse? Wie kann sie das Zimmer bestellen?)*
Bei diesem Gespräch Stichwörter an die Tafel schreiben, die den Verlauf des Telefonats skizzieren.

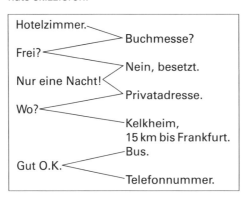

Dann das Telefonat noch einmal anhören.
AB Ü7 (S. 60): Übung zur Verständnissicherung
Anschließend das Gespräch mit Hilfe der Stichwörter nachspielen.

Alternative Einstiegsmöglichkeit: Den Text (LB S. 66 oben) gemeinsam lesen; dabei unbekannte Wörter besprechen.
Den Text mit Hilfe des Dialoggerüsts (Tafelanschrift!) nachspielen.
Die folgenden Sätze handschriftlich (3–5 cm groß) vorbereiten, dann in Einzelwörter / Satzglieder zerschneiden:

Die verwürfelten Wörter auf den Tisch / den Boden legen und die Kursteilnehmer – falls die Gruppe nicht zu groß ist – bitten, die Wörter so zu ordnen, daß ganze Sätze und ein fortlaufender Text entstehen. Wenn die Gruppe größer ist, bekommen immer zwei bis drei Lernende die Wörter eines Satzes, die sie ordnen sollen.

Schritt 2

Die Tabelle *5B1* (LB S. 71) gemeinsam besprechen und die Beispielsätze lesen.
Tafelanschrift

○ *Ich möchte*   *morgen ins Kino gehen.*
    Möchtest du   *mitkommen?*
● *Ich kann*   *leider nicht*   *mitkommen.*
      ↓   ↓
   Modalverb   Infinitiv am
                        Satzende

5B Ü1 (LB S. 73): Lückentextergänzung zum Grammatikpensum.
Ebenso *AB 5B Ü1* und *2* (S. 66).

Ü6 (LB S. 66) bietet auf 3 Rollenkarten Übungsmaterial zum freieren Sprechen und Spielen. Der Fahrplan wird ins Spiel miteinbezogen. Rollenkarten in Partnerarbeit vergeben und ein Gespräch (ggf. mit Hilfe von Stichwörtern/Notizen schriftlich) vorbereiten lassen. Dann spielen die Partner ihr Gespräch den anderen Kursteilnehmern vor. **Schritt 3**
AB Ü8: Ein Lückengespräch, das als Hausaufgabe ergänzt und im Kurs vorgespielt werden kann.
LB Ü7: Freie Gestaltung eines Gesprächsanlasses analog zu den Rollenkarten.

Ferien vom 18. Juni bis zum 3. August

In diesem Abschnitt werden die *Ordinalzahlen* anhand des *Datums* eingeführt.

Das System der Ordnungszahlen im grün unterlegten Feld (Lehrbuch S. 67 oben) besprechen (vorsprechen – nachsprechen lassen), anschließend den entsprechenden Abschnitt von der Cassette anhören und nachsprechen. Zahlenkarten vorbereiten:
1. 2. 3. usw., mischen und verteilen, ordnen lassen, gemeinsam lesen.
Für die Ordnungszahlen ab *der zwanzigste* ist – falls die Konsonantenhäufung [çst] Probleme bereitet – ein Hinweis nützlich, daß süddeutsch auch [kst] akzeptabel ist (zu hören selbst bei Nachrichtensprechern des Bayerischen Rundfunks). Die Tabelle wird mit Erstbetonung bei den mehrsilbigen Zahlen gelesen: **Schritt 1**

(zweiundzwanzigste);

speziell bei Nummern- und Datumsangaben ist aber auch zweiundzwanzigste anzutreffen.

AB Ü9 (S. 61) besprechen und ggf. als Hausaufgabe stellen.

Besprechung des Ferienkalenders **Schritt 2**
Hier leistet sich das Buch einen Vorgriff in der Progression und behandelt die flektierten Formen: *der erste; am achtundzwanzigsten* usw. als lexikalische Einheiten.
In der Bundesrepublik gibt es in den Schulen insgesamt ca. 10 Wochen Ferien im Jahr. Die einzelnen Bundesländer legen in Absprache untereinander gestaffelte Termine für die Sommerferien fest – jeweils ca. 6 Wochen –, die zwischen Mitte Juni und Mitte September liegen. Durch diese Maßnahme soll verhindert werden, daß alle Familien mit Schulkindern zur selben Zeit Ferien machen. Abhängig von den Sommerferien verteilen dann die einzelnen Bundesländer die restlichen Ferien auf die Oster-, Pfingst-, Herbst- und Weihnachtszeit. Da der Beginn der Sommerferien nach einem rotierenden System erfolgt, verschiebt sich in jedem Bundesland der Beginn der Sommerferien von Jahr zu Jahr.
Zunächst sollte diese Regelung erklärt und anhand der Deutschlandkarte von F5 noch einmal die geographische Lage der einzelnen Bundesländer geklärt werden: **F5**
Baden-Württemberg (Hauptstadt: Stuttgart): im Südwesten
Bayern (Hauptstadt: München): im Südosten
Berlin (West)
Bremen (Stadtstaat): im Norden
Hamburg (Stadtstaat): im Norden
Hessen (Hauptstadt: Wiesbaden): in der Mitte
Niedersachsen (Hauptstadt: Hannover): im Norden
Nordrhein-Westfalen (Hauptstadt: Düsseldorf): im Westen
Rheinland-Pfalz (Hauptstadt: Mainz): im Südwesten
Saarland (Hauptstadt: Saarbrücken): im Südwesten
Schleswig-Holstein (Hauptstadt: Kiel): das nördlichste Bundesland
Vielleicht fällt einem Lerner auf, daß die „Bindestrich-Namen" – entgegen den sonstigen Betonungsregeln der Komposita – den Akzent auf dem zweiten Glied tragen. Dann den Text neben der Tabelle gemeinsam lesen (*In Nordrhein-Westfalen dauern die*

Sommerferien ...) und anschließend die Ferientabelle erarbeiten (Lautlesen des Datums: *erster April; achtundzwanzigster Mai* usw.; selbst Fragen stellen: *Wann ...?, wie lange ...?).* Hilfe kann die folgende Tafelanschrift geben:

Monate			Jahreszeiten	Feste
Januar	...	1.	Winter	
Februar	...	2.		
März	...	3.	Frühling	
April	...	4.		Ostern
Mai	...	5.		
Juni	...	6.	Sommer	Pfingsten
Juli	...	7.		
August	...	8.		
September	...	9.	Herbst	
Oktober	...	10.		
November	...	11.		
Dezember	...	12.	Winter	Weihnachten

F19 Die Monatsnamen finden Sie auch in der Tabelle von F19 Mitte (mit Übungsmöglichkeiten zum Datum).

Schritt 3 *Ü8* (LB S. 67): Richtigstellung der Aussagen anhand der Ferientabelle.

Schritt 4 *AB Ü10* (S. 61): Fragen anhand der Ferientabelle beantworten (u. U. als Hausaufgabe).

Schritt 5 Zusatzhörtexte *Eine Radio-Ansage*
Zunächst die Durchsage gemeinsam anhören und festhalten, was man verstanden hat (an der Tafel mitnotieren).
In weiteren Durchgängen die Stationen der Tournee und die Orte festhalten (Tabelle):

> *3. April – Kiel*
> *6. 4. – Hamburg*
> *...*

Alternative Möglichkeit: Die Ansage auslaufen lassen und Wörter an der Tafel notieren:
Sänger Stimme Tournee Station(en) Konzert gastieren auftreten
Städte mit Datum auf Karten schreiben:

| Kiel 3. 4. | Hamburg 6. 4. | Bremen 9. 4. | Hannover 13./14. 4. | Köln 16. 4. |

| Stuttgart 23. 4. | München 26./27. 4. | Frankfurt 18.–20. 4. |

Die Tournee zweimal „durchspielen".

Abschließend den Lückentext *AB Ü11* (S. 61) ergänzen.

Schritt 6 *LB Ü9* (S. 67): Die Übung bezieht sich inhaltlich auf das Gespräch von Abschnitt 5A2. Sie soll deutlich werden lassen, daß es unterschiedliche Intonationsmöglichkeiten auch für ganz kurze Äußerungen oder Dialoge gibt, ohne daß sich die Bedeutung wesentlich ändert. Bei der Frage gibt es zwei Grundtypen: die ersten drei haben die für die Wortfrage typische fallende, die letzten zwei die freundlicher wirkende steigende

Intonation. Bei der Antwort gibt es Muster mit nur einem Akzent (auf *Stun-*) und solche mit Nebenakzent (auch *sechs* oder auf *fast*). Die letzte Antwort hat Ausrufcharakter. Expressive Nuancen in der Stimme der Sprecher können durch die Notation nicht wiedergegeben werden.

Gemeinsam die einzelnen Replikenpaare hören und besprechen, welche Bedeutung die jeweilige Stimmvariation hat (sachlich – gereizt – freundlich – ungläubiges Nachfragen – nachfragen, was man nicht verstanden hat usw.) und dann selbst beim Nachsprechen die jeweilige Bedeutung in der Stimmführung und im Stimmdruck auszudrücken versuchen.

Haben Sie einen Termin für mich?

Einer der häufigsten Verwendungsbereiche des *Datums* ist die *Terminabsprache* (Arzttermin; Geschäftstermin; Besuch usw.). Dazu bietet dieser Abschnitt eine Reihe von Lese- und Hörvarianten.

In diesem Abschnitt wird in der Grammatik das Thema *Verb und Ergänzungen,* das in Abschnitt 2B5 eingeführt wurde, wieder aufgegriffen und ergänzt. In 5A6 geht es um die Akkusativergänzung. Es ist ggf. sinnvoll, noch einmal systematisch die Formen des bestimmten und unbestimmten Artikels zum Akkusativ zu wiederholen (vgl. 3B4).

Mit Hilfe der Abbildung im Lehrbuch S. 68 oben links das System der Wochentage und der Zeitangaben *vorgestern – gestern – heute – morgen – übermorgen* besprechen. Dann Einführung in die Gesprächssituation: *Herr Pasolini hat Zahnschmerzen. Er ruft beim Zahnarzt an. Was sagt er?* – Vermutungen an der Tafel sammeln. **Schritt 1**

Den Text von der Cassette anhören und Stichwörter zu folgenden Fragen notieren (die Fragen als Tafelanschrift vorgeben): **Schritt 2**

> *Wie heißt der Zahnarzt?*
> *An welchem Tag bekommt Herr Pasolini einen Termin?*
> *Um wieviel Uhr?*

Den Lesetext der linken Spalte (S. 68) gemeinsam erarbeiten, die Schlüsselwörter unterstreichen (Tafelanschrift): *Ü10* und den Sprechblasentext vervollständigen. Ggf. hier **Schritt 9**). **Schritt 3**

Den Text noch einmal anhören (ggf. öfter) und den Lückentext *AB Ü12* (S. 62) ausfüllen. **Schritt 4**

Das Gespräch anhand der Stichwörter nachspielen. **Schritt 5**

5A6 Hörtext 1 „Herr Petersen ruft an" gemeinsam hören, besprechen (Stichwörter sammeln), dann den Lückentext *AB Ü13* (S. 62) ausfüllen (ggf. als Diktat!) und ggf. nachspielen. **Schritt 6**

Hörtext 2 „Herr Bamberg ruft an" gemeinsam anhören und die Fragen von *AB Ü14* (S. 63) besprechen. Ggf. nachspielen. **Schritt 7**

Lückentext *AB Ü15* (S. 63) – ggf. als Hausaufgabe – ergänzen. **Schritt 8**

AB Ü16 (S. 63): Mit diesem etwas „verspielten" Text werden Zeitadverbien und Datum noch einmal wiederholt (die drei Spalten getrennt besprechen!) **Schritt 9**

Grammatikarbeit **Schritt 9**
In den Texten finden sich viele Beispiele zu Verben mit Akkusativergänzungen. Um die Grammatikstruktur zu verdeutlichen, könnte man gemeinsam mit den Kursteilnehmern solche Beispiele sammeln, ordnen und besprechen.

Tafelanschrift (Sammeln und ordnen):

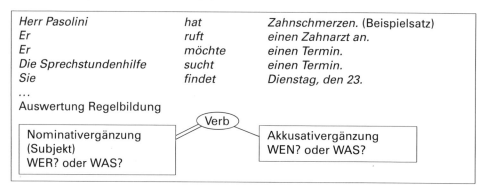

Herr Pasolini	hat	Zahnschmerzen. (Beispielsatz)
Er	ruft	einen Zahnarzt an.
Er	möchte	einen Termin.
Die Sprechstundenhilfe	sucht	einen Termin.
Sie	findet	Dienstag, den 23.

...

Auswertung Regelbildung

Nominativergänzung (Subjekt) WER? oder WAS? —— Verb —— Akkusativergänzung WEN? oder WAS?

Zur Intonation: Die Akkusativergänzung trägt (sofern nicht durch den Kontext oder Pronominalisierung „Wiedererwähnung" signalisiert wird) in aller Regel den Hauptakzent und bestimmt damit die Intonationsstruktur der Äußerung.

5A7   *Ich brauche sofort Hilfe!*

Schritt 1   Gemeinsam den einführenden Text lesen.

Schritt 2   Gespräch zwischen Herrn Gröner und dem Mechaniker hören und den Verlauf in Stichworten an der Tafel festhalten:

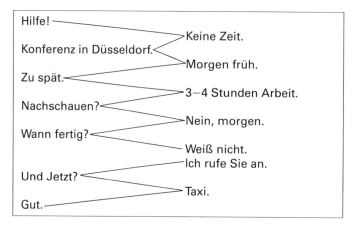

Hilfe! — Keine Zeit.
Konferenz in Düsseldorf. — Morgen früh.
Zu spät. — 3—4 Stunden Arbeit.
Nachschauen? — Nein, morgen.
Wann fertig? — Weiß nicht.
— Ich rufe Sie an.
Und Jetzt? — Taxi.
Gut. —

Schritt 3   Mit Hilfe der Stichwörter lassen sich
a) die verwürfelten Sprechblasentexte *(LB Ü11*, S. 69) ordnen und
b) variierende Gespräche durchspielen.

Schritt 4   Schriftlich in *AB Ü17* (S. 64) die Korrektur des Textes vornehmen (ggf. als Hausaufgabe), Ergebnisse gemeinsam besprechen.

Schritt 5
F19   Dialogvariation mit Hilfe des Fotos F19 unten.

Schritt 6   *AB Ü18* (S. 64): Zu den Angaben im Text ein Telefongespräch entwerfen (Hausaufgabe oder Partnerarbeit); dann die Telefonate vorspielen.

Schritt 7   *Grammatikarbeit*
Anhand der Beispielsätze in *5B2.2–2.5* (LB S. 72) die Satzmodelle besprechen.

Anschließend zu jedem Satzmodell die zugeordnete Übung (2.2 → Ü3; 2.3 → Ü4; 2.4 → Ü5; 2.5 → Ü6) durcharbeiten.

Im Arbeitsbuch S. 67 *(Ü3)* finden Sie eine umfangreiche Sammlung von Sätzen, die den entsprechenden Satzmodellen zugeordnet werden sollen (ggf. als Hausaufgabe, die dann gemeinsam besprochen wird).

Schritt 8

Zwei Wiederholungsübungen (AB S. 65)
Ü1 In den Zeilen (waagrecht und senkrecht) sind 27 Verben versteckt. Sie sollen gefunden und in Sätze eingebaut werden.
Ü2 Wenn alle Zeilen ausgefüllt sind, ergibt sich als Lösungswort *LUFTHANSA*.

Schritt 9

DRITTES REICH

In den drei Gedichten dieses Abschnittes wird mit Wörtern „gespielt". In der „konkreten Poesie", zu deren Hauptvertretern Ernst Jandl gehört, werden Strukturen der Wirklichkeit in Sprache nachgebildet, verformt, kommentiert.
Das Gedicht *fünfter sein* zeichnet (vor allem über den Rhythmus, der in der Hörprobe auf der Cassette deutlich wird) das mechanische Nachrücken der Patienten im Wartezimmer des Arztes nach – und kommentiert dadurch, daß der Patient „eine Nummer" ist.
Das Gedicht *Lehrreich* erreicht durch das Anhängen eines Buchstabens an *Reich* eine Kommentierung der deutschen Geschichte (mehr als das „Dritte Reich" brauchen wir nicht!).
Jandls *Markierung einer Wende* wählt die Form des Jahreskalenders – alle Monate des Jahres 1944 heißen *Krieg* – erst als der Krieg zu Ende ist (Mai 1945) bekommen die Dinge wieder ihren richtigen Namen *(Mai)*.

Unterrichtsvorschläge
E. Jandl: *fünfter sein*
Eine Möglichkeit der Erarbeitung könnte die folgende sein:
Tafelzeichnung

Dann die Grundstruktur der Strophen erarbeiten:
tür auf – einer raus – einer rein → vierter sein.
Frage an die Kursteilnehmer: *Wie geht das Gedicht weiter?* Bei Strophe 4 wird vermutlich zunächst statt *nächster* das Wort *erster* genannt werden (Hinweis auf *Der nächste, bitte!*). Zur letzten Strophe (*selber dransein*) Vermutungen sammeln, wie der Kontakt mit dem Arzt in das Gefüge des Gedichts eingebracht werden könnte.
Abschließend das Gedicht von der Cassette hören.

Eine andere Möglichkeit der Erarbeitung des Gedichts wäre, es zunächst einmal gemeinsam von der Cassette anzuhören, Vermutungen anzustellen, auf welche Situation es sich bezieht (Schlüsselwort: *tag-herr-doktor* der letzten Zeile) und dann Schritt für Schritt die Details des Textes erarbeiten.

Ernst Jandl: *Markierung einer Wende*
Das Gedicht bezieht seinen Reiz aus der Flächenanordnung, die dem Kalender (12 Monate im Jahr) nachgebildet ist.
Arbeitsvorschlag: Das Gedicht gemeinsam betrachten und Vermutungen anstellen lassen, was es bedeuten könnte (Schlüsselwörter: *1944 – krieg – 1945 – mai*). Geschichtliche Zusammenhänge erläutern.

Burckhard Garbe: *Lehrreich*
Um das Gedicht zu verstehen, muß man wissen, daß es in der deutschen Geschichte ein Erstes Reich (962–1806), ein Zweites Reich (1871–1918) und – nach der Nazi-Propaganda – ein Drittes Reich (1933–1945) gegeben hat. Die Geschichte des Aufstiegs und Untergangs der Deutschen Reiche ist *lehrreich*: der Autor zieht das Fazit, daß drei Deutsche Reiche genug sind und daß es nach dem *dritten reicht*.
Arbeitsvorschlag: Gemeinsam das Gedicht lesen, die Hintergründe und die Bedeutung der Wortspiele *lehr-reich* und *reich-t* erläutern.

Weitere Hinweise auf konkrete Poesie und Arbeitsvorschläge bei: D. Krusche, R. Krechel: *Anspiel. Konkrete Poesie im Unterricht Deutsch als Fremdsprache.* 1984 (Textsammlung/Cassette; zu beziehen durch: INTER NATIONES, Kennedyallee, 5300 Bonn 2).

Erläuterungen zur Grammatik

5B1

Die Konjugation: Modalverben (1)

In 5B1 werden die beiden wohl am häufigsten gebrauchten Modalverben *können* und *ich möchte* dargestellt. Da es sich bei *ich möchte* um die Konjunktiv II-Form von *mögen* handelt (zum Ausdruck eines Wunsches), nennen wir diese Form auch beim Namen, zumal auch die Indikativ-Form von *mögen* (freilich mit etwas anderer Bedeutung) in Gebrauch ist.
Im Unterricht sollte besonders auf die (im Vergleich mit den übrigen Verben) unterschiedliche Endung in der 1. und 3. Person Singular aufmerksam gemacht werden, ebenso auf den Vokalwechsel im Singular.
Eine Hilfe beim Erlernen der Formen von *ich möchte* kann der Hinweis sein, daß die Endungen die gleichen sind wie beim Präteritum (vgl. das Präteritum von *haben* in 4B3).

5B2

Das Verb und die Ergänzungen

Von den insgesamt 10 Ergänzungsarten (nach dem Beschreibungsmodell von Engel und Schumacher) können an dieser Stelle bereits 5 präsentiert und bewußt gemacht werden. Dies geschieht in der Weise, daß jeweils zunächst Beispielsätze aus den vorangehenden Texten präsentiert werden, deren jeweils gemeinsame Struktur dann in einem Modell abgebildet wird. Dabei werden die bereits in 2B5 eingeführten Farben und Symbole konsequent weiter verwendet (vgl. die Kommentierung von 2B5).
Bei den jeweiligen Ergänzungen haben wir die Fragewörter, mit denen sie erfragt werden können, mit abgebildet; dadurch sind sie zum einen weniger abstrakt, zum anderen lassen sich sofort auch die entsprechenden Fragesätze mit dem jeweils richtigen Fragewort bilden (z. B. *WER hat Zahnschmerzen?, WAS hat er?*).
Ziel (auch der zugehörigen Übungen) ist es, daß die Lerner(innen) sich die obligatorischen Ergänzungen der jeweiligen Verben (oder anders ausgedrückt: die Satzbau-

pläne dieser Verben) einprägen und sie mit Hilfe der entsprechenden Fragen immer wieder aktivieren.

Weitere Ergänzungsarten werden eingeführt in 7B2 (lokale Situativergänzung) und in 8B4 (Dativergänzung). Die noch ausstehende Präpositionalergänzung (z. B. *Ich denke a n d i c h*) wird in Band 1B eingeführt, ebenso die seltene (und selten gebrauchte) Genitivergänzung (z. B. *Wir gedenken d e r T o t e n.*) und Verbativergänzung (z. B. *Wir lassen euch gerne m i t s p i e l e n.*).

Weitere Ausspracheprobleme

Vokale: [ə], [ɐ], [ae], [ao], [ɔø]

[ə] *Schere, Stelle, Name, keine, halbe, kaufe, bitte, Schokolade, Tasse, leise, Tasche, danke, Auge, spreche, mache;*
    arbeitet, besetzt, gehören

[ɐ] *mir, hier, Ihr, der, sehr, vor, Ohr;*
    Eier, Lehrer, Müller, Nummer, Finger, Körper, aber, Koffer, Peter, leider, Wasser, Fischer, Wecker, Lager

[ae] *Reihe, frei, drei, schreiben, klein, gleich, Mai, mein, Meister, nein, Bein, arbeiten, Wein, Teilnehmer, dein, Zeitung, sein, Scheibe, kein, Eile, Ei*

[ao] *Frau, Braun, rauchen, laut, Klaus, Paul, Bauer, Bauch, tausend, sauber, kaufen, Haus, auf, Auto, aus, Auge, auch*

[ɔø] *Fräulein, Freund, neu, neun, Bäuche, Feuerzeug, teuer, Deutsch, heute, Europa, euch*

Ein deutliches Zeichen ausländischen Akzents ist – selbst wenn alle anderen Laute sicher beherrscht werden – auch bei fast perfekten Sprechern meist der „Mittelzungenvokal" [ə], den viele Sprachen zwar ähnlich, aber nicht ganz übereinstimmend in ihren Lautsystemen haben. Dazu kommt, daß er im Deutschen in Nebensilben mit regionalen Unterschieden ausfallen kann, woraus sich wieder für das Deutsche spezifische Assimilationen der dann unmittelbar aufeinandertreffenden Konsonanten ergeben. Im Anfangsstadium braucht man jedoch am [ə] nicht zu feilen. Wichtig ist aber die Unterscheidung von [ɐ], das als Resultat der Vokalisierung von [r] in Nebensilben sowie nach Langvokalen häufig und – was die Sache erschwert – in gleicher Wortposition wie [ə] vorkommt. Bitte nicht ein „korrekt gesprochenes" [r] einüben! Entgegen manchen Handbüchern ist die vokalisierte Form auch hochsprachlich und in der Bühnenaussprache längst akzeptiert. Jede Überbetonung der Nebensilbe -er wirkt unecht und gekünstelt.

Die drei „fallenden" Diphthonge des Deutschen sind, wie die Beispiele zeigen, sehr häufig und auch im Strukturwortschatz vertreten; ([ʊi] wie in *pfui* ist dagegen höchst selten). Die von uns (wie bei anderen Autoren auch) verwendete Umschrift, die vor allem im Hinblick auf die Orthographie etwas ungewohnt sein mag, gibt die Anfangs- und Endpunkte der Zungenbewegung besser wieder. „Fallend" nennt man die deutschen Diphthonge in bezug auf den Akzent: Der erste Teil ist stärker betont, aber ebenfalls kurz – nicht dehnen! Leseschwierigkeiten dürfte es, trotz der unterschiedlichen Schreibungen für die Diphthonge, kaum geben; einige Varianten sind auf Eigennamen beschränkt. Während die Mehrzahl der wichtigeren Ausgangssprachen ähnliche Diphthonge wie [ae] und [ao] kennt, ist [ɔø] als "gerundeter" Diphthong ebenso ein Problem wie die gerundeten Vorderzungenvokale [y:], [ʏ], [œ], [ø:] (vgl. S. 125).

Konsonanten: [f], [v]

[f] *vier, viel, Füller, fünf, Verzeihung, Frankfurt, Frau, Flasche; treffen, Telefon, Flughafen, Sofa, helfen; Chef, auf, Aufruf, Düsseldorf, Heft*

[v] *wie, Wirkung, Würstchen, wer, warm, was, Wagen, woher, Wunde, zwanzig, zwei, Schweden, Schweiz; Oliven, privat*

Die beiden denti-labialen Reibelaute [f] (stimmlos) und [v] gibt es in den meisten Sprachen. Bei [f] gibt es einige Leseprobleme durch die (für die Anlautposition) wechselnde Schreibung mit <f> und <v>. Bei [v] ist es ebenfalls das Lesen, das z.B. Anglophone zur Verwendung von [u] statt [v] führt, weil sie diese Aussprache für <w> gewohnt sind. Wirklich große Schwierigkeiten haben Hispanophone und Finnen. Das [v] läßt sich mit Hilfe des Taschenspiegels gut kontrollieren: Die Oberzähne müssen locker auf der Unterlippe aufsitzen. Bilabiale Bildung (Ober- auf Unterlippe) wäre falsch.

Konsonanten: [b] ǂ [v]

[b ǂ v] *wie bitte?, Bewohner, Waschbecken, Badewanne, Bratwurst, wunderbar; Bier – wir, bist – wißt, beste – Weste, Becken – wecken, bald – Wald, Bein – Wein*

[b] und [v] (an sich als bilabialer stimmhafter Plosiv und als dentilabialer stimmhafter Reibelaut nur „um Ecken" miteinander verwandt) sind hier in Wörtern und Wortgruppen, in denen beide Laute vorkommen, zusammengestellt, weil [b] von Hispanophonen nur schwer von [v] unterschieden werden kann. Zu [b] vergleiche S. 71, zu [v] siehe oben. Erstmals werden hier in einer Übung sogenannte „Minimalpaare" verwendet, das heißt Paare von Wörtern, die sich nur durch die beiden Laute [b] und [v]

unterscheiden. Zu beachten ist, daß die Paare nicht in Paarintonation: ⌐⌐ ⌐⌐ ,

sondern durchweg fallend intoniert werden sollten. ⌐⌐ ⌐⌐ . Damit werden nicht zusätzliche Unterschiede erzeugt, die vor allem Sprecher von „Tonsprachen" (Chinesisch, Vietnamesisch u.a.) irritieren können.

Diktattext

Die Sommerferien dauern vom vierzehnten Juni bis zum dreißigsten August. Familie Müller aus Bielefeld möchte eine Reise machen. Sie wollen nach München und Salzburg fahren. „Wie viele Kilometer sind es von hier nach Salzburg?", fragt Frau Müller. „Ich weiß nicht, ungefähr siebenhundertfünfzig", meint Herr Müller. Stefan, der Sohn, möchte gleich am fünfzehnten Juni losfahren. Aber das ist ein Samstag. Da gibt es viel Verkehr. Und am Montag ist der siebzehnte Juni! Das ist ein Feiertag. Also fahren Müllers erst am achtzehnten Juni, am Dienstag.

Kapitel 6

In diesem Kapitel werden die Verständigungsbereiche *Zeit/zeitliche Relationen* und *Raum/räumliche Relationen* fortgesetzt und erweitert.
Im Grammatikbereich wird – über mehrere Lernstufen verteilt – das *Perfekt* eingeführt.

Übersicht	Lehr-buch	Arbeits-buch	Folien	Cassette 1A/1
6A1 *Was haben Sie den ganzen Vormittag gemacht?*	S. 74 Ü1–5	S. 69 Ü1–4	F20	6A1 Ü5
6A2 *Horst hat eingekauft*	S. 76 Ü6	S. 70 Ü5–6	F21	6A2 Ü6
6A3a) *Die Chefin hat angerufen!*	S. 78	S. 72 Ü7	F22	6A3a
6A3b) *Sie haben eben angerufen*	S. 79 Ü7–9	S. 72 Ü8–9	F22	6A3b
6A4 *Verloren!*	S. 80 Ü10	S. 73 Ü11	F22	6A4
6A5 *Gefunden!*	S. 81 Ü11–12	S. 73 Ü10	F22	6A5
6A6 *Pech gehabt!*	S. 82 Ü13–16	S. 74 Ü12–13	F23	6A6 Ü13, 16
6A7 *Was ist passiert?*	S. 84 Ü17–20	S. 75 Ü15–16	F23	6A7 Ü18
6A8 *Wer hat gewußt?*	S. 85 Ü21			6A8
6AW *Wiederholen / Spielen*		S. 77 Ü1		
6B1 *Das Perfekt*	S. 86			
6B2 *Das Perfekt: regelmäßige Verben*	S. 86 Ü1	S. 78 Ü1		
6B3 *Das Perfektiv: unregel-mäßige Verben*	S. 87 Ü2–3	S. 78 Ü2		
6B4 *Das Perfekt mit „haben" – Das Perfekt mit „sein"*	S. 87 Ü4–6	S. 81 Ü6		
6B5 *Trennbare Verben – nicht trennbare Verben: Partizip II*	S. 87	S. 78 Ü1–3		
6B6 *Verben auf -„ieren": Partizip II*	S. 88	S. 80 Ü4		
6B7 *Die Konjugation: Perfekt*	S. 88 Ü4–6	S. 80 Ü5, Ü7		
Deutschsprachige Literatur im 20. Jahrhundert: Wer? Was? Wo?	S. 90	Lese-proben S. 82		

6A1   *Was haben Sie den ganzen Vormittag gemacht?*

Die Einführung der regelmäßigen Perfektformen geschieht anhand der Rekonstruktion eines Ablaufs *(Was haben Sie gemacht?)*.

Schritt 1   Gemeinsame Betrachtung des Situationsbildes im Lehrbuch S. 74 links oben: „Herr Rasch beim Chef" *(Wer? Wo? Worüber könnten sie reden? Welche Dinge erkennt man auf der Zeichnung?)*.
Erläuterung durch den Lehrer: *Jetzt ist es 14 Uhr. Herr Rasch war seit 9 Uhr nicht da. Der Chef ist böse!*

Schritt 2
F20   Die linke Bilderspalte von F20 gemeinsam besprechen.

Tafelanschrift (zunächst nur *linke Spalte*):

		Was hat Herr Rasch gemacht?
9.00:	*Herr R. ist im Auto.*	*Er war im Auto.*
9.35:	*Er besucht seine Freundin / die Sekretärin.*	*Er hat seine Freundin / die Sekretärin besucht.*
	Sie kocht Kaffee.	*Sie hat Kaffee gekocht.*
	Er erzählt ihr etwas.	*Er hat ihr etwas erzählt.*
	Sie flirten.	*Sie haben geflirtet.*
11.30:	*Sie machen einen Spaziergang.*	*Sie haben einen Spaziergang gemacht.*
13.00:	*Er besucht die Firma Meinke.*	*Er hat die Firma Meinke besucht.*
	Er wartet.	*Er hat gewartet.*
13.15:	*Er ist am Kiosk und redet.*	*Er war am Kiosk und hat geredet.*
	Er macht eine Pause.	*Er hat eine Pause gemacht.*
14.00:	*Er ist beim Chef.*	*Er ist wieder zurück.*

Schritt 3   Der Chef fragt: *Was haben Sie gemacht?*
Grammatiktabelle 6B2 (S. 86) gemeinsam durchsprechen.
Regelbildung der regelmäßigen Perfektbildung erklären.
Die *rechte Spalte* der Tafelanschrift gemeinsam ausfüllen; dabei die Tabelle 6B2 benutzen.
6BÜ1 (S. 88) gemeinsam ergänzen.

Schritt 4
     Präsentation des Dialogs von der Cassette.
Einführung durch den Lehrer: *Der Chef ist böse. Er denkt, Herr Rasch hat nicht gearbeitet. Aber Herr Rasch sagt, er hat sehr viel gearbeitet!*
Bei mehrmaligem Hören Stichwörter mitnotieren: *Was sagt Herr Rasch? (9 Uhr – viel Verkehr – 1 Stunde im Auto – bei Meinke: eine Stunde gewartet – bis halb zwei mit Herrn Meinke geredet – schnell Hamburger – wieder hier).*

Schritt 5   LB Ü1 (S. 74): Die Bildfolge mit den Stichwörtern vergleichen und Widersprüche herausarbeiten. *AB Ü1 Dichtung und Wahrheit* (S. 69) gemeinsam schriftlich ausfüllen.

Schritt 6
     LB Ü2 (S. 75): *Intonationsübung*
Die Übung folgt dem Dialog in 6A1, wenn auch ohne dessen gereizte Stimmung. Es treten keine neuen Muster auf; vielmehr soll gezeigt werden, wie auch längere Äußerungen von einem Hauptakzent her konturiert sind. Alle anderen Silben – wenn sie nicht mit Nebenakzent(en) eigene Hervorhebungen bilden (was vor allem beim lauten Lesen von geschriebener Sprache der Fall sein kann) – bleiben etwa auf einer Stimmhöhe und werden rhythmisch beschleunigt. Neu ist – wegen der Einführung des Perfekts – das Akzentproblem beim Satzrahmen mit infiniter Verbform (Partizip) rechts. Ergänzungen, falls vorhanden, tragen meist den Hauptakzent; das Partizip ist nur betont, wenn Ergänzungen fehlen oder ein Kontrast beabsichtigt ist.

AB Ü2 (S. 70): Geschichten zu weiteren Bildern der Bildergeschichte erfinden (ggf. als Hausaufgabe). **Schritt 7**

Parallelgeschichte *LB Ü3* (S. 75): Sylvia und Friedrich: Aus den Stichwörtern einen zusammenhängenden Text erstellen. **Schritt 8**

Die Bilderfolge von F20, rechte Spalte (Fritz und sein Freund Marco) besprechen. Wortschatz klären, dann gemeinsam zu den Bildern Texte schreiben. Ausgangsfrage: *„Was hat Fritz am Nachmittag gemacht? (LB Ü4).* *Er hat seinen Freund Marco besucht.* *Sie haben einen Spaziergang in der Stadt gemacht* *Sie haben im Supermarkt eingekauft.* usw. (vgl. die Bildunterschriften im Lehrbuch). **Schritt 9** **F20**

Den Text von der Cassette zu *Ü5* hören. Einführung: *Fritz kommt um Viertel vor 8 nach Hause. Sein Vater ist böse!* Mehrmals anhören, dabei Stichwörter zu dem, was Fritz sagt, notieren. Text von der Cassette nochmal anhören und Lückentext *AB Ü3* (S. 70) ausfüllen. Stichwörter und Bilderfolge vergleichen und Fritz' Aussagen anhand der Bilder richtigstellen. *AB Ü4* (S. 70) als abschließende Hausaufgabe **Schritt 10**

Horst hat eingekauft

Das Thema *Einkauf/Lebensmittel* (vgl. Kap. 3 und 4) wird hier wieder aufgegriffen und erweitert: Einkauf im Selbstbedienungsgeschäft (Supermarkt).
Typisch für den Supermarkt, der in den letzten Jahren im Lebensmittelbereich die Einzelhandelsgeschäfte fast ganz verdrängt hat, (vgl. die Hinweise zu 3A4), sind die großformatigen Preisplakate mit „Sonderangeboten" und die Handzettel, die oft als Beilage zur Tageszeitung zu finden sind. Typisch für Supermarktpreise sind die ungeraden Pfennigbeträge – meist endet ein Preis mit ...,99, d. h., es fehlt ein Pfennig zur vollen Mark (wodurch die Preise niedriger wirken).
Charakteristisch sind auch die Wortzusammensetzungen, durch die ein Produkt näher bezeichnet wird *(V o l l k o r n brot; S t r e u s e l kuchen* bzw. die Marken- oder Firmenbezeichnung wie *M ü l l e r s Milch; J a c o b s -Kaffee).*
In der Situation „Horst hat eingekauft und kommt gerade heim" ist ein „Rätsel" versteckt, das gelöst werden soll. Horst hat einen Einkaufszettel. Anhand der Preisangaben S. 77 sollen die Kursteilnehmer nachrechnen, wieviel er ausgegeben hat. Da er 40 Mark hatte und nur noch DM 2,12 nach Hause bringt, fehlen ihm DM 13,98 (= er hat eine Flasche Kognak gekauft!)

Das Foto S. 76 oben gemeinsam ansehen und erläutern (s. oben). **Schritt 1**

Gemeinsam die Anzeigen S. 77 besprechen; zu jedem Kästchen – soweit möglich und nötig – das Grundwort (Bezeichnung für Lebensmittel) herausfinden und an der Tafel festhalten, z. B. Tafelanschrift: **Schritt 2**

Angebote im Supermarkt	
Butter: 250 g	DM 1,99
Joghurt:	–,69
Brot: 500 g	–,55
1 Pfund	
Margarine 500 g	–,99
usw.	

Es sollten dabei auf jeden Fall die auf dem Einkaufszettel genannten Lebensmittel erarbeitet werden. Sie sind alle in der Anzeigencollage (LB S. 77) enthalten, allerdings zum Teil in Wortkompositionen verborgen, wie zum Beispiel *Brot* in *Vollkornbrot*, *Orangen* in *Blutorangen* usw.

Schritt 3 *Übung zur Kompositabildung*
Die folgenden Komposita zerlegen und auf deutsch oder in der Muttersprache erklären;
Bratheringe; Markenbutter; Speisequark, Blutorangen; Vollkornbrot; Bienenhonig; Frischmilch; Musikkassette.
In diesen Komposita ist einheitlich die erste Silbe des Bestimmungswortes betont, außer bei *Musik-,* das auf der zweiten Silbe betont wird.

Schritt 4 Die Klasse in Kleingruppen aufteilen (2−3 Kursteilnehmer); sie sollen mit Hilfe des Einkaufszettels und der Angaben zu den Lebensmitteln S. 77 herauszubekommen versuchen, warum „Carola böse" ist. Arbeitsschritte:
Preise zu den Lebensmitteln auf dem Einkaufszettel ermitteln,
Preise addieren, Fehlbetrag ermitteln,
Welches Produkt hat den Preis, der fehlt? (DM 13,98 = Kognak).
Gemeinsame Abschlußdiskussion.

Schritt 5 Die Durchsagen von der Cassette anhören. Zunächst *AB Ü5* (S. 71) lösen lassen, dann anhand der Fragen von *LB Ü6* (S. 77) Notizen machen und Notizen vergleichen.

Schritt 6 *AB Ü6* (S. 71) Ergänzungsübung: wörtliche Mitschrift bei mehrmaligem Anhören der Durchsage.

Schritt 7
F21 Der Handzettel *HIT* auf F21 sortiert die Waren des Supermarkts nach *Oberbegriffen.* Diese sollten zunächst besprochen werden. Danach kann man die folgenden Aufgaben stellen: Die Grundwörter zu den wichtigsten Dingen, die zu den einzelnen Abteilungen gehören, herausfinden (z. B. zu *Obst + Gemüse* gehören: *Erdbeeren, Orangen, Blumenkohl*).
Die Sammlung mit Hilfe der Angaben LB S. 77 vervollständigen.

Schritt 8 Zu den Angaben LB S. 77 selbst einen Einkaufszettel erstellen *(Sie haben DM 20,–. Sie wollen ein Abendessen für vier Leute einkaufen.* – oder ähnliche Aufgabenstellungen), anschließend die „Einkäufe" vergleichen.

6A3 ***Die Chefin hat angerufen! – Sie haben eben angerufen***

3a Der Verständigungsbereich *Autowerkstatt* knüpft an 5A7 an (der Herr mit der karierten Jacke sitzt immer noch im Büro und wartet auf sein Auto!). Um den „Witz" des Dialogs – die Bürohilfe hat offenbar Schwierigkeiten mit der deutschen Sprache! – zu verstehen, müssen die Formen des Partizips Perfekt von *anrufen (angerufen), vergessen (vergessen)* und *essen (gegessen)* geklärt sein.

Schritt 1
F22 Gemeinsam die Zeichnung auf F22 oben besprechen *(Wer? Wo? Worüber reden die beiden vermutlich? Was ist noch zu sehen?).* Dann – gestisch-mimisch – die Bedeutung von *anrufen/vergessen/essen* verdeutlichen und die dazu gehörenden Perfektformen an der Tafel notieren:
Tafelanschrift

Perfekt *anrufen:*   Sie hat <u>angerufen</u> *essen:*   Sie hat (das Brot) <u>gegessen.</u> *vergessen:* Was hat sie gesagt? – Ich weiß es nicht mehr.   Ich habe es <u>vergessen.</u>

Audiovisuelle Präsentation des Dialogs von der Cassette anhand von F22 oben.

Schritt 2
📟 F22

AB Ü7 (S. 72): „Richtig/Falsch"-Übung lösen.

Schritt 3

Den Dialog nachsprechen. Anschließend freie Reproduktion (unter Zuhilfenahme des Redemittelkastens LB S. 78 unten).

Schritt 4

LB Ü7 (S. 79) *Intonationsübung*
Die Übung knüpft an 6A1 und 3a an und greift nochmals die auch in Ü2 erläuterte Akzentproblematik beim verbalen Satzrahmen (finites Verb – infinite Verbform bzw. Verbzusatz bei trennbaren Verben) auf. Dabei wird von kleineren zu größeren Einheiten hin aufgebaut und zugleich gezeigt, wie der Akzent in der längeren Äußerung gleichbleiben oder wandern kann. Dafür bieten auch die weiteren Hörtexte (6A4, 5, 6) reichliches Demonstrationsmaterial. Am Ende der Übung eine typische Rufintonation mit „Halbschluß": die Stimme bleibt oberhalb der Tieflage und „trägt" auf diese Weise besser (z. B. *Emil!; Die Chefin!; Telefon!*)

Schritt 5
📟

Audiovisuelle Präsentation des Dialogs 3b. Zunächst die beiden Vignetten von F22 Mitte (Emil telefoniert mit der Chefin; Uhrzeit: 16.15) besprechen. Emils Ausruf *Es ist schon Viertel nach vier!!!* deutet an, daß sein Arbeitstag um 16.30 endet!

Schritt 6
📟 F22

LB Ü8 (S. 79): Die Grundform der Verben und die entsprechenden Formen des Partizips Perfekt an der Tafel festhalten.

Schritt 7

AB Ü8 (Emil wiederholt seinen Tagesablauf) und *AB Ü9* (S. 72) (Fortsetzung des Gesprächs).
Redemittel zur Sprechintention *etwas anzweifeln:*
Wirklich?
Das glaube ich nicht.
Ist das wahr?
Das gibt's doch gar nicht!

Schritt 8

LB Ü9 (S. 79) gemeinsam lösen.

Schritt 9

Verloren!

Vorschlag: Spielen Sie diese Szene mit einer Ihrer Kursteilnehmerinnen (die Sie vorher eingeweiht haben) als Pantomime vor – mit Skizzen vom Kiosk, vom Kaufhaus, von der U-Bahn, auf die gezeigt wird), *nachdem* Sie gemeinsam das Bild zu 6A4 auf F22 unten besprochen haben *(Wer? Wo? Welches Problem gibt es? Was ist weg? Was sagen die Leute?)*

Schritt 1
F22

Präsentation des Gesprächs von der Cassette. Beim Besprechen des Gesprächsablaufs kann an der Tafel ein Dialog-Gerüst festgehalten werden:

Schritt 2
📟 F22

Schritt 3 Festhalten der Perfektformen der unregelmäßigen Verben an der Tafel:

verlieren:	*Ich habe das Geld verloren.*
vergessen:	*Hast du es vergessen?*
mitnehmen:	*Hast du es mitgenommen?*
fahren:	*Wir sind mit der U-Bahn gefahren.*

6B3 wiederholen; wie in *6B4* und *5 haben-* und *sein*-Perfekt, (nicht) trennbare Verben anhand der Textbeispiele erläutern.
AB BÜ6 (S. 81) bietet eine Systematisierung des *haben-* und *sein*-Perfekts und regt eine „vorsichtige" Regelbildung an.

Vorschlag: Legen Sie mit Ihrer Klasse auf großen Papierbogen nach und nach „Wandzeitungen" zum Perfekt an, die Sie in der Klasse aufhängen und immer weiter ergänzen:
Je ein Bogen zu: Regelmäßige Verben mit *haben*
Regelmäßige Verben mit *sein*
Unregelmäßige Verben
Trennbare / nicht trennbare Verben.
Beispiel zu: Regelmäßige Verben mit *haben:*

kochen: sie (*hat*) *Kaffee* (*ge*| *koch*| *t*)

Schritt 4 *LB Ü10* (S. 80): In Partnerarbeit wird eine Situation (Personalausweis/Zeitung/Uhr ... verloren) ausgesucht, dann werden die Such-Stationen festgelegt und das Gespräch notiert bzw. mit Hilfe eines Dialog-Gerüsts und des Redemittelkastens skizziert. Die Ergebnisse werden vorgespielt und besprochen.

Schritt 5 *AB Ü11* (S. 73) schriftlich (ggf. als Hausaufgabe) lösen, gemeinsam die Ergebnisse besprechen.

6A5 *Gefunden!*

Schritt 1
F22 Gemeinsam die Skizze auf F22 rechts unten besprechen (*Das Geld ist wieder da! Wo war es?* Vermutungen anstellen, was bei den einzelnen „Stationen" passiert sein könnte; *Fundbüro* muß dabei erklärt werden).

Schritt 2
F22   Audiovisuelle Präsentation des Gesprächs.
Bei mehrmaligem Anhören Zuordnung von „Stationen" und Ereignissen.
Tafelskizze:

Kiosk:	*Zum Kiosk gegangen / nichts gesehen*
U-Bahn-Station:	*zur U-Bahn gegangen*
↳Fundbüro:	*Fundbüro angerufen / nichts!*
Kaufhof:	*Verkäuferin gesucht / wiedererkannt / neue Hose angezogen / alte eingepackt*
nach Hause:	*nach Hause gelaufen / Da ist es!*

Schritt 3 *AB Ü10* (S. 73) schriftlich erledigen (ggf. als Hausaufgabe) oder:

Schritt 4 das Gespräch gemeinsam anhand der Tafelskizze spielen oder:

Schritt 5 Zu *haben-* und *sein*-Perfekt (wie in 6B4) und zu „Trennbare Verben" (6B5) Tabellen mit den vorliegenden Beispielen anlegen.

Schritt 6 *LB Ü2* (S. 89): Lückentext zur Grammatik ergänzen.

LB Ü4−6 (S. 89) erarbeiten. **Schritt 7**

Grammatikrevision: Perfektformen der Verben

AB 6B Ü1 (S. 78) faßt die Verben mit *regelmäßiger* Perfektbildung noch einmal **Schritt 8**
zusammen und gliedert sie in drei Gruppen: 1. „Stamm"-Verben, 2. Verben mit
trennbarem und 3. Verben mit nicht trennbarem Präfix.

AB 6BÜ2 (S. 78): Die Übung zu den Partizipformen der *unregelmäßigen* Verben ist als **Schritt 9**
„Lückentabelle" angelegt. Sie ermöglicht eine Einordnung der Verben der linken
Spalte in die drei Gruppen.

AB 6B Ü3 (S. 80): Ausnahmen in der Partizipbildung unregelmäßiger Verben. **Schritt 10**

Zum Abschnitt *6B6* (LB S. 88) weitere Verben mit der Endung *-ieren* suchen. **Schritt 11**

Pech gehabt! 6A6

Freitag wird von den Wochentagen als der „Unglückstag" angesehen. Bei den Tagen
des Monats ist es *der 13.* 13 ist bei abergläubischen Menschen allgemein eine
Unglückszahl, weshalb es in vielen Hotels kein „Zimmer 13" bzw. kein „13. Stockwerk"
gibt. Die 3 gilt als „Glückszahl". *Aller guten Dinge sind drei,* sagt ein Sprichwort.
Wenn also *Freitag* und der *13.* auf einen Tag fallen, dann muß das ein ganz besonderer
„Unglückstag" sein; auf jeden Fall hat man dann eine Ausrede, wenn etwas nicht
klappt.

Den Text von der Cassette hören (mehrmals) und mitnotieren, was man verstanden **Schritt 1**
hat. Dann mit den Notizen zum „Tagebuch" (LB S. 82, linke Spalte) vergleichen und
ggf. ergänzen. Anschließend den Text gemeinsam lesen, Wortschatz erarbeiten, Geschichte nacherzählen.
Die Tagebuchnotizen sind zugleich eine gute Intonationsübung; sie bestehen ja
grundsätzlich aus Verbalphrasen (mit oder ohne Ergänzung) mit Partizip Perfekt.
Akkusativ- bzw. Richtungsergänzung sind in dieser Stellung akzentuiert, die Partizipien
nur dann, wenn keine Ergänzung vorhanden ist *(aufgestanden, angezogen).*
Noch einmal auf *6B4* (Perfekt mit *haben/sein*) hinweisen.

Anregung:
Lagespiel zu Perfektformen von Verben
Zur Unterscheidung der *haben-* und der *sein*-Verben die folgenden Verben auf Karten
schreiben:
*schneiden, trinken, essen, lesen, nehmen, schreiben, haben, aufstehen, geben, fahren,
umsteigen, kommen, sein, bleiben.*
Die Karten verwürfeln, dann von den Kursteilnehmern mit einem Satz versehen lassen
(jeder nimmt sich eine Karte und bildet einen Satz) und die *sein-* und *haben*-Verben
jeweils in eine Reihe legen.

Anregung: „Memory" zu Partizip II
Auf eine Karte die Infinitivform des Verbs, auf eine andere die Form des Partizips II
schreiben. gehen − ich bin gegangen .
Die Karten umgedreht und verwürfelt auf den Tisch legen. Die Kursteilnehmer versuchen, durch Aufdecken die beiden Karten zu finden, die zusammengehören.

AB Ü12 (S. 74): Anhand der Tagebucheinträge den Text im Arbeitsbuch richtigstellen **Schritt 2**
(ggf. als Hausaufgabe).

LB Ü13 (S. 82): *Wie geht die Geschichte weiter (Freitagabend/Sonntag)?* Vorbereitung **Schritt 3**
der weiterführenden Geschichten ggf. in Partnerarbeit (oder als Hausaufgabe).

Schritt 4   *LB Ü14* (S. 83): Stichwörter zum Verlauf der Woche zu einem zusammenhängenden Bericht ausarbeiten (ggf. schriftlich).
LB Ü15: Über eigene Aktivitäten berichten (Vorbereitung durch *6B Ü3,* S. 89); u. U. *AB Ü3* (S. 80) wiederholen.

Schritt 5   Auf der Cassette befindet sich ein Zusatzhörtext (Telefongespräch zwischen zwei Freundinnen). Mehrmals anhören und dann zu den Fragen *AB Ü13* (S. 74) Notizen machen.

Schritt 6   *AB Ü14:* Das Telefonat zusammenfassen (ggf. als Hausaufgabe, wenn die Aufgabe entsprechend gründlich vorbereitet ist).

Schritt 7   Zu *LB Ü16* (S. 83) gibt es ein „Hörspiel in Geräuschen" auf der Cassette. Zunächst die Cassette anhören und Vermutungen anstellen, was die Geräusche ausdrücken könnten. Welche Geräusche hat man sicher erkannt? Kann man sie in eine Reihenfolge bringen, so daß sie eine Handlung/eine Geschichte ergeben? Ggf. die Vorschläge stichwortartig an der Tafel sammeln.

Schritt 8
F23   F23 oben zeigt eine Bildergeschichte, die der Geräuschfolge zugrunde liegt. Die Bilder einzeln besprechen und aus der Bilderfolge eine Geschichte zusammenbasteln.

Schritt 9
F23   Bilderfolge und Geräuschfolge zusammennehmen: wie verändert sich dadurch die Geschichte?

6A7   ***Was ist passiert?***

Die vier Bilder der Bildergeschichte *Der Einbrecher und Frau Gieseke* sind durch Beschriftung im Wortschatz vorentlastet. Auf der Cassette finden Sie einen frei gestalteten Bericht von Frau Gieseke (zu *LB Ü 18,* S. 84).

Schritt 1   Die vier Bilder im Lehrbuch der Reihe nach gemeinsam besprechen; Wortschatz klären; ggf. weitere Wörter angeben.

Schritt 2   *Ü17:* Die Geschichte gemeinsam erarbeiten.

Schritt 3
F23   Das Gespräch zwischen Frau Gieseke und ihrer Nachbarin mehrmals hören und anhand der Bilder von F23 (unten) oder im *LB 6A7* verfolgen, was passiert ist. Dann den Lückentext *AB Ü15* (S. 75) ergänzen.

Schritt 4   *AB BÜ5* (S. 80): Sätze bilden (Perfektformen der verwendeten Verben).

Schritt 5   *LB Ü19* (S. 84): Die Geschichte unter Zuhilfenahme der Stichwörter (Perfektformen der Verben) zusammenfassend erzählen. Ggf. schriftliche Zusammenfassung als Hausaufgabe: *AB BÜ7* (S. 81).

Schritt 6   *AB Ü16* (S. 76): *Wie geht die Geschichte weiter?* Schriftlich ausarbeiten lassen; Ergebnisse vorlesen; ggf. gemeinsam eine „Modellversion" an der Tafel erstellen (der Lehrer schreibt die Sätze auf, auf die sich die Gruppe geeinigt hat; alle schreiben diese Endversion nieder).

Schritt 7   *LB Ü20* (S. 84): Eigene Erlebnisse frei erzählen (ggf. mit Hilfe von vorbereiteten Notizen).

Wiederholen/Spielen (*AB* S. 77): Zu den neun Einzelbildern und zur Bildgeschichte können die Kursteilnehmer „Tolle Geschichten", „Science fiction"-Geschichten, „Urlaubsgeschichten" oder „Kriminalgeschichten" verfassen, indem sie mehrere Bilder zu einer Geschichte kombinieren. Schriftliche Ausarbeitung; gemeinsame Besprechung.

Wer hat gewußt?

Mit diesem Abschnitt knüpfen wir an 5A8 an: auch in Wiemers Gedicht *Unbestimmte Zahlwörter* wird mit Sprache (und mit dem Wissen des Lesers) „gespielt".
Klären Sie den Begriff *unbestimmte Zahlwörter* (in der Muttersprache, falls möglich) und geben Sie die im Text genannten Beispiele als Reihe (abgestuft von *alle* bis *keiner*.
Sichern Sie auch, daß alle Kursteilnehmer das Wort *wissen* und seine Perfektform verstanden haben.
Bitten Sie dann Ihre Lernenden, aufzuschreiben, was das Gedicht *ihrer* Meinung nach bedeuten könnte (falls sie wollen, in ihrer Muttersprache).
Was man gewußt / nicht gewußt hat, bleibt offen; offen ist buchstäblich die vom Satzbauplan für das Verb *wissen* geforderte Stelle der Akkusativergänzung. Daß damit Assoziationen verschiedenster Art möglich sind, ist eines der sprachlichen Mittel dieses Gedichts.
Wir haben dieses Experiment mit Lerngruppen aus ganz unterschiedlichen Kulturkreisen unternommen. Dabei hat sich gezeigt, daß für die Interpretation entscheidend sind:
a) die eigenkulturellen Assoziationen zu *wissen* oder
b) das Vorwissen zur deutschen Geschichte.

Für einen Deutschen (und für den Autor), der die Zeit des Faschismus selbst miterlebt hat oder darüber Bescheid weiß, ist das Gedicht eindeutig auf die Verbrechen bezogen, die damals begangen wurden (Holocaust; Verfolgung von Minderheiten).
Jüngere Studenten, vor allem aus dem europäischen Raum, deuten das Gedicht oft allgemein-politisch (alle wissen, daß Verbrechen begangen wurden, aber keiner sagt etwas, weil man Angst hat) und auf Vorfälle bezogen, die sich im eigenen Land abgespielt haben.
Wer diese historischen Vorkenntnisse nicht hat, neigt eher dazu, das Gedicht „philosophisch" zu deuten: Man meint, man weiß viel, aber man erkennt immer mehr, daß man nichts weiß. Solche Deutungen haben wir oft von Studenten aus asiatischen Ländern erhalten.
Es kann auch vorkommen, daß manche Kursteilnehmer diese Zeilen überhaupt nicht für ein „Gedicht" halten und ziemlich ratlos sind, was sie schreiben sollen.
Welche Deutungen/Haltungen haben Sie in Ihrer Gruppe erlebt? Welche Diskussionen hat das Gedicht ausgelöst?
Um die Absicht des Autors anzudeuten, haben wir in der Illustration drei „deutsche Michel" abgebildet, die „nichts sehen, sprechen, hören" – also nichts wissen. Sie sitzen in einer zerstörten Landschaft (Kriegsende).
Auf der Cassette finden sie verschiedene Hörversionen des Gedichts.

Erläuterungen zur Grammatik

Das Perfekt

Der gesamte Grammatikteil in Kapitel 6 ist dem Perfekt gewidmet. Die einzelnen Regularitäten und Besonderheiten des Perfekts im Deutschen werden Schritt für Schritt dargestellt und bewußt gemacht.
In 6B1 wird zunächst die Grundbedeutung des Perfekts (Wiedergabe eines abgeschlossenen Tuns, Geschehens oder Sachverhalts) mit Beispielsätzen und Bildern dargestellt und veranschaulicht.
Lerner(innen) fragen immer wieder nach dem Unterschied in Bedeutung und Gebrauch von *Präteritum* und *Perfekt*. Viele (vor allem ältere) Grammatiken, deren Beschreibungsbasis zudem nahezu ausschließlich geschriebene (nicht gesprochene) Sprache ist, behaupten, der wesentliche Unterschied bestehe darin, daß das „Imper-

fekt" (neuere Grammatiken verwenden demgegenüber den Begriff Präteritum, nicht ohne Grund, wie sich noch zeigen wird) eine nicht abgeschlossene, sich im Verlauf befindliche Handlung in der Vergangenheit darstelle, das Perfekt demgegenüber eine abgeschlossene. Sie versuchen dabei rigoros, Begrifflichkeiten der lateinischen Grammatik *(imperfectum* ist das nicht Abgeschlossene, *perfectum* ist das Abgeschlossene) der deutschen Sprache aufzuzwängen. Neuere Grammatiken haben sich von dieser unhaltbaren These dagegen bereits weitgehend gelöst, was u. a. daran ablesbar ist, daß das „Imperfekt" nicht mehr „Imperfekt", sondern *Präteritum (præteritum* = das Vergangene) genannt wird und damit die Hauptfunktion dieses Tempus bezeichnet wird, nämlich *Vergangenes* darzustellen.

Bezüglich dieser Gebrauchsnorm gibt es in der Tat auch keinen Unterschied zwischen Perfekt und Präteritum. Dies ist andererseits aber noch nicht die „ganze Wahrheit"; denn im *Gebrauch* der beiden Tempora sind in der Tat Unterschiede zu beobachten und zu beachten, ohne daß sich wiederum eine einfache und uneingeschränkte Regel finden und formulieren ließe. Gleichwohl lassen sich Tendenzen benennen:

Es werden mit großer Wahrscheinlichkeit gebraucht:

das Perfekt	*das Präteritum*
in gesprochener Sprache	in geschriebener Sprache
bei der Wiedergabe nicht allzu weit zurückliegender Ereignisse, vor allem durch eine(n) Sprecher(in), der/die bei den Ereignissen selbst zugegen war oder sich dafür engagiert (Verbindlichkeit)	bei der Wiedergabe weiter zurückliegender (häufig auch fiktiver) Ereignisse, vor allem durch eine(n) Schreiber(in), der/die tatsächlich oder fiktional Distanz zu dem Beschriebenen hat
bevorzugt in 1./2. Pers. Sg./Pl. verwendet	bevorzugt in 3. Pers. Sg./Pl. verwendet
Bezug zur Gegenwart (abgeschlossene Handlung vom Jetzt-Zeitpunkt aus besprochen)	Wiedergabe von Vergangenem aus Betrachterposition in der Vergangenheit
vorherrschendes Tempus in dialogischer Rede (vor allem Frage)	vorherrschendes Tempus in monologischer (erzählender) Rede

Häufig ist bereits jeweils eines der genannten Kriterien ausschlaggebend für den Gebrauch des einen oder des anderen Tempus; kommen zwei oder alle drei Kriterien jeweils zusammen, so ist der Gebrauch des Perfekts oder des Präteritums nahezu unausweichlich.

Allerdings sind noch drei kleine zusätzliche Hinweise zu geben:

1. Bei den Hilfsverben *haben* und *sein* kann auch dann das Präteritum gebraucht werden, wenn „normalerweise" das Perfekt zu erwarten wäre *(Ich bin gerade in der Stadt gewesen* (= ich war gerade in der Stadt), *und stell dir vor, wen ich da getroffen habe* (nicht: *traf!) ...).*

2. Bei den Modalverben, soweit sie zusammen mit einem weiteren (Voll-)Verb gebraucht werden, wird das Perfekt auch in den Fällen, wo es normalerweise zu erwarten wäre, eher vermieden, wahrscheinlich aufgrund seiner ungewöhnlichen und schwierigen Form: *Ich wollte dir nicht weh tun* statt *Ich habe dir nicht weh tun wollen.*

3. Im süddeutschen Sprachraum wird das Perfekt weit häufiger gebraucht als das Präteritum (Präteritumschwund).

Bleibt schließlich noch die beunruhigende Frage, ob die genannten älteren Grammatiken bei ihrer Unterscheidung von „Imperfekt" und „Perfekt" denn völlig daneben gelegen haben oder ob in der Unterscheidung von „abgeschlossenen" und „unabgeschlossenen Handlungen" nicht doch ein Körnchen Wahrheit steckt. Um es an einem Beispiel deutlich zu machen: Gibt es nicht doch einen Unterschied zwischen *Die Mutter kochte Suppe, Die Polizei sperrte die Autobahn* auf der einen Seite und *Die Mutter hat die Suppe gekocht* (d. h. die Suppe ist jetzt fertig), *Die Polizei hat die Autobahn gesperrt* (d. h. die Autobahn ist jetzt unpassierbar) auf der anderen Seite? Offensichtlich doch! Nur: Hauptverantwortlich für diesen Unterschied sind zunächst und vor allem nicht die beiden Tempora Perfekt und Präteritum, sondern die *semantischen Strukturen* der jeweils gebrauchten Verben: Bei den sogenannten *perfektiven Verben,* die also einen Vorgang/eine Handlung beschreiben, die auf einen *Abschluß* zielen und *an deren Ende eine neue Qualität* oder ein neuer Zustand erreicht ist, der auch in die Gegenwart des Sprechers/Schreibers hineinreicht und andauert (am Ende des Kochvorgangs hat die Suppe eine andere Qualität als vor dem oder während des Kochens; wenn der Absperrvorgang beendet ist, befindet sich die Autobahn in einem anderen Zustand als zuvor), kann man nun in der Tat die beiden verschiedenen „Aspekte" (Verlauf oder Ende) durch das Präteritum (Verlauf) oder das Perfekt (Ende) wiedergeben.

Dieser besondere Sachverhalt, für den aber – wie gesagt – zunächst und vor allem die semantische Struktur der (perfektiven) Verben verantwortlich ist, wird noch einmal in einem anderen Zusammenhang wichtig: beim Passiv nämlich, wo (wiederum bezogen auf die Gruppe der perfektiven Verben) unterschieden werden kann zwischen dem sog. *Vorgangspassiv* und dem sog. *Zustandspassiv:*

Vorgangspassiv		Zustandspassiv
Die Straße <u>wurde</u> von der Polizei <u>gesperrt</u>.	*Die Straße <u>ist</u> von der Polizei <u>gesperrt worden</u>.*	*Die Straße <u>ist gesperrt</u> (worden).*
Vorgang in der Vergangenheit.	Abgeschlossener Vorgang (in der Vergangenheit) mit Konsequenzen für „jetzt".	Durch den Abschluß eines Vorgangs in der Vergangenheit erreichte(r) neuer Zustand / neue Qualität, der / die auch in der Gegenwart des Sprechers noch andauert – daher Tendenz zu Präsensbedeutung.

Dies als Hinweis, um das Problem im weiteren Zusammenhang darzustellen. Die Lerner(innen) sollten selbstverständlich erst dann damit befaßt werden, wenn das Problem Vorgangspassiv vs. Zustandspassiv konkret auftaucht.

Das Perfekt: regelmäßige Verben

Zunächst am Beispiel der regelmäßigen Verben wird die Bildeweise des Perfekts in optisch einprägsamer Form dargestellt.
Die in den Beispielsätzen begegnenden Besonderheiten beim Partizip II (fehlendes *ge-* bei den Verben mit nicht trennbarem Präfix und den Verben auf *-ieren,* vgl. 6B6; *-et* in der Endung nach dentalem Stammauslaut) sind durch Fettdruck gekennzeichnet.
Falls es die Lerner(innen) wünschen, müssen (und können) die genannten Besonderheiten bereits an dieser Stelle besprochen werden (vor allem das *-et* in der Endung), auch wenn zwei dieser Besonderheiten noch einmal ausführlich in 6B5 und 6B6 thematisiert werden.

Das Perfekt: unregelmäßige Verben

Analog 6B2 wird die Perfektbildung der unregelmäßigen Verben dargestellt.
Besonders bewußt gemacht werden sollten die beiden wesentlichen Unterschiede im Partizip II der unregelmäßigen Verben im Vergleich mit dem Partizip II der regelmäßigen Verben: erstens das immer gleiche *-en* in der Endung und zweitens der Perfektstamm mit Ablaut. Im Falle von *angerufen, vergessen* und *gesehen* ist das für die Lerner(innen) möglicherweise zunächst schwer einsehbar, da die Perfektstämme

dieser Verben nicht von den Präsensstämmen abweichen; erst im Zusammenhang mit dem Präteritum und den Stammformen der unregelmäßigen Verben läßt sich später „beweisen", daß es sich um Perfektstämme handeln muß.

Im Unterricht (an der Tafel oder auf Folie) kann man das Partizip II der unregelmäßigen Verben auch noch in anderer Form veranschaulichen, um es von dem Partizip II der regelmäßigen Verben abzuheben; dabei wird das bei den unregelmäßigen Verben dritte Partizip-II-Merkmal (der Ablaut) ebenfalls durch einen (farbigen) Balken hervorgehoben:

an-	ge-	r	u	f	-en
		verg	e	ss	-en
		verl	o	r	-en
	ge-	f	u	nd	-en
	ge-	s	e	h	-en

6B4 — Das Perfekt mit „haben" – das Perfekt mit „sein"

Es wird die Lerner(innen) interessieren, ob es einen Anhaltspunkt dafür gibt, wann das Perfekt mit *haben* und wann es mit *sein* zu bilden ist. Deshalb kann im Unterricht anhand der Beispielsätze herausgearbeitet werden, daß die Verben, deren Perfekt mit *sein* gebildet wird, offenbar in ihrer Bedeutung etwas gemeinsam haben: Sie bezeichnen (außer *sein,* das gleiche gilt im übrigen auch für *bleiben*) allesamt eine Veränderung des Ortes. Diese Bedeutung läßt sich zur allgemeineren „Regel" ausdehnen, daß alle Verben, die eine Veränderung des Ortes oder Zustands (z.B. *Er ist gestorben*) bezeichnen, ihr Perfekt mit *sein* bilden, alle übrigen mit *haben.*

6B5 — Trennbare Verben – nicht trennbare Verben: Partizip II

Die unterschiedliche Bildeweise des Partizips II bei Verben mit trennbarem und mit nicht trennbarem Präfix werden in optisch einprägsamer Form dargestellt (Wortstämme grün, Partizipkennzeichen blau, Präfixe in Fettdruck).

Bei der Behandlung im Unterricht sollte die unterschiedliche Betonung (bei Verben mit trennbarem Präfix liegt die Betonung auf dem Präfix, bei Verben mit nicht trennbarem Präfix liegt die Betonung auf dem Wortstamm) hörbar gemacht werden: Es heißt *eín - kaufen* und *eín - ge - kauft,* aber *besúchen* und *besúcht.*

Eine weitere Möglichkeit besteht darin, daß man die Gruppe der am häufigsten begegnenden nicht trennbaren Präfixe einmal zusammenstellt: *be-, ent-, er-, ver-, zer-.*

6B6 — Verben auf „-ieren": Partizip II

Verantwortlich für das fehlende *ge-* im Partizip II ist der Stammauslaut auf *-ier.*

Die Liste solcher Verben läßt sich leicht erweitern: *probieren, studieren, regieren, ...* Wichtig ist der Hinweis, daß es sich hierbei um *Fremdwörter* (aus dem Griechischen und Lateinischen) handelt und daß Wörter wie beispielsweise *frieren (gefroren)* oder *verlieren (verloren)* nicht hierher gehören, da bei ihnen das *-ier* Bestandteil des Wortstammes ist.

6B7 — Die Konjugation: Perfekt

Zum Abschluß der Darstellung und Behandlung des Perfekts folgt das komplette Paradigma des Perfekts sowohl mit *haben* als auch mit *sein*. Es bietet keinerlei neue Lernprobleme, da sowohl das Präsens von *sein* und *haben* als auch die Bildung des Partizip II bereits behandelt und gelernt sind. Das Perfekt, insbesondere die Bildung des Partizips II, wird im Lehrbuch und im Arbeitsbuch ausführlich geübt. Beim weiteren Lernprozeß wird darauf zu achten sein, daß die Lerner(innen) zu den neuen unregelmäßigen Verben zunächst das Partizip II, später dann auch das Präteritum immer gleich mitlernen. Im Lehrbuch 1B werden die Stammformen der unregelmäßigen Verben in einem Anhang (zum Lernen, Wiederholen und Nachschlagen) zusammenhängend dargestellt.

Weitere Ausspracheprobleme

Vokale: [y:], [ʏ], [ø:], [œ]

[y:] *früher, grün, grüßen, müde, Gemüse, Bügeleisen, für, Füße, natürlich, Tüte, Süden, kühl, Hühner, überall, gegenüber, Übung*

[ʏ] *Brüste, zurück, Müller, München, müssen, Füller, fünf, Würstchen, wünschen, türkisch, dünn, Entzündung, Kürze, hübsch*

[ø:] *Größe, mögen, möglichst, nötig, böse, stöhnen, schön, König, Goethe, Hörer, gehören, Österreich*

[œ] *Röcke, möchte, Knöchel, zwölf, Wörter, Körper, Körbe, Köln, können*

Es handelt sich hier um die im Deutschen häufigen, in den meisten Sprachen (außer Französisch, Türkisch und einigen anderen) unbekannten „gerundeten Vorderzungenvokale", gemeinhin als „Umlaute" bezeichnet. Die orthographische Konvention, die auf Zusammenhängen von Flexion und Wortbildung beruht (<u> → <ü> in *gruben – grüben, Natur – natürlich, Mutter – Mütter;* <o> → <ö> in *hoben – höben, rot – rötlich, bekommen – bekömmlich* usw.), soll aber nicht dazu verleiten, die Umlaute von den „Zeichen ohne Pünktchen" her anzugehen, wenn sie im Anfängerunterricht geübt werden müssen. Vielmehr ist der jeweils korrespondierende ungerundete Vokal die Ausgangsbasis: Beim Artikulieren von [i:] bzw. [ɪ] stellt sich eine Zungenlage ein, die auch dann beibehalten wird, wenn die zunächst breitgezogenen Lippen wie zum Pfeifen vorgestülpt („gerundet") werden. Ergebnis: [y:] bzw. [ʏ]. Dasselbe gilt für [ø:] bzw. [œ], die von [e:] bzw. [ɛ] her geübt werden sollten. Übrigens zeigt sich die phonetische Zusammengehörigkeit dieser Vokalpaare gerundet/ungerundet auch darin, daß die fehlerhaften „Ersatzlaute" bei Deutschlernenden meist die ungerundeten Vokale, sehr selten die „ohne Pünktchen" sind (außer vielleicht beim Lesen).

Satzphonetik: Assimilationen bei der Verbalendung -en

Die Assimilationen beim Ausfall von [ə] vor [n] werden hier noch einmal systematisch zusammengestellt. Anlaß dazu ist das in dieser Lektion zusätzlich eingeführte Partizip Perfekt der „unregelmäßigen" Verben auf *-en.* Dieselben Assimilationen treten natürlich bei den entsprechenden Endungen in allen anderen Wortarten auf.

-[rən] → -[rn] *hören, fahren, gefahren, verloren*
-[lən] → -[ln] *wollen, fallen, gefallen*
-[mən] → -[m:] *nehmen, genommen, kommen, gekommen*
-[nən] → -[n:] *können*
-[ŋən] → -[ŋ:] *singen, gefangen, gegangen, gesungen*
-[bən] → -[bm, m] *schreiben, geschrieben, heben, gehoben*
-[fən] → -[fm] *geschlafen, angerufen, kaufen, geholfen*
-[tən] → -[tn] *warten, geschnitten*
-[dən] → -[dn] *schneiden, gestanden*
-[sən] → -[sn] *wissen, essen, gegessen, geschossen, geheißen*
-[zən] → -[zn] *lesen, gelesen, gewesen*

-[ʃən] → -[ʃn]   *waschen, gewaschen*
-[kən] → -[kŋ]   *trinken, getrunken*
-[gən] → -[gŋ]   *fliegen, umgestiegen, gelegen, geflogen*
-[çən] → -[çŋ]   *sprechen*
-[xən] → -[xŋ]   *machen, gesprochen, suchen*

Wie man sieht, wird [n] unter dem Einfluß von benachbartem [m], [ŋ], [b], [f], [k], [g], [ç], [x] zum bilabialen Nasal [m] bzw. zum velaren Nasal [ŋ] assimiliert; in allen anderen Nachbarschaften bleibt es beim dentalen Nasal [n].

Diktattext

„Wie war es in den Ferien?", fragt Herr Kunst seinen Kollegen Müller. „Wir waren in Bayern. Zunächst sind wir nach München gefahren. Dort haben wir das Deutsche Museum angeschaut. Das ist ein technisches Museum. Dann sind wir zweimal ins Theater gegangen. Dann sind wir in Salzburg gewesen. Dort waren viele Touristen. Wir haben kein Zimmer bekommen und haben in einem Dorf übernachtet. In Salzburg haben wir zwei Symphonien von Mozart gehört und das Mozarthaus besucht. Dann sind wir in die Berge gefahren. Wir sind erst gestern wieder zurückgekommen.

Deutschsprachige Literatur im 20. Jahrhundert: Wer? Was? Wo?

Die Begegnung mit einigen Frauen und Männern, die für die deutschsprachige Literatur im 20. Jahrhundert wichtig sind, ist in der Form eines „Literaturquiz" (Zuordnungsübung) gestaltet:
Namen – Kurzbiographien – Fotos – Orte sollen miteinander verbunden werden.
Man könnte mit dem Versuch einer Zuordnung der Fotos zu den Namen beginnen, dann die Kurzbiographien lesen (Lexikon verwenden) und die Orte/Länder, die darin vorkommen, miteinander zu verbinden suchen.
Die fertig ausgefüllte Tabelle sieht so aus:

Schriftsteller(in)	Foto: Nummer?	Biographie: Buchstabe?	Ort(e): Name(n)
Ingeborg Bachmann	3	G	Klagenfurt Österreich Wien Rom
Johannes R. Becher	9	C	München Berlin-Ost DDR
Heinrich Böll	4	H	Köln
Bertolt Brecht	12	I	Augsburg Berlin-Ost
Friedrich Dürrenmatt	5	L	Bern Schweiz
Max Frisch	10	E	Zürich Schweiz
Günter Grass	6	K	Danzig
Peter Handke	11	J	Kärnten Österreich Salzburg
Hermann Hesse	7	B	Schwarzwald Tessin Schweiz
Thomas Mann	2	A	Lübeck Schweiz
Nelly Sachs	8	F	Berlin Schweden
Christa Wolf	1	D	Berlin-Ost DDR

Von einigen der genannten Schriftsteller finden Sie im Arbeitsbuch(S. 82/83) Leseproben: Gedichte (Hesse, Brecht, Bachmann, Becher) und einen Auszug aus einem „Sprechstück" (Handke: Selbstbezichtigung). Falls Sie Ihre Kursteilnehmer an Lyrik interessieren können, empfehlen wir Ihnen folgendes Vorgehen:
Zu dem betreffenden Gedicht noch einmal Autor und Kurzbiographie ansehen.
Den Titel besprechen: Auf welche Situation/Handlung/Begebenheit weist er hin? Kann man vermuten, was im Gedicht steht?

Das Gedicht gemeinsam durchlesen; alle Wörter, die man kennt, hervorheben. Ergibt das schon einen Eindruck?

Die unbekannten Wörter im Lexikon nachschlagen. Welche Verständnisprobleme bleiben übrig?

Gemeinsam eine Übersetzung versuchen, Varianten von Ausdrucksmöglichkeiten diskutieren.

Wir halten es für wichtig, daß die Kursteilnehmer nicht nur „Personen und Handlung" eines Gedichts erfassen, sondern auch möglichst viel von dem „Ton" und der „Atmosphäre" aufnehmen. Durch den Übersetzungsversuch müssen sich die Lernenden mit den sprachlichen Details (Stil, Register, Wortwahl, Satzbau, Reim usw.) auseinandersetzen, wodurch sicher ihre Sprachsensibilität geschult wird.

Gibt es in der eigenen Literatur vergleichbare Gedichte (Thema, Situation, Atmosphäre, Gedichtform usw.)?

Den Lyrikenthusiasten empfehlen wir Hesses und Bachmanns Gedichte zum Auswendiglernen.

Quellenangaben im Arbeitsbuch, S. 135.

Kapitel 7

In diesem Kapitel stehen die Verständigungsbereiche *Raum und räumliche Relationen* (Erweiterung) und *persönliche Beziehungen* (Wille, Wunsch, Aufforderung) im Zentrum.
Grammatikschwerpunkte: *Dativ* und *Genitiv; das Verb und seine Ergänzungen* (Erweiterung: lokale Situativergänzung), die *Wechselpräpositionen* und die *Präpositionen mit Akkusativ.*

Übersicht	Lehr-buch	Arbeits-buch	Folien	Cassette 1A/1
7A1 *Links wohnt Müller, rechts wohnt Meier*	S. 92 Ü1−4	S. 84 Ü1−2	F24	7A1
7A2 *Wo ist das Rathaus, bitte?*	S. 94 Ü5−7	S. 86 Ü3−4	F24 F25	7A2 Ü7
7A3 *Wo liegt der Fotoapparat?*	S. 96 Ü8−9	S. 88 Ü5−6		7A3
7A4 *Hast du das Auto verkauft?*	S. 98 Ü10−11	S. 89 Ü7−8	F26	7A4
7A5 *Das Bier kommt unter die Bank*	S. 100 Ü12−13	S. 90 Ü9−10	F27	7A5
7A6 *Peter Bichsel: Des Schweizers Schweiz*	S. 102			7A6
7A7 *Lieber Kollege*	S. 102 Ü14			7A7
7B1 *Die Deklination: Dativ und Genitiv*	S. 103 Ü1	S. 91 Ü1		
7B2 *Das Verb und die Ergänzungen (2): Lokale Situativergänzung*	S. 103 Ü2	S. 91 Ü1		
7B3 *Wohin? Wo? Woher?*	S. 104 Ü3	S. 91 Ü2		
7B4 *Die Wechselpräpositionen*	S. 105 Ü4	S. 92 Ü3		
7B5 *Die Präpositionen mit Akkusativ*	S. 106 Ü5	S. 93 Ü4		
7BW *Science fiction mit Präpositionen*		S. 93 Ü1		

Links wohnt Müller, rechts wohnt Meier

7A1

Schritt 1

Anhand des Würfels (S. 92 unten), den Rocko auf den Füßen balanciert, die Ortsbestimmungen *(oben − unten, links − rechts, vorn − hinten)* besprechen. *AB Ü1* (S. 84) ausfüllen.

F24 Abbildung oben besprechen *(Wer? Was? Wo? Was tun die Leute?)* und mit dem entsprechenden Wortschatz zum Gedicht beschriften.

Schritt 2
F24

Schritt 3
🔲 Das Gedicht in drei Versionen von der Cassette hören; die zweite enthält eine Textvariante: *Oben ist das Leben heiter – unten wohnt ein Gastarbeiter.*

Schritt 4 Gemeinsam das Gedicht (LB S. 92) lesen.

Schritt 5 *AB Ü2* (S. 84) bietet eine Reihe von Buchstaben-Bilder-Rätseln (Lösung: *AB,* S. 112).

Schritt 6 *LB Ü1* (S. 93): Die Postkarte von Heidelberg beschreiben *(Was ist wo?).* Falls Interesse besteht: Die „Rückseite" der Postkarte aus Heidelberg mit „Urlaubsgrüßen aus Heidelberg" ausfüllen.

Schritt 7 *LB Ü2* (S. 93): Alle Kursteilnehmer zeichnen auf ein leeres Blatt einen dreidimensionalen Raum (vgl. LB, S. 92 unten links).
Sie erläutern dann den Raum, der auf dem Foto zu sehen ist, z. B.: *Hinten rechts ist ein Mann. Hinten an der Wand hängt ein Bild.* usw. Die Lernenden zeichnen die Menschen/ Dinge, die Sie benennen, in ihren dreidimensionalen Raum ein. Am Schluß mit dem Foto vergleichen!

Schritt 8 *LB Ü3–4* Weitere Räume beschreiben (Laden von Herrn Spiros; das eigene Zimmer – ggf. schriftlich als Hausaufgabe).

7A2 ***Wo ist das Rathaus, bitte?***

Schritt 1
F25 Besprechung des Stadtplans auf F25 oben. Zunächst die wichtigsten Orientierungspunkte angeben *(Rathaus, Kirche, Kino, Theater, Schule, Stadion* usw.) und die wichtigsten Straßen benennen *(Hauptstraße, Theaterstraße, Postgasse, Bahnhofstraße* usw.).
Dann mit zwei Bleistiften die Arme des Herrn rechts bilden, eine Bleistiftspitze zeigt auf den Markt, die andere auf das Rathaus. Frage: *Wie kommt man vom Markt zum Rathaus?;* Wegbeschreibung: *„Die Hauptstraße entlanggehen, dann die zweite Straße rechts, das Rathaus ist nach ungefähr 200 Metern auf der linken Seite.*

Schritt 2
🔲 Die Wegbeschreibung von der Cassette hören und noch einmal auf dem Stadtplan verfolgen; dann freie Variationen erfinden lassen.

Schritt 3
F24 Die Abbildungen auf F24 unten gemeinsam besprechen; dabei die Gesprächssituation verdeutlichen *(Der Mann mit der Mütze ist im Rathaus, am Eingang. Die Leute kommen und fragen ihn. Er hilft ihnen.)*

🔲 Die Cassette zu den einzelnen Bildern hören und besprechen, wohin die verschiedenen Leute wollen. Ggf. die Lehrbücher (S. 94) öffnen und die Dialoge nachlesen, wobei der unbekannte Wortschatz geklärt wird.

Schritt 4 Anschließend mit Hilfe des Redemittelkastens selbst Gespräche (auf der Straße, im Rathaus) erfinden.

Schritt 5 *LB Ü5* (S. 95): Bildgesteuerte Übung, die die Situation „Orientierung im Rathaus" variiert (auf dem Foto rechts ist das Rathaus von München zu sehen). Ggf. Abkürzungen erklären: *1./2./3. = erster/zweiter/dritter Stock (1./2./3. Etage); r. = rechts; l. = links; Zi. = Zimmer; Nr. = Nummer.*

Schritt 6 *LB Ü6:* Orientierung im Kaufhaus. Die Informationstafel verweist auf die einzelnen Abteilungen und Stockwerke, die Bildleiste bietet visuelle Hilfen.

Schritt 7 *LB Ü7:* Der Stadtplan rechts unten zeigt einen Ausschnitt von München-Schwabing. Gedachter Standort für die Übungen ist der Punkt Theresienstraße/Ecke Adelheidstraße (vgl. Markierung im Stadtplan).

Zu dieser Gesprächssituation gibt es auf der Cassette vier Varianten. **Schritt 8**
Die einzelnen Varianten gemeinsam anhören und den Weg auf dem Stadtplan verfol-
gen. Zu jeder Variante gibt es im Arbeitsbuch eine Übung zur Verstehenssicherung
(*Ü3*, S. 86).

AB Ü4 (S. 87): Orientierung in Köln. Die Aufgaben in Partnerarbeit (ggf. allein als **Schritt 9**
Hausaufgabe) lösen und dann die Ergebnisse vergleichen.

Auf F25 unten finden Sie einen Stadtplan von Bern, der Bundeshauptstadt der Schweiz **Schritt 10**
(Foto im Lehrbuch S. 91). Im Kommentar zu den Folien wird ein Rundgang durch die **F25**
Altstadt zu den wichtigsten Sehenswürdigkeiten beschrieben. Falls Sie ihn nicht zur
Hand haben, suchen Sie einen markanten Standort (z.B. vor dem Bundeshaus, Nr. 2)
und lassen Sie von dort aus den Weg zu einigen wichtigen Sehenswürdigkeiten (z.B.
Zeitglockenturm (4); Rathaus (11); Bärengraben (12)) beschreiben.

Wo liegt der Fotoapparat? 7A3

Zur Einführung der *Ortspräpositionen:* An drei Gegenständen (Buch, Tisch und Stuhl) **Schritt 1**
die Bedeutung vorführen; dann durch Tafelzeichnung verdeutlichen:

Das Buch liegt	auf	dem Tisch.
	in	der Schublade.
	zwischen	dem Tisch und dem Stuhl.
	neben	dem Tisch.
	unter	dem Tisch.

Von der Cassette das Telefongespräch anhören und dazu auf dem Bild im Lehrbuch **Schritt 2**
S. 96 die Ortsangaben verfolgen.
Bei wiederholtem Hören *AB Ü6* (S. 88) ausfüllen.
Es fällt auf, daß die Präposition in der Regel unbetont ist; betont nur dann, wenn ein
Kontrast beabsichtigt ist:

auf dem Sofa

... oder unter dem Sofa

Tabelle *7B1* (LB S. 103) *Präpositionen: Dativ* gemeinsam besprechen. Dann *LB Ü8* und **Schritt 3**
9 (S. 97) und *BÜ1* (S. 106) sowie *AB BÜ1* (S. 91) durchnehmen.

AB Ü5 (S. 88) schriftlich bearbeiten. **Schritt 4**

7B2 Lokale Situativergänzung (LB S. 103) besprechen (5B2 wiederholen, falls nötig). *LB* **Schritt 5**
BÜ2 (S. 107) schließt sich an, ebenso *AB Ü2* (S. 91).

LB Ü8 und *Ü9* abschließend (bildgesteuert) in Partnerarbeit durchführen lassen. **Schritt 6**
Ergebnisse im Plenum vortragen und korrigieren.

Hast du das Auto verkauft? 7A4

In der Bundesrepublik werden in vielen Städten am Wochenende private Automärkte
für Gebrauchtwagen abgehalten. Man zahlt eine Eintrittsgebühr, stellt sein Auto hin

mit einem Schild am Fenster (Foto LB S. 98 links oben) und wartet auf einen Käufer. *TÜV:* In der Bundesrepublik muß jedes Auto, wenn es älter als drei Jahre ist, alle zwei Jahre zu einer technischen Inspektion vorgeführt werden (beim Technischen Überwachungs-Verein: TÜV). *Abgastest:* der Abgastest (ASU: Abgassonderuntersuchung) muß jedes Jahr gemacht werden.

Schritt 1
F26

Zunächst das Foto auf F26 oben links besprechen *(Was machen die Leute? Was ist passiert?);* dann erklären, daß jemand sein gebrauchtes Auto verkaufen möchte und für diesen Zweck ein Schild mit den wichtigsten Daten geschrieben hat; Beispiel LB S. 98 links oben gemeinsam besprechen. (Abkürzungen: *Bj. – Baujahr; km = Kilometer; TÜV = technische Inspektion* (vgl. o.). Erläutern: Man kann das Auto auf einem *Automarkt* oder mit einer Kleinanzeige in der Zeitung anbieten. Es ist wichtig, daß das Auto gerade beim TÜV war und der Abgastest (ASU) bei einer Autowerkstatt gemacht worden ist.

Schritt 2
F26

Gespräch von der Cassette hören und den Weg auf der Skizze (F26 rechts oben) verfolgen (6 Stationen). Beim wiederholten Hören die Stationen 2–5 genauer besprechen (Automarkt – TÜV – Werkstatt – TÜV – Automarkt).

Schritt 3

7B3 (Präpositionen mit Dativ, LB S. 104) gemeinsam besprechen. Anschließend *7B Ü3* (LB S. 107).

Schritt 4

AB Ü7 (S. 89): Text mit Lehrbuch vergleichen und richtigstellen (ggf. als Hausaufgabe).

Schritt 5

LB Ü10 (S. 99): Tagesabläufe aus Stichwörtern rekonstruieren. Dazu *AB Ü8* (S. 89) schriftlich.

Schritt 6
F26

LB Ü11 (S. 99): Nach dem im Lehrbuch vorgegebenen Muster selbst Aussagen formulieren. Freie Variation mit Hilfe der Tabelle (auch auf F26 unten).

7A5 ***Das Bier kommt unter die Bank***

In diesem Abschnitt werden die *Wechselpräpositionen* systematisch dargestellt.

Schritt 1
F27

Die Situation *Beim Mittagessen* auf F27 oben gemeinsam besprechen *(Wer? Wo? Was machen die Leute?),* Wortschatz klären. Dann das Gespräch von der Cassette hören. Es endet mit der „Problemstellung" *(Was machen wir jetzt?),* die zu „Wechselpräpositionen mit Akkusativ" führt *(Wohin tun wir die Sachen?)*

Schritt 2
F27

Auf der Folie F27 mit Hilfe des mittleren Bildstreifens *(Wohin? Wo?)* den Unterschied zwischen Akkusativ- und Dativ-Gebrauch erklären:

Tafelanschrift

Wohin?	*unter die Bank* *auf den Tisch*	*Wo?*	*unter der Bank* *auf dem Tisch*
Bewegung	●——→	Ruhe	●
stellen *legen* *tun*	+ Akkusativ	*stehen* *liegen* *sein*	+ Dativ

Schritt 3

Gemeinsam die Tabelle *7B4* (LB S. 105) besprechen. Dazu *7B Ü4* (LB S. 107) und *AB 7B Ü3* (S. 92) schriftlich.

Schritt 4

LB Ü12 (S. 101): In dieser Übung werden einige wichtige Haushaltsgegenstände benannt. Der Schrank rechts soll nach dem Muster des linken Schrankes" „eingeräumt" werden.

Die „verrückte" Zeichnung von F27 unten gemeinsam betrachten. Welche Gegen-
stände kann man benennen? Welche Wörter wollen die Kursteilnehmer wissen?
Dann das Bild aus der Perspektive des „Besuchers" (links, mit Bademantel, Rettungs-
ring und Schwimmflossen) erarbeiten:

> *Was ist los? Bist du verrückt?*
> *Warum hast du (das Bett in die Schuhe)*   *gestellt?*
>   *...*   *gelegt?*
>   *gehängt?*
>   *gesetzt?*
>   *getan?*

Das Satzmuster und die Verben als Tafelanschrift vorgeben.
Schriftliche Übung zum Wortschatz auf diesem Bild: *AB Ü9* (S. 90). Übung zum
Gebrauch der Wechselpräpositionen mit Akkusativ: *AB Ü10* (S. 90). Beide Übungen
ggf. als Hausaufgabe schriftlich.

Gemeinsame Erarbeitung der Grammatiktabelle 7B5 (LB S. 106), zu den *Präpositionen*
mit Akkusativ. Anschließend: *LB 7B Ü5* (S. 107) und AB 7B Ü4 (S. 93) schriftlich.

Zusammenfassende Wiederholung der Präpositionen im Lückentext *Science fiction*
mit Präpositionen (AB S. 93/94).

Peter Bichsel: Des Schweizers Schweiz

Der Text des zeitgenössischen Autors aus der Schweiz, dessen scharfe Beobachtung
seiner Umwelt sich in vielen Kurzgeschichten und Glossen artikuliert, wurde in einem
Sammelband gleichen Namens 1969 im Arche-Verlag, Zürich veröffentlicht.
Im vorliegenden Text beschreibt er die „Binnenmentalität" vieler seiner Landsleute.
Der Text schließt an die Grammatik-Schwerpunkte dieser Lektion an (Präpositionen
mit Dativ/Akkusativ). *Paß auf, daß dir nichts gestohlen wird, ...*
Arbeitsvorschlag: Gemeinsam lesen, Wortschatz klären und auf den Gebrauch der
Präpositionen verweisen.
Diskussion: *Welche Mentalität beschreibt Bichsel? Kann man sie auch im eigenen*
Land finden?

Lieber Kollege, wie geht es dir?

In diesem Text wird der „Frust" von Schreibtischbeamten karikiert. Sie unterhalten
sich in „Präpositionalfügungen".

Das Gespräch von der Cassette gemeinsam hören:
Was hat man nach dem ersten Anhören sicher erkannt *(Wer? Wo? Worüber wird*
gesprochen? Was wollen die beiden tun? Was passiert?)

Bild und Text im Lehrbuch (S. 102) dazunehmen. Beim gemeinsamen Lesen unbekann-
ten Wortschatz klären, dann die Zeichnung besprechen (Wortschatz *Beamter / Büro-*
stuhl (Drehstuhl) / Büroklammer) – sie illustriert und kommentiert den Text.

LB Ü14 (S. 102): Auswertung des Textes gemäß dem Grammatikpensum des Kapitels.

Erläuterungen zur Grammatik

Die Deklination: Dativ und Genitiv

Das Deklinationsparadigma mit bestimmtem und unbestimmtem Artikel wird hier
komplettiert. Es geht zwar vorrangig um die Formen des Dativs, gleichwohl wird der

Genitiv gleich mitgeliefert, auch wenn es noch so gut wie keine Belege (abgesehen von *des Schweizers*) in den Texten gibt (deshalb sind die Formen des Genitivs auch klein gedruckt). Wir denken, daß dies den Lernenden zumutbar ist.

7B2   *Das Verb und die Ergänzungen (2): Lokale Situativergänzung*

Vergleiche die Ausführungen zu 5B2 (S. 110).

7B3   *Wohin? Wo? Woher?*

In diesem Abschnitt geht es vorrangig um die sprachlichen Mittel (die Präpositionen), mit deren Hilfe im Deutschen Lage *(wo?)* und Richtung *(wohin? woher?)* ausgedrückt werden können, noch nicht um die Wechselpräpositionen (s. 7B4), wenngleich sie als „Problem" in den Beispielsätzen mit *in* bereits anklingen. Dementsprechend wird neben der Farbe Blau (für den Dativ) die Farbe Gelb (für den Akkusativ) verwendet. Diese Farbzuordnung wird im folgenden bei der Behandlung der Präpositionen (Wechselpräpositionen in 7B4, Präpositionen mit Akkusativ in 7B5, Präpositionen mit Dativ in 8B5) konsequent beibehalten.

7B4   *Die Wechselpräpositionen*

Wir haben das Thema *Wechselpräpositionen* deshalb visuell so aufwendig gestaltet, weil wir hoffen, daß sich die Seite als Ganzes einprägt. Darüber hinaus sollte die Gruppe der Wechselpräpositionen gelernt und immer wieder memoriert werden.

7B5   *Die Präpositionen mit Akkusativ*

Die Darstellung bedient sich des gleichen Dreischritts wie bereits in 7B3 und 7B4: Bild (zur Bedeutungsvermittlung) – Textbeispiel – Regularität. Die sechs Präpositionen, die ausschließlich mit dem Akkusativ stehen, prägen sich die Lerner(innen) wohl am besten durch Auswendiglernen der sechs Beispielsätze ein.

Weitere Ausspracheprobleme

Konsonantenverbindungen zwischen Vokalen in Wörtern

herzlich, Geburtstag, Werkzeug; Anstaltspackung, Bildgeschichte, Halsschmerzen; Fremdsprache, umsteigen, Rindfleisch, antworten, Entzündung, entsprechen, Mundschleimhaut, Zahnschmerzen; Pfingstferien, Packungsgröße, Frankreich; Hauptstraße; aufschneiden; Hausfrau; Tageslichtprojektor, Sprechstunde; Weihnachtsferien, Buchstabe.

Das Deutsche ist für viele Ausländer besonders deshalb so schwer auszusprechen, weil die Konsonanten im Anlaut und Auslaut von Wörtern (oder Wortbestandteilen) in mehrstelligen und zudem in sehr vielen verschiedenen Verbindungen auftreten können. Treffen nun im Satzzusammenhang Wörter mit mehrstelligem Auslaut und solche mit mehrstelligem Anlaut zusammen, dann muß der Sprecher zwischen zwei Vokalen manchmal bis zu acht Konsonanten miteinander aussprechen. (Maximal fünfstellige Auslaute und maximal dreistellige Anlaute gibt es im Deutschen.) Extremfälle wie *du schimpfst streitlustig* sind zum Glück selten.

Dasselbe Problem mehrstelliger Konsonantenverbindungen zwischen Vokalen finden wir in zusammengesetzten Wörtern, auch im begrenzten Wortschatz dieses Lehrbuchs bis zum Kapitel 7. In der Übung sind die Beispiele nach den Inlaut-Verbindungen phonetisch-systematisch angeordnet.

[h] *und* [ʔ] *an Kompositionsfugen*

[h] *Viehhandlung, Behandlung, verheiratet, Anhalter, enthalten, aufhören, aufhalten, Flughafen, Kaufhof*

[ʔ] *Gebrauchsinformation, Abendessen, wiedererkennen, Fernexpreß, veröffentlichen, Privatadresse, Postangestellte, Schlagader, Geburtsort, Bügeleisen*

[h] ist ohnehin schwierig für viele Ausgangssprachen (vgl. bei Kapitel 3); Sonderprobleme an Morphemgrenzen dürfte es kaum geben. Umgekehrt ist [ʔ] für Ausländer im Anlaut einzelner Wörter nicht schwierig, wohl aber an Wort- oder Morphemgrenzen, zumal [ʔ] nicht orthographisch signalisiert ist. Zu üben ist [ʔ] als „Grenzsignal"; zu vermeiden ist das Hinüberziehen des Auslautes der linken Nachbarsilbe als Anlaut der Folgesilbe.

Diktattext

Theo besucht seinen Freund Heinz. Der liegt im Bett; aber er ist nicht krank. In seinem Zimmer ist alles durcheinander. Theo fragt: „Warum hast du das Bett in die Schuhe gestellt?" – „Weil es kalte Füße hatte!", sagt Heinz. „Warum hast du die Regenschirme in den Käse gesteckt?" – „Weil es geregnet hat!" – „Warum hängt das Schild ‚Bahnsteig' am Bett?" – „Ich fahre morgen mit der Bahn in Urlaub. Ich habe einen Liegewagen gebucht! Aber, sag mal, warum hast du die Schwimmsachen an?" – „Ich fahre morgen auch in Ferien, ans Meer." – „Fahren wir zusammen?" – „Gute Idee, wir fahren zusammen!"

Kapitel 8

Identität; Zugehörigkeit und Besitz stehen als Verständigungsbereiche in diesem Kapitel im Mittelpunkt.
Grammatikschwerpunkte sind: *Personal- und Possessivpronomen; das Verb und seine Ergänzungen: Dativergänzung; die Präpositionen mit Dativ und Referenzmittel im Text.*

Übersicht	Lehr-buch	Arbeits-buch	Folien	Cassette 1A/1
8A1 *Für wen ist dieser Brief?*	S. 108 Ü1		**F28**	8A1
8A2 *Eva Harre wohnt allein*	S. 109 Ü2		**F28**	
8A3a) *Wem gehört der Koffer?*	S. 110 Ü3	S. 95 Ü1	**F28**	8A3a)
8A3b) *Der Platz gehört mir!*	S. 110 Ü4—5			8A3b)
8A4 *In fast jeder Wohnung steht ein Christbaum*	S. 112	S. 95 Ü2		
8A5 *Gibst du mir was, geb' ich dir was*	S. 113 Ü6	S. 96 Ü3—5	**F29**	8A5
8A6 *Mein, dein, sein ...*	S. 115 Ü7—9			8A6
8B1 *Das Personalpronomen*	S. 116 Ü1—2	S. 97 Ü1—2		
8B2 *Das Possessivpronomen*	S. 117 Ü3	S. 97 Ü3—4		
8B3 *Die Deklination: Possesiv-pronomen + Substantiv*	S. 118 Ü4	S. 98 Ü5		
8B4 *Das Verb und die Ergänzun-gen (3): Dativergänzung*	S. 118 Ü5	S. 98 Ü6		
8B5 *Die Präpositionen mit Dativ*	S. 119 Ü6	S. 99 Ü7		
8B6 *Referenzmittel*	S. 120	S. 99 Ü8		
8B7 *Zugehörigkeit/Besitz*	S. 120	S. 99 Ü9		
Wiederholungsspiel	S. 122		**F30**	
Wiederholungsübungen zu Kapitel 5—8		S. 100		
Kontrollaufgaben zu Kapitel 5—8		S. 102		
Menschen, Landschaften, Städte, Häuser, Traditionen (Bildseiten)	S. 126			

Für wen ist dieser Brief?   8A1

Eva Harre wohnt allein (Die Abschnitte 1 und 2 bilden eine Einheit/Doppelseite).   8A2

Mit Hilfe der Zeichnung auf F28 links oben die Ausgangssituation klären: der Postbote   **Schritt 1**
hat einen Brief mit undeutlich geschriebener Adresse, die Hausbewohner diskutieren,   **F28**
für wen der Brief bestimmt ist (*LB Ü1* S. 109).

Den Brief (LB S. 108) mit der Klasse betrachten: Für wen könnte er sein? Dazu muß man   **Schritt 2**
die Namen der Hausbewohner (Namensschilder an der Klingelanlage) und die Perso-
nenbeschreibung (S. 109) mit dem Brief vergleichen.

Von der Cassette den ersten Dialog anhören: *Was meinen die Hausbewohner?*   **Schritt 3**

Wie geht die Sache weiter? Gemeinsam das zweite Gespräch von der Cassette hören   **Schritt 4**
und besprechen (Dialog 2 und 3).

Tabelle 8B1 (LB S. 116): Nominativ und Akkusativ besprechen, BÜ1 (LB S. 120)   **Schritt 5**
anschließen. Dazu *AB BÜ1* (S. 97) schriftlich (ggf. als Hausaufgabe).

Auf S. 109 (und auf F28) sind weitere Briefe und Postsendungen zu sehen. Welche sind   **Schritt 6**
für Bewohner des Hauses Heinrich-Heine-Straße 24?   **F28**

LB Ü2 (S. 109): Die Bewohner des Hauses, in dem man selbst wohnt, beschreiben.   **Schritt 7**

Wem gehört der Koffer? / Der Platz gehört mir!   8A3

An zwei Gesprächssituationen (Am Zoll/Im Kino) wird der Verständigungsbereich
Zugehörigkeit/Besitz mit unterschiedlichen sprachlichen Mitteln (*gehören* + Dativ;
Possessivpronomina) verdeutlicht. Im Gegensatz zum Personalpronomen (das in der
Regel bei der Wiedererwähnung von Substantiven oder Namen auftritt und daher
unbetont ist) ist das Possessivpronomen oft akzentuiert, besonders, wenn – wie in
diesen beiden Gesprächssituationen – Zugehörigkeit thematisiert ist.

Mit Hilfe der Zeichnung auf F28 Mitte die Gesprächssituation *Am Zoll* klären (*Wer,*   **Schritt 1**
Was? Wo? Worüber wird gesprochen? Was sagen die Leute?).   **F28**

Das Gespräch von der Cassette gemeinsam anhören, ggf. aufschreiben (*AB Ü1*, S. 95).   **Schritt 2**

Anhand der Tabelle *8B1* (LB S. 116) die Dativformen der Personalpronomina (mit   **Schritt 3**
gehören) besprechen. *LB Ü3* und *Ü4* (S. 111) anschließen, ebenso *8B Ü2* (S. 120).

Gemeinsam das Bild zu 3b (LB S. 110) besprechen, dazu das Gespräch von der Cassette   **Schritt 4**
hören, den Dialog rekonstruieren (*AB Ü1* S. 95), dann den Text lesen und die richtige
Kinokarte herausfinden.

Tabelle *8B2* zu „Possessivpronomen" (LB S. 117) besprechen. Die Übungen *AB BÜ3*   **Schritt 5**
und *Ü4* (S. 97) anschließen.

Ü5 (LB S.111): Die Herren auf dem linken Bild numerieren, dann feststellen, wer auf   **Schritt 6**
dem rechten Bild die Tasche von wem genommen hat; z. B.: *Nr. 5 hat die Tasche*
von Nr. 2

In fast jeder Wohnung steht ein Christbaum   8A4

Gibst du mir was, geb' ich dir was   8A5

Das Thema *Weihnachten* wird hier zunächst landeskundlich-informierend präsentiert
(beschreibender Text; Fotos: Kind unter dem geschmückten Christbaum; Mitter-

nachtsmesse in der Kirche; Lebkuchenhaus; Christbaum; Christkindlesmarkt in Nürnberg; Geschenke in Geschenkpapier). In *A5* geht es um die Auswüchse beim Schenken (am *Heiligen Abend:* 24. 12.).

Schritt 1 Gemeinsam die Fotos S. 112 betrachten, ggf. Fragen/Wortschatz klären.

Schritt 2 Text gemeinsam lesen, anschließend aus den Stichwörtern *AB Ü2* (S. 95) eine Textzusammenfassung erstellen.

Schritt 3 Weihnachtsbräuche im deutschsprachigen Gebiet mit Gebräuchen im eigenen Land vergleichen.

Schritt 4 Vor dem gemeinsamen Anhören des Gesprächs auf der Cassette zu 8A5 die Zeichnung S. 113 rechts unten besprechen: Rocka hat Rocko zu Weihnachten *Knieschützer* geschenkt. (Solche Knieschützer trägt man eigentlich nur bei manchen Sportarten wie Eishockey; manchmal hat auch der Torwart beim Fußball- oder Handballspiel Knieschützer an.)

Schritt 5 Cassette anhören, Wortschatz klären (*gefallen, passen, leihen, schenken:* die Verben mit Dativ klären und herausschreiben).

Schritt 6 *AB Ü3* (S. 96) durchgehen: zunächst den Wortschatz in AB Ü3 zuordnen (Zahlen und
F29 Bezeichnungen); mit Hilfe von F29 kann der Wortschatz wiederholt werden. Anschließend im Lehrbuch *Ü6* (S. 114) bearbeiten *(Was ist für wen? Was ist von wem?)*. AB Ü4 und *5* (S. 96) schriftlich (ggf. als Hausaufgabe).

Schritt 7 8B4 besprechen. Dann wird anhand von *BÜ5* (LB S. 121) und *AB BÜ6* (S. 98) die Umstellung von Dativ- und Akkusativergänzung verdeutlicht, die erfolgt, wenn die Akkusativergänzung ein Personalpronomen ist.

Schritt 8 Grammatiktabelle *8B5* (*Verben mit Dativ,* LB S. 119) besprechen. *BÜ6* (LB S.121) und *AB BÜ7* (S. 99) anschließen.

8A6 *Der Rabe und der Fuchs*

8A7 *Nasreddin sucht seinen Ring*

Die Texte auf S. 115 wurden einerseits wegen ihres Bezugs zu den Grammatikschwerpunkten dieses Kapitels ausgewählt (und in dieser Hinsicht auch leicht bearbeitet). Da das Grammatikpensum (Possessivpronomina, Präpositionen) aber auch satzübergreifende Verweisungen im Text herstellt und die Erzähltexte klare „Bedeutungskerne" haben, auf die sich die Verweisungen beziehen – in der Fabel sind es *Rabe/Käse/Fuchs,* in der Geschichte von Nasreddin *Hodscha/(Haus)/(Straße)/Ring/Frau,* machen wir an dieser Stelle einen ersten Versuch, satzübergreifende Bezüge (*B6: Referenzmittel* S. 120) zu verdeutlichen.

Der Rabe und der Fuchs

Schritt 1 Die Zeichnung S. 115 oben links besprechen (Wortschatz: *Rabe, Fuchs, Schnabel, Käse, Fell* (die Federn des Raben aus der Sicht des Fuchses, der selbst ein Fell hat!), *riechen, singen.)*

Schritt 2 Den Text von der Cassette hören, dabei mitlesen; in allen Einzelheiten besprechen.

Schritt 3 *Wie geht die Geschichte weiter? Was passiert, wenn der Rabe den Schnabel aufmacht und singt? Was ist die Moral von der Geschichte* (Der Fuchs trifft mit seiner Schmeichelei die „schwache Stelle" des Raben: seine Eitelkeit)? *Wie könnte die Überschrift zu dieser Geschichte lauten?*

Was hält diesen Text zusammen? Wie ist er verknüpft? In *Ü8* (LB S. 115) die Linien der einzelnen Farben (blau: *Rabe;* grün: *Käse;* gelb: *Fuchs*) verfolgen: Possessiv- und Personalpronomina dienen als „Stellvertreter" für das Bezugswort. Am zweiten Abschnitt der Geschichte *Ah, Herr Rabe, guten Tag ...* – dieser Abschnitt hat nur einen Bezugspunkt *(Rabe)* – kann man mit der Gruppe die Bezüge selbst herstellen („Stellvertreter" zu *Rabe* auffinden: *dein/deine, du König*). **Schritt 4**

8B6 Referenzmittel (LB S. 120) besprechen: bestimmter und unbestimmter Artikel sowie Demonstrativpronomen können weitere „Stellvertreter" sein (Die Vignetten geben jeweils das „Bezugswort" an: *Brief/Name/Geschenkeberg/Knieschützer/Tomaten*). **Schritt 5**

Nasreddin sucht seinen Ring
Nasreddin Hodscha ist eine populäre Figur im türkischen Volksmärchen, der mit der Figur des „Eulenspiegel" in der Tradition der deutschsprachigen Volksschwänke vergleichbar ist.

Die Geschichte von der Cassette hören: Was wurde verstanden? (vgl. *Ü9* LB S. 115). Gemeinsam mit eigenen Worten eine Nacherzählung versuchen. Dann den Text im Lehrbuch S. 115 gemeinsam lesen oder den Text hören und mitlesen. **Schritt 6**

Im Text die „Stellvertreter" von
*Hodscha (sein/seine/ihn/du/er/mein/Ich/meinen/*usw.)
Ring (etwas/mein Ring/ihn)
Frau (sie) suchen und durch Linien das „Gewebe des Textes" markieren.
In Zusammenhang damit *AB Ü8* (S. 99) bearbeiten lassen. **Schritt 7**

Grammatikzusammenfassung *8B7: Zugehörigkeit/Besitz* (LB S. 120)
Hier sind noch einmal die bisher eingeführten Ausdrucksmöglichkeiten zusammengefaßt (Verb: *gehören;* Possessivpronomen) und erweitert (*die Tasche von Peter:* Präpositionalfügung; *Peters Tasche:* Genitivattribut)
AB BÜ9 (S. 99) bietet dazu Übungsmöglichkeiten. **Schritt 8**

Possessivpronomen (nach einem Gedicht von R. O. Wiemer) **8A8**

Jede Zeile in diesem Gedicht bedeutet eine Abgrenzung gegenüber einem Problem, das man sich nicht zu nahe kommen lassen will (Zeile 1: Rassenproblem; Zeile 2: Hunger in der Welt; Zeile 3: Krieg und Aggression; Zeile 4: Faschismus in Deutschland (vgl. dazu das Gedicht vom selben Autor in Abschnitt 6A8); ebenso Zeile 5 (Holocaust); Zeile 6: Trennung der Menschen (z.B. Mauer in Berlin)). Auch hier sind wieder alle Possessivpronomina akzentuiert.
Hier das Original:

besitzanzeigendes fürwort

meine haut ist nicht deine haut
dein maskottchen ist nicht mein maskottchen
sein parteibuch ist nicht unser parteibuch
unser westen ist nicht euer westen
eure parole ist nicht unsre parole
ihr happyend ist nicht mein happyend

meine freiheit ist nicht deine freiheit
deine schuhnummer ist nicht meine schuhnummer
sein horoskop ist nicht dein horoskop
unsre moneten sind nicht eure moneten
eure elf ist nicht unsre elf
ihr liebergott ist nicht mein liebergott

mein bißchenleben ist dein bißchenleben
deine misere ist meine misere
sein zukunftstraum ist dein zukunftstraum
unsre runzeln sind eure runzeln
euer sargmacher ist unser sargmacher
ihr knochenmann ist mein knochenmann

Quelle: R. O. Wiemer: *beispiele zur deutschen grammatik,* W. Fietkau-Verlag, Berlin 1971

Die einzelnen Zeilen besprechen: Welches Problem wird angesprochen? Ggf. selbst weitere Zeilen dazu erfinden oder ein ganz neues Gedicht analog zur Vorlage verfassen.

Erläuterungen zur Grammatik

8B1

Das Personalpronomen

Die Darstellung beginnt wiederum mit Bild- und Textzitaten aus den entsprechenden A-Teilen (wobei die Beispielsätze zum Teil um weitere ergänzt sind). Die farbig unterlegten Formen des Personalpronomens (im Akkusativ und Dativ) tauchen ebenfalls farbig unterlegt in der abschließenden Übersicht wieder auf; sie werden durch die nicht in den Beispielsätzen vertretenen, nicht farbig unterlegten Formen zum vollständigen Paradigma ergänzt.
Der Kontext der Beispielsätze macht klar, auf wen das Personalpronomen jeweils verweist.

8B2

Das Possessivpronomen

Die Seite ist ähnlich aufgebaut wie die vorhergehende: Der Weg führt vom Bild und Text in das Paradigma hinein. Die in den Textbeispielen begegnenden farbig unterlegten Possessivpronomina tauchen, farbig nach maskulinum, femininum und neutrum getrennt, in gleicher Form im Paradigma wieder auf und werden um die in den Beispielsätzen nicht belegten Formen ergänzt.

8B3

Die Deklination: Possessivpronomen + Substantiv

Das Deklinationsparadigma ist analog dem Muster in 7B1 dargestellt. Der Hinweis *Vergleichen Sie: ein – – Koffer ...* soll einen Vergleich mit dem Ergebnis provozieren, daß im Singular im Grunde nichts Neues zu lernen ist; lediglich im Plural (wo der unbestimmte Artikel entfällt) müssen die Lerner(innen) sich die Formen neu einprägen. Durch einen Quervergleich (mask., neutr., fem.) sollen sie darüber hinaus erkennen, daß die Formen des Possessivpronomens im Plural unabhängig von dem jeweiligen Genus des Substantivs und damit gleich sind.

8B4

Das Verb und die Ergänzungen (3): Dativergänzung

Nach dem bereits bekannten Muster wird in 8B4 die Dativergänzung dargestellt, wobei sie einmal (neben der Nominativergänzung) allein, einmal zusammen mit der Akkusativergänzung erscheint. Die Stellung der Dativergänzung vor der Akkusativergänzung ist der Normalfall, von dem abgewichen werden kann, wenn beispielsweise die Dativergänzung besonders betont werden soll, wie z.B. in *Rocko zeigt die Geschenke seinem Freund* (und keinem anderen).
Die von der beschriebenen Grundregel völlig abweichende Stellung (Akkusativergänzung vor Dativergänzung) bei der Realisierung der beiden Ergänzungen durch Personalpronomina ist in Ü5 besonders veranschaulicht und thematisiert (s. a. *AB Ü6*, S. 98).

Die Präpositionen mit Dativ 8B5

Die Präpositionen, die immer den Dativ bei sich haben, sind analog 7B5 dargestellt, wobei die Farbe Blau hier wiederum den Dativ signalisiert.

Referenzmittel 8B6

Ein wichtiges Mittel zur Herstellung von Kohärenz (Zusammenhalt) in Texten sind die sogenannten Referenzmittel, sprachliche Mittel also, die auf andere Elemente im Text und/oder in der Realität verweisen. Das Textverständnis setzt u. a. voraus, daß der/die Leser(in) die Bezüge und Zusammenhänge herstellen kann, die Frage also z. B. beantworten kann: *Wer ist „der"?, Was ist mit „das (alles)" gemeint?* usw.
Eine wichtige und große Gruppe innerhalb der Referenzmittel stellen die Pronomina dar, die, wie es bereits der Name sagt, für etwas anderes (seien es Nomina oder ganze Sinnzusammenhänge oder konkrete Erscheinungen der Realität) stehen. In dieser Referenzfunktion (Verweisfunktion) besteht ihr wesentlicher semantischer Gehalt, sie gilt es beim Lesen von Sätzen und Texten zu entdecken und zu realisieren.
Die Beispielsätze in 8B6 veranschaulichen diese Verweisfunktion unmittelbar.

Zugehörigkeit/Besitz 8B7

In 8B7 werden die z. T. sehr unterschiedlichen Möglichkeiten des Ausdrucks von Zugehörigkeit oder Besitz im Deutschen dargestellt: mit dem Verb *gehören* (+ Dativ), mit einem Präpositionalausdruck mit *von* (+ Dativ), mit Genitiv, mit Possessivpronomen.
Im Verlauf des Kurses ist es immer wieder sinnvoll, einmal innezuhalten und das neu Gelernte mit dem bereits früher Gelernten in Zusammenhang zu bringen und zu vergleichen, um Gemeinsamkeiten und Unterschiede festzustellen. Daß dies nicht nur bei der Formenlehre möglich und nötig ist, sondern auch bezüglich größerer Bedeutungseinheiten, wird an dieser Stelle exemplarisch verdeutlicht.

Weitere Ausspracheprobleme

Wortakzent, Rhythmus, Intonation

nein	*nein! ja! wann? wo? gut!*
nein	*nein? ja? wann? wo? gut?*
fertig	*fertig! leider! bitte! danke! Abfahrt!* *abfahren, antworten, arbeiten, lächerlich, unbestimmt, Hammelfleisch, Augenarzt, Angestellte, Arbeitsstelle, einverstanden, weitermachen, Arbeitserlaubnis, Fahrkartenschalter, Sprechstundenhilfe, Aufenthaltserlaubnis, Vorbereitungsklasse, Arbeitsunfähigkeitsbescheinigung*
fertig	*fertig? Hammelfleisch? Arbeitserlaubnis? Arbeitsunfähigkeitsbescheinigung?*
allein	*allein, April, August, Café, Fabrik, Friseur, gefragt, gemacht, umsonst, ein Bier, das Bier, zwei Mark, elegant, Formular, Garantie, Konsulat, Polizei, eine Mark, Biologie, Mathematik, Operation*
allein	*allein? sofort? zwei Mark? umsonst? Polizei? Mathematik?*
verboten	*verboten, elektrisch, Europa, Kartoffel, Oktober, am Abend, die Hälfte, gehalten, eine Bluse, automatisch, gegenüber, Garantieschein, fotografieren, funktionieren, entschuldigen, Gesundheitsamt, Radier-*

gummi, Verkäuferin, Berufsberatung, Studentenwohnheim, Familiennachzug, Familienzusammenführung, Gehirnerschütterung, Erziehungsberatungsstelle

ver͡bo͡ten   verboten? am Abend? gegenüber? Berufsberatung? Erziehungsberatungsstelle?

Während manche Sprachen nur einsilbige Wörter kennen, andere ziemlich feste Regeln für die Position des Wortakzents haben (letzte Silbe: Französisch; vorletzte: einige andere romanische Sprachen), gibt es für das Deutsche keine Faustregel. Sicherlich ist es falsch, von der „Betonung der ersten Silbe" zu sprechen – dies gilt allenfalls für einen Teil des Wortschatzes. Bei der Regelbildung kommt es – von Fremdwörtern und Namen abgesehen – auf die Wortbildungsstruktur an. Eine Regel, die die meisten Fälle abdeckt, könnte lauten: Wenn das Wort mehrsilbig ist, ist in der Regel die Stammsilbe betont, gleichgültig, wo sie steht ('Rede, ge'redet). Vor- und Nachsilben, die nicht als eigenes Wort auftreten, sind so gut wie nie betonbar (außer un-, miß-, ob-, -ei). Zusammensetzungen (feste wie die Substantive nach dem Muster 'Bahnhof, trennbare Verben wie 'abfahren) sind auf der ersten von zwei darin enthaltenen Stammsilben betont; Ausnahme: untrennbare Verben wie unter'nehmen. Natürlich kann man einem Lerner im Anfangsstadium nicht klarmachen, was eine betonbare „Stammsilbe" („Kernmorphem" u.a.) ist. Wohlgemerkt: beton*bar,* weil der Wortakzent nur voll realisiert wird, wenn er zugleich den Hauptakzent einer Äußerung bildet. (Zur Problematik, bestimmte Wortarten isoliert auszusprechen, vergleiche die Vorbemerkungen, S. 37). In Nicht-Hauptakzent-Stellung werden die Wortakzente zu Nebenakzenten reduziert oder überhaupt ununterscheidbar. Durch die Verteilung von Akzent-Nichtakzent entsteht der typische Rhythmus im Deutschen, von dem schon in den Bemerkungen zur Intonation von Äußerungen aus mehreren Wörtern die Rede war. Die Hervorhebung der Akzentsilbe geht entweder nach oben oder nach unten, je nach Einbettungsstruktur. (Auch hier darf man den Lehrbüchern nicht glauben, die mit dem Akzent stets eine Stimmton*erhöhung* verbinden.)

Diese Regeln sind an dem folgenden Kurzdialog (Aussage – Rückfrage – Antwort) illustriert:

   Nach | Frank͡furt.   Frank͡furt?   J\a, Frank͡furt.

Ebenso bei:
   Stutt͡gart – Stutt͡gart?   Hei͡delberg – Hei͡delberg?
   Würz͡burg – Würz͡burg?

Die Verlagerung des Wortakzents in zusammengesetzten Substantiven läßt sich mit derselben stilisierten Intonations-Notation darstellen:

   In die | Sta\dt.   Ja, in die | Alt͡stadt.

Ebenso bei:
   die | Fa\hrt – die | Ein͡fahrt   das | Ha\us – das | Gast͡haus

Die Übung zeigt noch einmal typische Muster anhand von Wörtern und Wortgruppen, und zwar einmal in fallender, einmal in steigender Intonation.

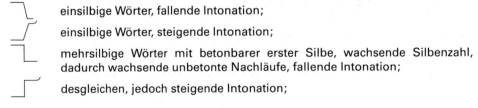

einsilbige Wörter, fallende Intonation;

einsilbige Wörter, steigende Intonation;

mehrsilbige Wörter mit betonbarer erster Silbe, wachsende Silbenzahl, dadurch wachsende unbetonte Nachläufe, fallende Intonation;

desgleichen, jedoch steigende Intonation;

mehrsilbige Wörter mit betonbarer letzter Silbe (wechselnde Silbenzahl, dadurch wachsende unbetonte Vorläufe);

desgleichen, jedoch steigende Intonation;

mehrsilbige Wörter/Wortgruppen mit unbetonbarer erster und letzter Silbe (wachsende Silbenzahl, dadurch wachsende unbetonte Vor- und Nachläufe);

desgleichen, jedoch steigende Intonation.

Diktattext

Was wünschen Sie sich zu Weihnachten? Einen schönen Christbaum mit Kerzen, Kugeln, Figuren und Sternen? Oder ein Lebkuchenhaus aus Nürnberg? In der Zeit vor Weihnachten fahren viele Leute nach Nürnberg. Dort gibt es den berühmten „Christkindlesmarkt" – C-H-R-I-S-T-K-I-N-D-L-E-S-M-A-R-K-T. Viele Leute feiern auch Weihnachten in den Bergen, in Österreich, in der Schweiz oder in Bayern.

Wiederholungsübungen zu Kapitel 5–8

Im Arbeitsbuch S. 100–101 finden Sie 30 Aufgaben zu Sprechintentionen, die in den Kapiteln 5–8 eingeführt wurden. Lösungen finden Sie im Anhang zum Arbeitsbuch.

Kontrollaufgaben zu den Kapiteln 5–8 (AB S. 102)

Dieser zweite Block von Kontrollaufgaben ist ähnlich angelegt wie der erste Block nach Kapitel 4. Er dient demselben Zweck (Lernerfolgskontrolle für die Kursteilnehmer; Nacharbeiten von Defiziten; Einstufung in weiterführende Kurse). Schwerpunkte, die überprüft werden:
A. *Wortschatz:* Zeitangaben, Wochentage, Datum, Fragepronomina, Essen, Behörde, Verben.
B. *Grammatik:* Modalverben, Partizip II, Artikel im Dativ und Akkusativ, Präpositionen, Personalpronomen, Possessivpronomen: Deklination; Stellung von Dativ- und Akkusativergänzung.
C. *Orthographie:* Endungen; Dehnung; Schreibung stimmhafter und stimmloser, „harter" und „weicher" Laute.
D. *Lesen:* Verständigungsbereiche der Kapiteltexte.
E. *Sprechen:* Wichtige Sprechintentionen, die in den Kapiteln 5–8 eingeführt worden sind.
F. *Schreiben:* Einen Brief nach Stichwörtern verfassen (Besuch der Buchmesse in Frankfurt).

Die Lösungen zu den Kontrollaufgaben finden Sie im Anhang zum Arbeitsbuch. Bewertung/Notenschlüssel: vgl. S. 100.

Wiederholungsspiel

Man kann – falls Zeit und Lust vorhanden sind – alle 40 Stationen dieses Spiels durchgehen (zu jedem Bild die Fundstelle angeben, die Szene besprechen, ggf. noch einmal spielen bzw. nacherzählen). Man kann aber auch – gemäß den Spielregeln, die S. 122 oben angegeben sind – eine Auswahl aus den Szenen treffen.

Szenenfolge/Belegstellen:

1: 2A1	16: 7A3	27: 4A2 Ü5
2: 1.4 Ü7	17: 8A3a)	28: 3A6
3: 1.4	18: Verkehrszeichen:	29: 7B3
4: 1.2	vorgeschriebene Fahrt-	30: 7A5
5: 2A1 Ü3	richtung nach rechts	31: 5A1
6: 8A3b)	19: 3A4	32: 8A3b) Ü3
7: Verkehrszeichen:	20: 6A1 Ü4	33: 6A1 Ü4
abknickende Vorfahrt	21: 3A4	34: 6A7
8: 3A3	22: 6A5	35: 6A2
9: 8A1	23: 7A7	36: 6A4
10: 3A6 Ü9	24: 4A2	37: 7A2
11: 4A2 Ü4	25: 7A1	38: 7A1
12: 6A1	26: Verkehrszeichen:	39: 6A1
13: 3A5	Fußgängerüberweg	40: 1.4 Ü10
14: 7A3 Ü9	(Zebrastreifen)	
15: 5A1		

Hinweis: Zum Wiederholungsspiel finden Sie 12 Szenen auf F30.

Menschen, Landschaften, Städte, Häuser, Traditionen

S. 126

Fachwerkhäuser
einer mittel-
alterlichen
Stadt

Barockes Rathaus

Kraftwerk:
Turbine

Berlin (Ost)
Fernsehturm

Hermannsdenkmal
im Teutoburger
Wald

Landschaft in
Norddeutschland
(mit Leuchtturm)

Straßen-
musikant

„Clown" beim
Karneval im
Rheinland

Kölner
Dom

S. 127

Bau des Rhein-
Main-Donau-Kanals
(Altmühltal)

Mitglieder eines
Schützenvereins
in Norddeutschland

Mauer in Berlin
vor dem Branden-
burger Tor

Alte Frau

Karl Valentin
(Volksschauspieler und
Schriftsteller, 1882–
1948, München) als
Musikant verkleidet

Picknick auf
einem Grillplatz

Schifahren in den
bayerischen Alpen

Oktoberfest, München:
Brauereiwagen

D Anhänge

1. Im Lehrbuch nicht abgedruckte zusätzliche Hörtexte (📼) der Cassette 1A/1

1.3

Hörtext 1

- ○ Verzeihung, wie ist Ihr Name?
- ● Paulick, Horst Paulick!
- ○ Pollich?
- ● Nein, Paulick!
- ○ Buchstabieren Sie bitte!
- ● P wie Paula
  A wie Anton
  U wie Ulrich
  L wie Ludwig
  I wie Ida
  C wie Cäsar
  K wie Kaufmann
- ○ Also: Paulick. Vielen Dank!
  Und wie ist Ihre Adresse?
- ● Hannover, Heinrich-Heine-Straße 37.

1.3

Hörtext 2

- ○ Ihr Name, bitte!
- ● Whybra, David Whybra.
- ○ W – E – I ...?
- ● Nein:
  W – H – Y – B – R – A.
- ○ A, das ist englisch!
  Whybra.
- ● Richtig!
- ○ Und wie ist Ihre Adresse?
- ● London, Princes Gate 50.

1.3

Hörtext 3

- ○ Wie ist Ihr Name?
- ● Matusczyk.
- ○ Matus...? Noch einmal, bitte langsam!
- ● Ma-tu-sczyck!
- ○ Wie schreibt man das?
- ● M wie Martha
  A wie Anton
  T wie Theodor
  U wie Ulrich
  S wie Samuel
  C wie Cäsar

Z wie Zacharias
Y wie Ypsilon
K wie Kaufmann
- ○ Und Ihre Adresse, bitte!
- ● Wien, Habsburger Ring 182a.
- ○ Viele Dank!
  Frau Matuszyk, Wien, Habsburger Ring 182a.
- ● Ja, richtig!

2A3

Auskunft: 1188 oder 01188

Telefonat A

- ○ Auskunft 10, grüß Gott.
- ● Bitte die Nummer von Willi Decher aus Kirtorf.
- ○ Wie heißt der Ort?
- ● Kirtorf. Das wird geschrieben: Karl – Ida – Richard – Theodor – Otto – Richard – Friedrich. Kirtorf.
- ○ Und wo ist ...?
- ● Kirtorf.
- ○ Wo ist das in der Nähe?
- ● In Hessen. Ich buchstabiere noch mal: Karl – Ida – Richard – Theodor – Otto – Richard – Friedrich. Kirtorf
- ○ Wie heißt der Teilnehmer?
- ● Willi Decher.
- ○ Decher mit Dora am Anfang, ja?
- ● Dora, genau.
- ○ Die Vorwahl, Moment mal: 06635
- ● 06635.
- ○ Und die Rufnummer: 204
- ● 204. Herzlichen Dank. Auf Wiederhören.
- ○ Auf Wiederhören.

Telefonat B

- ○ Auskunft 68, grüß Gott!
- ● Bitte die Nummer von Willi Decher aus Kirtorf.
- ○ Aus wo?
- ● Das Kirtorf schreibt man K-I-R-T-O-R-F.
- ○ Den Namen vom Teilnehmer habe ich nicht verstanden.
- ● Willi Decher.
- ○ Becher, wie der Becher?
- ● Decher, Dora, mit Dora.
- ○ Dora, Emil?
- ● Genau.
- ○ Die Vorwahl ist 066.

● 0 66.
○ 35.
● 35.
○ Die Rufnummer ist 204.
● 204. Herzlichen Dank. Auf Wiederhören.
○ Auf Wiederhören.

2A3

Übung 9: Hören Sie die Lotto-Gewinnzahlen.

Nun die Lottozahlen. In der 35. Ausspielung wurden
folgende sechs Gewinnzahlen gezogen: 1 – 3 – 13 – 21 –
24 – 49. Zusatzzahl: 4. Die Gewinnzahl im Spiel 77 lau-
tet...

2A4

Übung 12: Wer spricht?

Der Deutschkurs hat zwölf Teilnehmer, fünf Frauen und
sieben Männer. Nummer 1 ist Frau Puente aus Spanien.
Anne Boucher, Nr. 2, kommt aus Kanada. Dann Herr
Dupont, Nr. 3: Er kommt aus Frankreich. Visal Gandhi,
Nr. 4, ist aus Indien, aus Bombay. Herr Myers, Nr. 5,
kommt aus den USA. Nr. 6 ist Frau Barbieri. Frau Scoti,
Nr. 7, ist nicht da, sie ist krank. Aber ihr Mann, Alberto
Scoti, Nr. 8, ist da. Maria Barbieri, Lina und Alberto Scoti
kommen aus Italien.
Und Nr. 12, das ist Rocko. Woher kommt er?

3A2

Wie heißt das auf deutsch?

○ Was ist das?
● Ein Tonbandgerät.
○ Ein – *wie* heißt das?
● Tonbandgerät!
○ Ein Tonband.
● Ein T-o-n-b-a-n-d-g-e-r-ä-t!!
○ Ein Tonbandgerät.
　 Und Nummer 15, ist das eine Lampe?
● Nein, ein Tageslichtprojektor.
○ Oh, noch einmal, bitte!
● Tageslichtprojektor.
○ Ist das deutsch?
● Ja, das heißt auf deutsch: Tageslichtprojektor.
○ Tageslichtprojektor,
　 Tageslichtprojektor,
　 Tageslichtprojektor.
　 Das ist ein Tageslichtprojektor.
　 Und da, Nummer 11, was ist das?
● Ich weiß nicht.
○ Vielleicht Coca-Cola?
● Nein, nein.
○ Wie heißt das auf deutsch?
● Keine Ahnung!!

3A5

Lebenshaltungskosten

Ich heiße Regine Klein und bin 28 Jahre alt. Ich bin
Lehrerin von Beruf. Aber ich bin jetzt zu Hause, weil
unsere Kinder noch zu klein sind. Andrea ist fünf, Tom-
my ist erst sechs Monate alt.

Mein Mann ist auch Lehrer. Er verdient im Monat 3200
Mark netto. Das ist nicht schlecht. Aber wir brauchen
viel Geld. Zum Beispiel unsere Wohnung, die ist schön
und groß, aber sehr teuer! Elfhundert Mark, und dann
noch Heizung, Strom, Wasser extra, zusammen etwa
dreizehnhundertfünfzig Mark im Monat.
Zum Leben, Essen und Trinken, brauchen wir etwa 800
Mark. Ja, und dann noch Kosten fürs Auto, für Reisen,
für Kleidung, und ab und zu mal ins Kino ... Wir sind
immer pleite.
Aber es geht uns gut, wir sind gesund und haben viele
Freunde ...

3A9

Hörtext: Rocko frißt M.M.

Rocko: Herr Ober, bitte eine Kaffeetasse und ein Tee-
glas!
Ober: Eine Tasse Kaffee und ein Glas Tee.
R: Und eine Weinflasche.
O: Sehr wohl, eine Flasche Wein.
R: Und einmal M.M.
O: Wie bitte?
R: Einmal M.M.
O: M.M.? Was ist das, bitte?
R: M.M. ist M.M.!
O: Das haben wir leider nicht.
R: O.K., dann bitte Kaffeetassen, Teeglas und Wein-
　 flasche.

*

R: Guten Tag, mein Name ist Rocko, und wer sind Sie?
Herr: Wir heißen Schmidt.
R: Sie heißen beide Schmidt?
Dame: Ja, beide. Ich heiße Paula Schmidt, mein Mann
Reiner Schmidt.
R: Ach so, Paula und Reiner. Wie alt bist du, Paula?
D: Oh, woher kommen Sie, Herr Rocko?
R: Vom Mars.
H: Vom Mars???
D: Wie interessant! Wir kommen aus Buxtehude.
R: Buxtehude???
H: Eine kleine Stadt bei Hamburg.

*

O: Eine Tasse Kaffee und ein Glas Tee.
　 Der Wein kommt gleich.
R: Danke!
H: Um Gottes willen! Herr Ober, bitte zahlen!
D: Herr Rocko, was machen Sie?

R: Ich esse das Teeglas, ich habe Hunger.
Möchten Sie auch ein Glas?
D: Oh, nein, wir essen kein Glas!
R: Was essen *Sie?*
D: Steak, Hamburger, Pommes frites, Würstchen, Kä-
sebrot, Gulaschsuppe ...
R: Ich esse am liebsten M.M.
H + D: M.M.??
H: Herr Ober, bitte zahlen!!

4A6

Eine Lebensgeschichte

Früher hatte ich keine Zeit. Ich hatte Geld, ein Auto, ein
tolles Auto, ein Haus, eine Villa.
Ich war verheiratet, und ich hatte Kinder, und Freunde,
ja, ich hatte Freunde, 'ne Menge Freunde, hm. Aber ich
hatte keine Zeit. Nie hatte ich Zeit.
Ich war Schauspieler. Ich hatte 'ne Menge Erfolg. Ich
war berühmt. Und ich hatte viele Termine. Überall. In
Rom, Paris, in London und Hollywood.
Ja, und dann – dann war ich Politiker. Ha, ja, da hatte ich
Macht. Ich hatte ein dickes Flugzeug und viele Telefone.
Aber dann hatte ich Pech.
Jetzt, jetzt hab ich keine Freunde mehr. Meine Villa ist
weg, mein Geld ist weg, meine Frau ist auch weg, alles
ist weg. So ist das eben.
Jetzt hab ich nichts mehr.
Ich bin allein. Aber ich hab 'ne Menge Zeit.

5A1

Zeitansagen im Telefon

Beim nächsten Ton ist es   5 Uhr 59 Minuten und 50
Sekunden.
Beim nächsten Ton ist es   6 Uhr   0 Minuten und   0
Sekunden.
Beim nächsten Ton ist es 14 Uhr 48 Minuten und   0
Sekunden.
Beim nächsten Ton ist es 14 Uhr 48 Minuten und 10
Sekunden.
Beim nächsten Ton ist es 17 Uhr   2 Minuten und 50
Sekunden.
Beim nächsten Ton ist es 17 Uhr   3 Minuten und   0
Sekunden.
Beim nächsten Ton ist es 21 Uhr 59 Minuten und 50
Sekunden.
Beim nächsten Ton ist es 22 Uhr   0 Minuten und   0
Sekunden.

5A3

a) Durchsagen am Flughafen

Abflug British Airways 959 nach Manchester, Flugsteig
A6.

Departure British Airways 959 to Manchester exit A6.

Abflug Condor 2212 nach Palma de Mallorca und Ibiza,
Flugsteig A4.
Departure Condor 2212 to Palma de Mallorca and Ibiza,
exit A4.

Abflug Lufthansa 316 nach Athen, Flugsteig A18.
Departure Lufthansa 316 to Athens, exit A18.

Herr Hopier, Passagier nach Kairo, bitte zum Lufthansa-
Flugscheinschalter Nr. 9.

Letzter Aufruf Lufthansa 796 nach Hamburg, Flugsteig
B12.
Final call Lufthansa 796 to Hamburg exit B12.

Passagier Dellasien nach Hannover, bitte zum Lufthan-
saschalter Nr. 18.

5A3

b) Durchsagen am Bahnhof

Am Gleis 19 bitte einsteigen, Türen schließen, Vorsicht
bei der Abfahrt!

Auf Gleis 19 fährt ein der Schnellzug 892 aus Salzburg
zur Weiterfahrt nach Karlsruhe. Ankunft 15 Uhr 47.

Am Gleis 20 bitte einsteigen, Türen schließen, Vorsicht
bei der Abfahrt!

Achtung, eine private Durchsage: Werner und Dieter
Steiner, Werner und Dieter Steiner möchten bitte zum
Kundendienst der Bundesbahn am Gleis 26 kommen.
Werner und Dieter Steiner möchten bitte zum Kunden-
dienst der Bundesbahn am Gleis 26 kommen.

Auf Gleis 22 fährt ein der Intercity 682 „Ernst Barlach"
aus Hamburg-Altona. Ankunft 16.24 Uhr.

Achtung, eine private Durchsage: Fräulein Lindner, unterwegs nach Wien, kommen Sie bitte zum Kundendienst der Bundesbahn, Gleis 26! Fräulein Lindner, unterwegs nach Wien, kommen Sie bitte zum Kundendienst der Bundesbahn, Gleis 26!

Auf Gleis 19 fährt in Kürze ein der verspätete Fernex-
preß 723 „Berchtesgadener Land" aus Dortmund zur
Weiterfahrt nach Berchtesgaden, mit Kurswagen nach
Salzburg. Planmäßige Ankunft 15.10 Uhr.

5A5

Übung 8: Eine Radio-Ansage

Das ist die Stimme von Teddy Panther.
Der Sänger macht im April eine Tournee durch die
Bundesrepublik. Hier die Stationen: Sein erstes Konzert
ist am 3. April in Kiel, in der Ostseehalle. Am 6. 4. tritt er
in Hamburg auf.

Und weiter geht's: Am 9. 4. in Bremen, am 13. und 14. in Hannover, am 16. April in Köln.
Vom 18. bis 20. 4. gastiert Teddy Panther in Frankfurt. Am 23. 4. in Stuttgart, und am 26. und 27. April das Finale in München, in der Olympiahalle. – Teddy Panther!!!

5A6

Haben Sie einen Termin für mich?

○ Hier Praxis Dr. Huber, guten Tag!
● Guten Tag, mein Name ist Pasolini. Ich habe Zahnschmerzen. Haben Sie einen Termin für mich? Möglichst bald!
○ Am Dienstag, den dreiundzwanzigsten, um 8 Uhr.
● Am dreiundzwanzigsten? Das ist zu spät! Ich habe Schmerzen.
○ Am Freitag, den zwölften Februar. Um zwölf Uhr fünfzehn ist noch ein Termin frei.
● Oh, das ist zu früh! Ich arbeite bis halb drei. Um drei Uhr, paßt das? Geht das?
○ Nein, das geht leider nicht. Freitagnachmittag ist die Praxis geschlossen.
● Gut, dann frage ich meinen Chef. Also: Freitag, zwölf Uhr fünfzehn.
○ Ja, zwölf Uhr fünfzehn! – Verzeihung, wie ist Ihr Name?
● Pasolini. Pa-so-li-ni.
○ Vielen Dank, Herr Pasolini. Auf Wiederhören!

5A6

Hörtext 1

○ Hier Praxis Dr. Huber, guten Tag!
● Guten Tag, hier ist Petersen. Ich habe einen Termin für heute nachmittag.
○ Ja, heute, 15.30 Uhr.
● Ja, richtig. Aber das geht leider nicht. Meine Tochter ist ... Haben Sie morgen nachmittag einen Termin frei?
○ Morgen ist schlecht. Da ist nichts frei. Aber Donnerstagvormittag ...
● Am Vormittag kann ich leider nicht. Geht es auch am Nachmittag?
○ 17.00 Uhr?
● Ja, das ist gut.
○ Also am Fünfzehnten, Donnerstag, 17.00 Uhr.
● Vielen Dank, auf Wiederhören!
○ Wiederhören!

5A6

Hörtext 2

○ Hier Praxis Dr. Huber, guten Tag!
● Guten Tag, mein Name ist Bamberg, Günter Bamberg. Hören Sie bitte: Ich habe große Zahnschmerzen! Ich brauche Tabletten ...
○ Waren Sie schon einmal bei uns, Herr Bamberg?
● Nein.
○ Dann kommen Sie ...
● Ich kann nicht! Ich habe keine Zeit. Ich mache morgen Examen. Ich hab überhaupt keine Zeit!
○ Kommen Sie gleich, es geht ganz schnell!
● Aber ... es ist besser, ich nehme jetzt Tabletten und komme nach dem Examen.
○ Nein, kommen Sie gleich!
● Gut, in zehn Minuten bin ich ...
○ In Ordnung, Herr Bamberg.

5A7

Herr Gröner braucht Hilfe

● Ich brauche sofort Hilfe!
○ Tut mir leid, ich habe jetzt keine Zeit.
● Aber ich habe es sehr eilig! Ich habe um sieben Uhr eine Konferenz in Düsseldorf.
○ Es ist schon nach fünf. Ich komme morgen früh.
● Das ist zu spät! Ich habe heute abend um sieben eine Konferenz!!
○ So schnell geht das nicht. Das dauert drei bis vier Stunden.
● Schauen Sie bitte mal nach! Vielleicht ist nicht viel kaputt.
○ Nein, das geht jetzt nicht mehr. Ich hol' den Wagen morgen.
● Wann ist der Wagen fertig?
○ Das weiß ich nicht. Vielleicht ist der Motor kaputt – dann dauert es lange. Ich rufe Sie an.
● Und was mache ich jetzt?
○ Ich rufe ein Taxi, und dann fahren Sie zu Ihrer Konferenz.
● Ja, bitte, rufen Sie gleich an!

6A1

Übung 5
● Wo kommst du jetzt her?
○ Von Mario.
● Und was hast du da so lange gemacht? Jetzt ist es zwanzig vor acht!
○ Hausaufgaben.
● Hausaufgaben!? Sieben Stunden Hausaufgaben?? Um eins war die Schule aus!
○ Ja, um halb zwei waren wir bei Mario – dann Mittagessen – und dann haben wir Hausaufgaben gemacht. Das war so viel: Deutsch, Mathe, Bio ... Ich habe Mario Mathe erklärt.
● Und warum ist deine Hose kaputt?
○ Das hat Pluto gemacht.
● Pluto??
○ Der Hund von Mario.
● Ihr habt Fußball gespielt!

○ Nein, wir haben gearbeitet, wir haben gelernt. Frag Mario!

6A2

Übung 6: Durchsagen im Supermarkt

Verehrte Kunden! Wir bieten Ihnen heute wieder Sonderangebote zu kleinen Preisen. Zum Beispiel: 500 Gramm Jacobs-Kaffee „Edelmocca" oder, für Teefreunde, Thiele-Tee „Broken Special", auch 500 Gramm – jede Packung nur 8 Mark 99! ...

... Die Sonne des Südens auf unseren Tisch! Italienische Blutorangen, Handelsklasse 2, 1,5 Kilogramm für nur eine Mark 99! Oder Blumenkohl, aus Italien oder Frankreich – nur eine Mark 49 pro Stück ...

... Bei uns bekommen Sie die ganze Kraft der Milch zu Minipreisen: Frischmilch nur 99 Pfennig pro Liter; Holländische Markenbutter, 250 Gramm für eine Mark 99! Magerer gesunder Speisequark kostet bei uns nur 39 Pfennig der 250-Gramm-Becher. Und eine norwegische Spezialität: Ridderkäse mit 60% Fettgehalt gibt's heute für unglaubliche eins 49 je 100 Gramm! ...

... Und abends sind alle durstig: Cola, die Literflasche schon für eins 29, Paulaner Hell, das frische Bier für die ganze Familie, der Kasten nur 12 Mark 99. Und Vater hat ein besonderes Gläschen verdient: Kognak „Napoleon", die 0,7-Liter-Flasche zu dreizehn Mark 98 ...

6A6

Freitag, der 13.

Um acht bin ich aufgestanden; ich bin ziemlich müde gewesen. Dann bin ich ins Bad gegangen.

Von acht bis halb neun bin ich im Bad gewesen, und dann hab ich mich angezogen.

Um Viertel vor neun habe ich mir ein Frühstück gemacht, dabei hab ich mir in den Finger geschnitten. Ja, in den Finger.

Von neun bis zehn hab ich dann Kaffee getrunken – der Kaffee war dünn, Brötchen gegessen – die Brötchen waren hart. Na ja, dann hab ich halt die Zeitung gelesen – nur schlechte Nachrichten.

Um zehn bin ich in die Stadt gefahren; ich hab den Bus genommen, und, na ja, bin einmal umgestiegen. Ich hab nämlich für Monika Blumen gekauft, und dann hab ich auf sie gewartet.

Ich hab so von elf bis vielleicht halb eins gewartet. Und dann ist sie schließlich gekommen. Sie hat nur wenig Zeit gehabt.

Um zwanzig vor eins, glaube ich, bin ich nach Haus gefahren; dabei hab ich meine Brieftasche verloren.

Um zwei bin ich nach Haus gekommen. Ich bin sehr traurig gewesen. Ich hab einen Brief an Monika geschrieben.

Um vier habe ich dann Susi angerufen.

6A6

Hörtext

○ Ach, du bist es, Susi! Ich bin gerade nach Hause gekommen.
● Woher?
○ Aus der Stadt. Ich hab ein Geschenk für meinen Vater gesucht, der hat Geburtstag. Hab aber nichts gefunden. Bin in x Geschäften gewesen. Dann hab ich 'ne Hose für mich gekauft.
● Auch gut!
○ Ach ja, das hab ich ganz vergessen: Ich hab Peter in einem Restaurant getroffen. Ein komischer Typ!
● Wieso?
○ Blumen hat er mitgebracht!
● Für dich?
○ Ja.
● Ist doch nett!
○ Na ja?! – Die hab ich dann in einem Geschäft vergessen.
● (kichert)
○ Und was machen wir jetzt? Ins Kino gehen? Im City läuft „Männer".
● Hab ich schon gesehen.
○ Und im Rex?
● Da bin ich auch schon gewesen. – Komm lieber zu mir! Ich hab Besuch.
○ Wer?!
● Rat mal!
○ Peter??
● Ja!
○ Hat er Blumen mit ...?
● Hat er!
○ Ich komme!

6A6

Übung 16: Was hat Sherlock Holmes gehört?

(Geräusche vor und auf dem Bahnhof)

○ Zwölf Mark achtzig.
● Gut so.
○ Danke.

● Eine Süddeutsche, bitte.
○ Eins zwanzig.
● Danke.

6A7

Übung 18: Der Einbrecher und Frau Giesecke

○ Das war eine Aufregung! Ich hab was gehört, so um elf, ein Klirren, einer hat die Scheibe kaputtgemacht.
● Haben Sie keine Angst gehabt?
○ Und wie! Aber ich habe die Tür leise aufgemacht – und da war er!
● Wer??
○ Na, der Einbrecher.
● Ein Mann?
○ Ja, groß, stark ...
● O Gott!
○ Ich glaube, er hat Geld gesucht. Er hat alles aufgemacht und ausgeräumt.
● Und was haben Sie gemacht?
○ Ich habe ihn gefragt: „Sagen Sie mal, was machen Sie hier?"
● Und er?
○ Der sagt: „Entschuldigen Sie, ist hier Bahnhofstraße Nr. 9?"
„Ja, natürlich", sag ich, „Bahnhofstraße 9".
Und dann sagt er: „Ja, kennen Sie mich denn nicht mehr?"
● So eine Frechheit!
○ Und ich sag: „Nein, ich kenne Sie nicht. Wer sind Sie denn?" Und er: „Na, ich bin doch ein Kollege von Hermann!"
● Von Hermann???
○ Ja, Hermann ist mein Mann. Also, ich sag zu ihm: „Nein, setzen Sie sich mal hin. Ich mach Ihnen erst 'ne Tasse Kaffee, und dann rufe ich Hermann an."
● Ja, wo war denn Ihr Mann?
○ Der war nicht zu Hause. Also, ich mach Kaffee, und der sitzt da und schwitzt.
● Schwitzt??
○ Na klar, der hat Angst gehabt.
● Ja, ich denke, *Sie* haben Angst gehabt!
○ Ja, zuerst ich, aber dann er. Und dann habe ich telefoniert ...

7A1

Erdgeschoß – 1. Stock – 2. Stock

Ein Text von Viktor Augustin

Oben ist das Leben heiter (bunt),
unten wohnt ein Gastarbeiter (armer Hund).
Links wohnt Müller,
rechts wohnt Meier,
in der Mitte wohnt ein Bayer.
Vorne ist ein kleiner Zoo,
hinten ist ein deutsches Klo.

(In (...) 2. Version.)

7A2

Übung 7: Hören Sie bitte! Ist die Information richtig oder falsch?

Hörtext 1

○ Entschuldigen Sie! Wie komme ich zum Josephsplatz?
● Zum Josephsplatz? ... Gehen Sie geradeaus und dann an der Kreuzung links. Dann kommen Sie direkt zum Josephsplatz.
○ Vielen Dank! Wiedersehen!
● Bitte schön!

Hörtext 2

○ Guten Tag! Technische Hochschule, bitte!
● Ach, Sie wollen zur TH. Hm, warten Sie mal. Ja, gehen Sie immer geradeaus. Diese Straße geradeaus.
○ Geradeaus.
● Ja, geradeaus, und am Ende ist die Technische Hochschule.
○ Weit? Weg lang?
● Ja, wie weit ist das? Vielleicht ein Kilometer. Zehn Minuten zu Fuß.
○ Ah, gut. Dankeschön!
● Bitte, bitte. Auf Wiedersehen!

Hörtext 3

○ Verzeihung, wissen Sie, wo die Georgenstraße ist?
● Ja, aber das ist ziemlich weit. Haben Sie ein Auto?
○ Nein, ich bin zu Fuß.
● Hier geradeaus bis zur dritten Kreuzung und dann rechts die Arcisstraße entlang, am Friedhof vorbei, immer weiter geradeaus, und dann kommt die Georgenstraße.
○ Rechts oder links?
● Nach rechts und nach links, eine große Querstraße. Die Georgenstraße ist sehr lang. Das ist eine Parallelstraße zu dieser Straße.
○ Aha, ich verstehe, vielen Dank!

Hörtext 4

○ Ich suche die Polizei.
● Die Landpolizeidirektion?
○ Ja, richtig.
● Gehen Sie hier die Theresienstraße entlang, bis zur zweiten Kreuzung, dann rechts und die zweite Straße links.
○ Bis zur Kreuzung, dann rechts, und dann die zweite Straße links.
● Genau, und dann noch zwei- bis dreihundert Meter geradeaus, und dann auf der rechten Seite das große Gebäude.
○ Vielen Dank, das finde ich bestimmt.

7A3

Wo liegt der Fotoapparat?

○ Ja bitte?
● Ich bin's!
○ Ach du, was gibt's?
● Du, Papa, ich hab meinen Fotoapparat vergessen, aber ich weiß nicht, wo.
○ Fotoapparat?
● Ja, mein Fotoapparat. – Siehst du mal nach?
○ Wo?
● Im Wohnzimmer. Ich glaube, er liegt auf dem Sofa!
○ Nee, da ist er nicht.
● Oder unter dem Sofa!
○ Ist das eine Gymnastikstunde?! Nee, auch nicht.
● Hm, oder auf dem Regal, da links von der Vase.
○ Moment – Verdammt nochmal!! – Nein, nicht da. Wo hast du ihn denn zuletzt gehabt?!
● Das weiß ich doch nicht. Vielleicht beim Angeln oder ...
○ Dann geh sofort dahin und such!! Der teure Apparat!
● Oder in der Küche?
○ Was?
● Siehst du mal in der Küche nach?
○ Im Kühlschrank?
● Nein, auf dem Tisch oder auf einem Stuhl oder ...
○ Mal sehn.

2. Alphabetisches Wortschatzregister zum Lehrbuch 1A

Ziffern und Buchstaben bezeichnen die Kapitel und Kapitelabschnitte.
DL = Deutschsprachige Literatur im 20. Jahrhundert; S/Sp = Singen und Spielen; WS = Wiederholungsspiel

A

ab 5A2
Abend, der 2A1
abend 5A7
Abendessen, das 6A3
abends 7A7
aber 1.4
abfahren 5A4
Abfahrt, die 5A3
Abflug, der 5A2
Abgastest, der 7A4
Abklingen, das 4A3
ablaufen 7A4
Ablaut, der 6B3
Abteilungsleiterin, die 8A2
ach! 4A7
Achtung! 5A3
Adresse, die 1.3
ah! 2A1
aha 4A2
Ahnung, die 3A2
Akkusativ, der 3B4
Akkusativergänzung, die 5B2
Aktiv, das 6B2
alle 4A4
allein 2A4
alles 3A4
als 2A5
also 1.3
alt 2A4
am 5A2
amtlich 4A5
an 7B3
ander- 2A5
anders 4A3
anfangen 3A8
angeln 3A3
Angelschein, der 3A3
Angina, die 4A3
Angina lacunaris, die 4A2
Angst, die 6A7
Anhalter, der 5A4
Ankunft, die 5A3
anmelden 7A2
anrufen 5A2
Anstaltspackung, die 4A3
antworten 2A5
Anwendung, die 4A3
Anwendungsgebiet, das 4A3
anziehen 6A5
anziehen, sich 6A6
Apfel, der 3A4
April, der 5A5

Arabisch 2A4
Arbeit, die 6A3
arbeiten 2A4
Arbeiter, der 2A4
Architektur, die DL
arm 7A1
Arm, der 4A1
Art, die 3A7
Artikel, der 3B2
Arzneimittel, das 4A3
Arzt, der 2A4
Ärztin, die 2A5
Aschermittwoch, der 5A6
Assistent, der 4A4
auch 2A1
auf 5A3, 5A8, 7A3
aufbewahren 4A3
auf einmal 6A5
Aufforderung, die 2B5
Aufforderungssatz, der 2B5
Aufgabe, die 2B5
aufhalten 4A4
aufhören S/Sp
aufmachen 6A7
aufpassen 7A6
Aufruf, der 5A3
aufschneiden 4A4
aufschreiben 5A7
aufstehen 6A6
auf Wiedersehen! 1.2
Auge, das 1.1
August, der 5A5
aus 1.2, 5A7
ausfüllen DL
Auskunft, die 2A3
Ausland, das 5A3
Ausländer, der 2A4
Ausländeramt, das 7A2
ausräumen 6A7
Aussage, die 2B5
aussehen S/Sp
Australien 1.4
Auswahl, die 6A2
Ausweis, der 3A3
Auto, das 3A1
Automarkt, der 7A4
Automechaniker, der 8A2
Autopanne, die 5A7
Autowerkstatt, die 5A7

B

Baby, das 3A1
Bad, das 6A6

Bahnhof, der 5A2
Bahnsteig, der 7A5
bald 5A6
Bank, die 6A1
Batterie, die 6A3
Bauch, der 4A1
Baum, der 8A4
Bayer, der 7A1
bayrisch 3A7
Becher, der 6A2
beginnen 5A5
Behandlung, die 4A3
bei 2A4, 5A3
beide 8A5
Beilage, die 3A7
beim (= bei dem) 6A1
Bein, das 4A1
Beispiel, das 2B5
bekannt DL
bekommen 7A2
Belgien 1.4
Bemerkung, die 5A2
benutzen 3B6
Berlin (West) 2A4
berühmt 4A6
beschreiben 1.4
Beschwerden, die 4A3
Besen, der 7A5
besetzt 5A4
Besitz, der 8B6
Besitzer, der 4A5
besonders DL
besser 5A6
bestimmt 3B2
Besuch, der 8A2
besuchen 5A4
Bettruhe, die 4A2
Beutel, der 7A6
Bewegung, die 7A7
bezahlen 3A3
Bienenhonig, der 6A2
Bier, das 2A1
Bild, das 3A2
Bildgeschichte, die 6A1
billig 4A5
Biographie, die DL
Birne, die 3A4
bis 5A2, 5A4, 5A7
bißchen, ein 2A1
bitte 1.3
blau 3A7, S/Sp
Blechtrommel, die DL
bleiben 2A4

blond S/Sp
bloß 8A1
Blume, die 6A6
Blumenkohl, der 6A2
Blumentopf, der 7A3
Blutorange, die 6A2
böse 6A2
Brasilien 1.4
braten 3A7
Brathering, der 6A2
Bratwurst, die 3A6
brauchen 5A4
bravo! 7A5
Brief, der 3A8
Brieftasche, die 6A6
Briefträger, der 8A2
British Army, die 2A4
Brot, das 3A6
Brötchen, das 6A6
Brücke, die 7A1
Brust, die 4A1
Buch, das 3A2
Buchmesse, die 5A4
Buchstabe, der S/Sp
buchstabieren 1.3
Buchstabiertafel, die 1.3
Bude, die 7A7
Bügelbrett, das 7A5
Bügeleisen, das 7A5
Bundesbahn, die 5A3
Bundesrepublik Deutschland, die
  1.4
bunt 7A1
Bürste, die 7A5
Bus, der 5A4
Busen, der 4A1
Butter, die 3A4

C

ca. (=circa) S/SP
Cafeteria, die 2A1
Cassette, die 3A1
Chef, der 5A6
Chefarzt, der 4A4
Chefin, die 6A3
Chinese, der 2A4
Chinesin, die 2A4
Christbaum, der 8A4
City, die 3A1
Clown, der 3A1
Co = Compagnie, die 6A1
Cola, die 2A1
Coladose, die 3A9
Computer, der 3A1
Cornflakes, die 3A4

D

da 1.2
daheim 2A4
damals 4A5

danach 6A4
Dänisch 2A5
Dank, der 3A7
danke 1.3
dann 1.4
Darm, der 4A2
darum 7A4
das 1.1
da sein 1.4
dasselbe 7A7
Dativ, der 3B4
Dativergänzung, die 8B4
Dauer, die 4A3
dauern 5A2
dazu 3A7
Deklination, die 3B4
demokratisch 1.4
denken 8A6
denn 4A2
deshalb 5A5
Design, das 1A1
Deutsch 2A1
deutsch 1.4, 3A2
Deutsche der/die 2A4
Deutsche Demokratische Republik,
  die 1.4
Deutschkurs, der 1.2
deutschsprachig DL
Dezember, der 5A5
Dialog, der 5A7
dick 3A8
die 2A2
Dienstag, der 5A6
dies- 7A1
diktieren 6A1
Diplomat, der 2A4
direkt 5A2
Direktivergänzung, die 5B2
Disko, die 7A4
DM 3A4
D-Mark, die 3A4
doch 8A1
Dolmetscherin, die 2A4
Donnerstag, der 5A6
Dose, die 3A6
Dosierungsanleitung, die 4A3
Drama, das DL
draußen 8A7
drinnen 8A7
du 1.2
dunkel 8A7
dünn 6A6
durch DL
Durchsage, die 5A3
Durst, der 3A6

E

eben 6A3
Edelmocca, der 6A2
egal 3A3

Ei, das 3A4
ei! 4A7
Eiernudel, die 3A7
Eile, die 5A7
eilig 5A7
Eimer, der 7A5
ein 2A1, 5A8
Einbrecher, der 6A7
einfach 5A2
einfahren 5A3
eingenäht 7A6
Eingeweide, die 4A2
einige 6A8
einkaufen 3A4
einladen 7A5
einmal 1.3
Einordnungsergänzung, die 5B2
einpacken 6A5
einsilbig 4B1
einsteigen 5A3
Einwohnermeldeamt, das 7A2
Elend, das 7A6
Eltern, die 7A4
emigrieren DL
Empfindungswort, das 4A7
Endbuchstabe, der 4B1
endlich 6A1
Endung, die 2B3
England 1.4
Engländer, der 2A4
Engländerin, die 2A4
Englisch 2A1
enthalten 4A3
entlanggehen 7A2
entschuldigen 7A2
Entschuldigung! 6A3
entsprechen 4A3
Entzündung, die 4A2
er 1.2
Erdgeschoß, das 7A1
Erfolg, der 4A6
ergänzen 2B5
Ergänzung, die 5B2
erst 2A4
erzählen 6A1
Erzählung, die DL
es 2A1
Essen, das 3A5
essen 3A6
Etage, die 7A1
etwa 5A2
etwas 4A2
euch 8A3a
extra 3A5

F

Fach, das 7A5
fahren 5A2
Fahrkarte, die 5A2
Fahrt, die 5A4

Fahrtkosten, die 3A5
falls 4A3
falsch 3A5
Familie, die 2A4
Farbe, die 1.1
Faß, das 7A1
fast 5A2
Fastnacht, die 5A6
faul 3A8
Februar, der 5A6
fehlen 4A1, 4A2
feiern 8A4
Fell, das 8A6
femininum 3B1
Fenster, das 6A7
Fensterscheibe, die 6A7
Ferien, die 5A5
Ferientag, der 5A5
Fernexpreß, der 5A3
Fernsehen, das 3A5
fertig 3A8
Fest, das 8A4
fest 7A7
festsitzen 7A7
Fieber, das 4A2
Figur, die DL
Filmautor, der DL
finden 5A6
Finger, der 4A1
Finne, der 2A4
Finnin, die 2A4
Finnisch 2A4
Finnland 2A4
Firma, die 6A3
Fisch, der 3A3
Flasche, die 3A6
flirten 6A1
Flug, der 5A2
Flughafen, der 5A3
Flugscheinschalter, der 5A3
Flugsteig, der 5A3
Flugzeug, das 4A6
Forelle, die 3A7
Forelle blau 3A7
fortsetzen 4A3
Fotoapparat, der 7A3
fotografieren 6A1
Frage, die 2B5
fragen 2B5
Fragewort, das 2B5
Frankreich 1.4
Franzose, der 2A4
Französin, die 2A4
Französisch 2A1
Frau, die 1.2
Fräulein, das 1.3
frei 5A6
Freiheit, die 7A7
Freitag, der 5A6
Freitagnachmittag, der 5A6

Fremdsprache, die 2A5
Fremdwort, das 4B1
fressen 3A9
freuen, sich 1.2
Freund, der 2A4
Freundin, die 5A4
freundlich 2A4
frisch 3A4
Frischmilch, die 6A2
früh 5A2
früher 4A5
früher- 6A6
Frühjahrsferien, die 5A5
Frühstück, das 6A3
Fuchs, der 8A6
führen zu 4A3
Füller, der 3A2
Fundbüro, das 6A5
funktionieren 6A3
für 2A5, 4A3, 5A4
Fuß, der 4A1
Fußball, der 3A8
Fußball-Länderspiel, das 5A4
Fußballmannschaft, die 7A4

G

Gallenblase, die 4A2
Gangster, der 3A1
ganz- 2A1
ganz 5A6
Garage, die 3A1
Gast, der 3A7
geben 6A5, 7A6, 8A5
Gebrauchsinformation, die 4A3
Geburtsort, der 1.1
Geburtstag, der 1.1
Gedicht, das DL
gefallen 8A5
Gefängnis, das S/Sp
gefroren 6A2
gegen 4A3
gehen 2A1, 2A4, 3A4, 5A2
gehören 8A3a
Geld, das 4A6
gemischt 3A7
Gemüse, das 3A4
genau 6A3
genauso 3B5
Genitiv, der 3B4
genug 5A2
Genus, das 3B1
gerade 6A1
geradeaus 7A2
gern(e) 2A1
geschafft! WS
Geschäft, das 4A5
Geschenk, das 8A4
Geschichte, die 3A3
geschlossen 5A6
Gespräch, das 2A3

gestern 5A6
Gesundheit, die 3A5
Getränk, das 2A1
ohne Gewähr 5A5
Gewehr, das 8A8
Gewinnzahl, die 2A3
Glas, das 3A6
glauben 1.2
gleich 5A5, 5A7
Gleis, das 5A3
Glocke, die S/Sp
Glück, das S/Sp
Gott: um Gottes willen 7A5
gr (= Gramm, das) 3A4
Grieche, der 2A4
Griechenland 1.4
Griechin, die 2A4
Griechisch 2A4
Grippe, die 4A3
groß S/Sp
Großbritannien 1.4
Größe, die 1.1
grün 1.1
Grundsorte, die 6A2
Gulasch, das 6A2
Gulaschsuppe, die 3A6
gut 1.2

H

Haar, das S/Sp
haben 1.4
Hahn, der S/Sp
halb 5A1
hallo! 1.2
Hals, der 4A1
Halsschmerzen, die 4A3
Halstablette, die 4A3
halten 8A6
Hamburger, der 3A1
Hand, die 4A1
Handbesen, der 7A5
hart 6A6
Hauptbahnhof, der 3A1
Hauptstraße, die 7A2
Haus, das 4A6
nach Hause 2A4
zu Hause 3A8
Hausaufgabe, die 7A4
Hausfrau, die 8A2
Hausrat, der 3A5
Haut, die 8A8
Heft, das 3A2
heilig 8A4
Heiliggeistkirche, die 7A1
Heimatstadt, die DL
Heimweh, das 2A4
heiraten 7A2
heißen 1.2
Heizung, die 3A5
helfen 5A7

laufen 6A5
laut 4A4
Leben, das 7A1
leben 2A4
Lebensgeschichte, die 4A6
Lebenshaltungskosten, die 3A5
Lebensmittel, die 2A2
Leber, die 4A2
Leberknödelsuppe, die 3A7
Lebewesen, das 3A9
Lebkuchen, der 8A4
legen 7B5
Lehrer, der 1.4
Lehrerin, die 3A5
lehrreich 5A8
leider 2A1
leid tun 5A7
leihen 8A5
lernen 2A5
lesen 2B5
letzt- 5A3
Lexikon, das 3B6
lieber 2A1
liegen 7A3
Limonade, die 2A1
links 4A2
Lippe, die 4A1
Liste, die 1.4
Liter, der 6A2
Literatur, die DL
Literaturnobelpreis, der DL
lokal 7B2
los! 7A4
los sein 6A3
Lotto, das 2A3
Luft, die 7A7
Luftaufnahme, die 7A1
Lunge, die 4A2
lustig S/Sp
Lyrikerin, die DL

M

m² (= Quadratmeter, der) 3A5
machen 2A3, 3A6
Macht, die 4A6
Mädchen, das 3A5
Magen, der 4A2
mager 6A2
Mai, der 5A5
Major, der 2A4
mal 4A2
man 1.3
manch- 6A8
Mann, der 1.4, 3A5
Manteltasche, die 6A5
Mark, die 3A3
Markenbutter, die 6A2
Markierung, die 5A8
Markstück, das 3A4

Markt, der 7A2
Marokkaner, der 2A4
Marokkanerin, die 2A4
Marokko 2A4
Mars, der 2A1
März, der 5A5
Maschine, die 5A2
maskulinum 3B1
Matjesfilet, das 3A7
Mauer, die 8A8
mehr 3A3
mehrmals 4A3
mein 1.2
meinen 2A4
Meister, der S/Sp
Melodie, die S/Sp
Mensch, der 2A4
Mensch! 3A6
Messe, die 5A4
Messegelände, das 5A4
Messer, das 4A4
Metall, das 3A9
Meter, der 7A2
mich 1.2
Miete, die 3A5
Milch, die 3A4
Milchgeschäft, das 4A5
Mineral, das 3A9
Mineralwasser, das 2A1
Minute, die 5A1
Mist, der 6A4
mit 3A6, 5A4
mitfahren 5A4
mitkommen 5A4
mitnehmen 6A4
Mittagessen, das 6A3
Mittagstisch, der 7A5
Mitte, die 7A1
Mitternacht, die 6A7
Mittwoch, der 5A6
Möbel, die 3A5
möchte 3A6
Modalverb, das 5B1
möglich 6A3
möglichst 5A6
Moment, der 6A3
Monat, der 2A4
Montag, der 5A5
Morgen, der 5A7
morgen 5A2
morgen früh 6A3
morgens 7A7
Motor, der 5A7
müde 6A1
Mund, der 4A1
Mundschleimhautentzündung, die 4A3
Musik-Kassette, die 6A2
müssen 7A2
Mutter, die 4A4

Muttersprache, die 2A5
Mütze, die 6A7

N

nach 2A4, 3A7, 4A3
nach (Wiener) Art 3A7
Nachmittag, der 6A1
Nachricht, die 6A6
nachschauen 5A7
nächst- 5A7
Nacht, die 5A4
Nachtisch, der 7A5
Nähe, die DL
Name, der 1.1
nanu 4A7
Nase, die 4A1
natürlich 8A6
neben 7A3
Nebenwirkung, die 4A3
nehmen 2A1
nein 2A1
nett 8A1
netto 3A5
neu 6A5
neutrum 3B1
nicht 1.2
nicht mehr 3A3
nichts 4A6
nie 4A6
Niederlande, die 2A5
Niere, die 4A2
Nobelpreis, der DL
noch 1.3, 2A4
Nominativ, der 3B4
Nominativergänzung, die 2B2
Normalschein, der 2A3
notieren 2A3
November, der 5A5
Nudel, die 3A7
Nummer, die 1.4
nur 3A6

O

oben 7A1
Obst, das 3A4
oder 2A3
Ofen, der 7A5
oh! 3A7
ohne 5A5
oho 4A7
Ohr, das 4A1
Oktober, der 1A1
Oktoberfest, das 5A4
Öl, das 3A4
Olive, die 3A4
Oma, die 8A5
Opa, der 8A5
Operation, die 4A4
Orange, die 6A2
Ordinalzahl, die 5A5

Ordnung, die 7A4
Originalpackung, die 4A3
Ort, der DL
Osterferien, die 5A5
Ostern 5A5
Österreich 1.4

P

Paar, das 3A6
paar, ein 6A8
Packungsgröße, die 4A3
Pädagogik, die 2A4
Paket, das 6A3
Papier, das 7A4
Paprika, der 3A7
Park, der 3A1
Parkwächter, der 3A3
Parterre, das 7A1
Partie (am Neckar), die 7A1
Partizip, das 6B5
Partner, der 1.4
Partnerin, die 1.4
Paß, der 3A1
Passagier, der 5A3
Paßamt, das 7A2
passen 8A5
passieren 6A5
Pause, die 6A1
Pech, das S/Sp
pensioniert 8A2
per 5A4
Perfekt, das 6B1
Person, die 2B4
Personalausweis, der 6A4
Personalpronomen, das 2B3
Petersilienkartoffel, die 3A7
Pfennig, der 3A4
Pfennigstück, das 3A4
Pfingsten 5A5
Pfingstferien, die 5A5
pfui! 4A7
Pfund, das 6A2
Photo, das 1.1
Picknick, das 3A8
Pizza, die 6A6
planmäßig 5A3
Platz, der 5A4
Plätzchen, das 8A4
Platznummer, die 8A3
Plural, der 2B4
Plural–Computer, der 4B1
Polen 2A5
Politiker, der 4A6
Polizist, der 3A3
Pommes frites, die 3A6
Popo, der 4A1
Portion, die 3A6
Possessivpronomen, das 8A8
Post, die 6A3
Postangestellte, der/die 8A2

Postkarte, die 7A1
Präfix, das 6B5
Präposition, die 8B5
Präsens, das 2B4
Präteritum, das 4B3
Präteritumsignal, das 4B3
Praxis, die 5A6
prima! 3A3
privat 5A3
Privatadresse, die 5A4
Punkt, der S/Sp
pünktlich 5A2
Putztuch, das 7A5

Q

Qualitativergänzung, die 5B2
Querstraße, die 7A2

R

Rabe, der 8A6
Rachenentzündung, die 4A3
Radiergummi, der 3A2
Radio, das 3A1
Rahmsoße, die 3A7
Rahmspinat, der 6A2
raten S/Sp
Rathaus, das 7A2
Raum, der 7A1
raus 5A8
rausziehen 4A4
rechts 7A1
reden 6A1
Referenzmittel, das 8B6
Regal, das 3A2
regelmäßig 6B2
Reich, das 5A8
reichen 5A8
Reihe, die 8A3
rein 5A8
Reinigungsmittel, das 7A5
Reis, der 3A7
Reise, die 3A5
Reisebüro, das 5A5
Reisen, das 3A5
Reisepaß, der 7A2
reparieren 6A3
Republik, die 1.4
reservieren 5B1
Restaurant, das 6A6
richtig 3A5
riechen 7A5
Riesenschlange, die 7A4
Rind, das 3A7
Rindfleisch, das 3A4
Ring, der 8A6
Roman, der DL
Romanschriftstellerin, die DL
rot 4A2
Rückfahrt, die 5A4
rufen 3A3

Rufnummer, die 2A3
Russisch 2A5

S

Sache, die 3B3
Sack, der 6A7
sagen 2A4
Sahne, die 4A5
Saison, die 3A7
Saisonsalat, der 3A7
Salat, der 3A4
Salatkartoffel, die 3A7
Salzkartoffel, die 3A7
sammeln 4A6
Samstag, der 4A4
satirisch DL
Satz, der 2B1
Satzart, die 2B5
Satzfrage, die 2B5
Satzteil, der 2B1
Sauce, die 3A7
Schalter, der 5A3
Schauspieler, der 4A6
Schein, der 3A5
scheinen 3A8
schenken 8A4
Schere, die 4A4
schicken 6A1
Schinken, der 7A5
Schinkenbrot, das 3A6
schlafen 3A8
Schlaftablette, die 5A2
Schlagader, die 4A2
schlecht 4A2
schließen 5A3
Schlimmste, das 7A7
Schloß, das 7A1
Schloßhof, der 7A1
Schluckbeschwerden, die 4A3
Schmerz, der 4A2
schmücken 8A4
Schnabel, der 8A6
schneiden, sich 6A6
schnell 5A7
Schnellzug, der 5A3
Schokolade, die 3A4
schon 2A4
schön 2A4
Schottland 2A1
Schrank, der 7A5
schreiben 1.3
Schreibtisch, der 7A7
Schrubber, der 7A5
Schublade, die 6A7
Schuld, die 8A8
Schulden, die 3A5
Schule, die 5A5
Schulferien, die 5A5
Schultasche, die 3A2
Schwarzwald, der DL

Schweden 7A6
Schwedisch 2A5
Schwein, das 6A2
Schweinefleisch, das 3A4
Schweiz, die 1.4
Schweizer, der 7A6
schwer 2A4
Schwester, die 3A8
schwitzen 6A7
Seezunge, die 3A7
sehen 6A5
sehr 2A4
sein 1.1, 1.4
sein- 3A3
seit DL
Seite, die 7A2
Sekretärin, die 6A1
selber 5A8
selbstgebacken 4A5
September, der 5A5
Sie 1.3
sie 1.4, 2B1
Silbe, die 4B1
Singen, das S/Sp
Singular, der 2B4
Situativergänzung, die 5B2
sitzen 7A5
so S/Sp, 5A2
Sofa, das 4A4
sofort 5A7
Sohn, der 4A5
sollen 4A3
Sommer, der 5A5
Sommerferien, die 5A5
Sonderangebot, das 3A4
Sonne, die 3A8
Sonntag, der 3A8
Sonntagmittag, der 7A5
Sonntagnachmittag, der 3A3
Sonstiges 3A5
Sorte, die 6A2
Souterrain, das 4A5
Sowjetunion, die 2A5
sozialkritisch DL
Spanien 1.4
Spanisch 2A5
spät 3A3
Spaziergang, der 6A1
Speise, die 3A6
Speisequark, der 6A2
Spekulatius, der 8A4
Spezialität, die 3A4
Spiel, das 2A3
Spielabschnitt, der 2A3
Spielen, das S/Sp
spielen 2A3
Spielregel, die WS
Spirale, die 4A4
Sprache, die 2A4
Spray, das 3A1

Sprechblase, die 5A7
sprechen 2A1
Sprechstundenhilfe, die 5A6
Sprudel, der 3A9
Staatsbürger, der DL
Stadt, die 5A4
Stamm, der 6B2
stammen (aus) 2A4
Stand, der 5A5
Standesamt, das 7A2
Star, der 3A1
Staubsauger, der 7A5
Staubtuch, das 7A5
Steak, das 3A1
stecken 6A7
stehen 7B4
stehlen 7A6
steigen 6A7
stellen 7B4
Steppenwolf, der DL
sterben DL
Stern, der 8A4
Stimme, die S/Sp
stimmen 6A4
Stock, der 7A1
stöhnen 4A4
Stollen, der 8A4
stolz 8A6
Strich, der S/Sp
Strom, der 3A5
Stück, das 3A4
Studentin, die 2A5
studieren 2A4
Stuhl, der 3A2
Stunde, die 5A2
Subjekt, das 2B2
Substantiv, das 4B1
suchen 4A3
Süden, der 6A2
Südkorea 2A5
Supermarkt, der 3A4
Suppe, die 3A7
Szene, die WS

T

Tablette, die 4A2
Tafel, die 3A4
Tag, der 1.2
Tagebuch, das DL
Tageslichtprojektor, der 3A2
täglich 4A2
Tante, die 7A4
Tasche, die 7A2
Tasse, die 3A6
Taxi, das 5A7
Taxifahrer, der 8A2
Tee, der 2A1
Teeglas, das 3A9
Teilnehmer, der 1.4
Telefon, das 1.1

Telefonat, das 5A6
Telefonnummer, die 1.4
temporal 5B2
Tennislehrer, der 8A2
Termin, der 4A6
teuer 3A6
Text, der S/Sp
Theater, das 7A4
Theaterautor, der DL
Tisch, der 3A2
Tomate, die 3A4
Tonbandgerät, das 3A2
Topf, der 7A5
tot S/Sp
Touristenzentrale, die 5A4
Tradition, die S. 127
tragen 7A6
traurig 6A6
treffen, sich 5A2
trennbar 4B2
Treppe, die 7A2
Trinken, das 3A5
trinken 2A1
Tür, die 5A3
Türke, der 2A4
Türkei, die 2A4
Türkin, die 2A4
Türkisch 2A4
Turnen, das 7A4
TÜV, der 7A4
Typ, der 4B1

U

U-Bahn, die 6A4
U-Bahn-Station, die 6A5
überall 6A5
Überempfindlichkeitsreaktion, die 4A3
überfüllt 5A4
übermorgen 5A6
übernachten 5A4
uff! WS
…Uhr 5A1
Uhrzeit, die 5A1
um 5A2
um Gottes willen! 7A5
umsteigen 5A2
unbekannt 3A9
unbestimmt 3B2
und 1.2
ungefähr 7A2
unregelmäßig 6B3
uns 5A2
unten 7A1
unter 7A3
unterstreichen 5A6
Unterwäsche, die 7A6
unterwegs 5A3
unzugänglich 4A3
Urlaub, der 6B7